공자전

시라카와 시즈카 지음 | 장원철 옮김

일러두기

1. 이 책에 나오는 외국 지명과 외국인 인명은 국립국어원 외래어 표기법에 따랐다.
2. 서적 제목은 겹낫표(『 』)로 표기하였으며, 그 외 인용, 강조, 생각 등은 작은따옴표를 사용하였다.

목차

제1장

동서남북을 떠도는 사람

성인(聖人) 공자(孔子)를 말하는 사람은 많다. 또한 『논어(論語)』의 심원한 철리(哲理)를 말하는 사람도 적지 않다. 그러나 만약 그리스도를 이야기하고 성서를 이야기하듯이 한다면 그것은 공자의 뜻이 아니라고 여겨진다. 공자 자신은 신비주의자이기를 바라지 않았던 사람이다. 자기 스스로 광배(光背)를 지려고 하지 않았던 사람이다. 항상 제자와 함께 행동하고 제자의 눈앞에 자신의 모든 것을 드러내며 "그것이 바로 나이니라"(「술이〔述而〕」)라고 말하기를 꺼리지 않았던 사람이다.

다만 공자는 분명히 이상주의자였다. 이상주의자였던 까닭에 공자는 번번이 좌절했고, 성공하는 일이 없었다. 세상에 태어나서부터 공자는 거의 좌절과 유랑 속에서 인생을 살았다. 그러나 그렇다 해도 제자들은 그의 곁을 떠나는 법이 없었다. 공자는 그들을 거느리고 무엇을 구하고 무엇을 하려고 했던 것일까. 세속적인 성공을 기대하기 어려운 이 스승의 곁에 생겨난 교단(敎團)은 사상적으로 어떠한 의미를 가지는 것일까.

공자의 인격은 그의 일생에서 완결된 것이 아니다. 그것은 그가 죽은 후에도 발전한다. 공자의 모습은 차츰 고쳐 씌어졌으며 마침내 성인의 모습에 어울리는 치장이

가해졌다. 사마천(司馬遷)이 그것을 완성시킨 사람이었다. 성인의 모습은 그 후 2,000년에 걸쳐 봉건적인 관료제 국가의 수호신이 되었다. 그러나 전통 사회가 사라진 지금은 공자의 모습을 다시금 고쳐 쓰지 않으면 안 된다. 이미 공자를 노예해방의 사상적 지도자이자 실천가였다고 하는 사람도 있다. 공자는 여전히 살아서 그 사상적 임무를 짊어지고 있는 것이다. 나는 이처럼 현재에도 여전히 살아 있을 수 있는 공자의 위대함에 대해 생각해보고 싶었다. 그것은 우리 자신에게 '공자란 무엇인가' 하는 문제나 다름없다.

그러나 그것은 논자의 사관에 맞도록 임의의 공자의 모습을 구해도 좋다는 뜻은 아니다. 공자가 지금도 살아 있으며 또한 앞으로도 계속 살아간다면 그 가능성은 공자 자신에게 있을 것이 틀림없다. 공자를 역사적인 인격으로 파악하고 역사성을 명확히 하는 것, 그것이 공자의 생명의 숨결을 되살리는 유일한 길이다. 공자의 전기적(傳記的) 생명은 지금도 계속되고 있다.

공자에 관한 전기

  공자는 위대한 인격이었다. 중국에서는 인간의 이상적인 모습을 성인(聖人)이라고 한다. 성(聖)이란 글자의 본래 뜻은 신의 소리를 들을 수 있는 사람이라는 뜻이다. 공자를 사상가라고 말하는 것이 반드시 옳지는 않다. 공자는 소크라테스와 마찬가지로 아무런 저작도 남기지 않았다. 그렇지만 이들은 모두 신의 소리를 들을 수 있었다. 그 사상은 그의 언동을 전하는 제자들의 문장으로밖에 알 수가 없다. 그 사상이 행동을 통해서만 드러날 때 그 사람을 철인(哲人)이라고 불러야 할 것이다.

  철인은 새로운 사상을 널리 알리는 선포자가 아니다. 오히려 전통이 지닌 의미를 추구하고 발견하며 거기서 지금 현재 이와 같이 존재하는 근거를 묻는다. 탐구자이자 구도자임을 본질로 한다. 소크라테스가 델포이 신탁의 의미를 추구해 마지않았던 것처럼, 공자는 "옛것을 조술할 뿐이지 창작하지는 않으며, 옛것을 믿고 좋아하는"(『술이』) 사람이었다. 소크라테스는 묻는 것의 의미에다 자신의 목숨까지 걸었지만, 공자는 묻는 것으로 이데아의 세계를 찾아내고 있다. 델포이의 신탁은 단지 묻는 것만을 명령했다. 거기에는 대답이 예정되어 있지 않았던 것이다. 그러나 공자는 과거 성왕(聖王)의 시대에 의지할 만한 전통을 갖고 있었다. 공자보다 앞선 주(周) 왕조의 빛나는 문화와 창조자를 공자는 꿈에서 볼 수가 있었다.

그러나 어떻든 간에 이들이 아무런 문장도 남기지 않았다는 것은 사실이다. 철인이 행한 일이 오로지 그 사람의 언행을 통해서만 드러나는 것이라면 전기야말로 그 사상이 아니면 안 될 것이다. 이들 철인은 자신들의 전기 안에서만 존재한다. 소크라테스는 제자인 플라톤의 몇 편의 글 속에, 또한 공자는 『논어』속에 그 모든 것이 전해지고 있다. 전해지고 있다기보다는 차라리 인격이 그 속에서 재현되고, 더욱이 전승자의 의향에 따라 방향이 정해진다고 할 수 있다. 그러므로 이것은 '(사실이) 이러했다'는 것 이외에도 '(마땅히) 이러해야만 할' 것을 포함하고 있는지도 모른다.

바울로가 표현한 그리스도에는 예수에서부터 그리스도로 승화한 과정, 더 나아가 그리스도로 발전한 단계가 있었다고 한다. 전기는 이와 같이 발전하는 것이다. 그리고 철인의 사상 또한 발전하는 것이다. 공자의 경우에 그것은 실로 현대까지 미치고 있다. 2,000년에 걸친 관료제 국가의 이데올로기로서 봉건성의 기초를 세운 것은 공자였지만, 역사가 전개되는 중에도 혁명가들은 대부분 유교에서 혁명의 근거를 찾았다. 그리고 근대에서도 그 유파 가운데 하나인 공양학파(公羊學派)가 체제 부정을 주창했다는 사실은 주목할 만하다.

  공자에 대한 최초의 전기 작가는 『논어』 각 편의 편찬자일 것이다. 그런데 『논어』의 편찬에 대해서는 뒤에서 다루겠지만 그것은 공자가 죽고도 이백수십 년에 걸쳐 계속되었고, 공자의 비판자들에 대한 자료까지 포함하고 있다. 공자는 제자들에게 이미 성인이었으며, 다른 학파도 그러한 사실을 쉽게 부정할 수 없었다. 『장자(莊子)』의 「천지(天地)」 편에는 공자를 "박식함으로 성인을 자처하는 사람(博學擬聖)", 유가와 묵가(墨家)에 대해 공격을 가한 『한비자(韓非子)』의 「오두(五蠹)」 편에도 "중니(仲尼)는 천하의 성인이다"라 하고 있다. 공자의 반대자들도 당시 성인으로서의 공자를 인정하지 않을 수는 없었을 것이다.
  그러나 그 때문에 공자를 더욱 위대하게 만들려거나 깎아내리려는 목적에서 여러 이야기가 생겨났다. 맹자 시대에 이미 그러한 공자 설화로 불릴 만할 것들이 많이 만들어졌던 것 같다. 맹자는 그 가운데 바람직하지 않은 것에 대해 "일 벌이기 좋아하는 사람들이 만들어낸 말이다"(「만장 상〔萬章上〕」)라든가, "제나라 동쪽의 시골뜨기들의 말이다"(「만장 상」)라고 배격하고 있지만, 맹자 자신이 주장한 공자의 언동에 대해서도 의심스러운 구석이 많다.

일상적인 문제뿐만 아니라, 예를 들어 "공자가 『춘추(春秋)』를 지으니, 나라를 어지럽히는 신하와 부모를 거역하는 자식이 두려워하였다"(「등문공 하〔滕文公下〕」)고 했다. 더 나아가 "공자가 말했다. 나를 알아주는 이가 있다면 오직 『춘추』를 통해서일 것이고, 나에게 (월권했다고) 죄 주는 이가 있다면 그것도 오직 『춘추』를 통해서일 것이다"라고 『춘추』에 자신의 모든 것을 거는 듯한 공자의 말을 인용하지만, 공자가 몇 번이나 체제 변혁을 시도했다가 실패하고, 그 때문에 부득이 기나긴 망명 생활을 할 수밖에 없었다는 사실로 알 수 있듯이, 맹자의 이 이야기는 명백히 허위다. 맹자가 말하는 춘추의 학문은 분명히 공자를 죄 주는 경우라 하겠다.

사마천은 『사기』에 「공자세가(孔子世家)」를 썼다. 공자에 대한 가장 오래되고 가장 상세한 전기이며, 『사기』 가운데 최대 걸작이라고 칭찬해 마지않는 사람도 있다. 그러나 이 한 편은 『사기』 안에서도 가장 부정확하고 틀린 데가 많은 편으로, 다른 세가나 열전·연표 등과 비교해보면 연대기적인 일이나 사실관계가 일치하지 않는 곳이 매우 많다. 그러한 사실은 청 대(清代) 말엽 최동벽(崔東壁)[1]의 『수사고신록(洙泗考信錄)』 등에서 이미 지적되었고, 최근에 일본의 기무라 에이치(木村英一) 교수의 『공자와 논어』에서 매우 상세한 고찰이 이루어졌다.

공자는 특히 비천한 출신이었다. 그의 아버지에 관한 일도 분명치 않아 나는 그가 무녀(巫女)의 사생아가 아닐까 생각한다. 만년에는 당연히 한 시대의 사표(師表)로서 존경을 받았겠지만 망명 중의 어떤 시기에는 "선생을 죽이려던 자에게 죄를 주지 않았고, 선생을 욕보인 자를 아무도 제지하지 않았다"(『장자』 「양왕〔讓王〕」)고 할 만큼 받아줄 이 없는 망명자, 요컨대 외부에서 온 도적인 외도(外盜)로 취급받았던 것이다. 『사기』는 공자의 전기를 제후의 전기를 다루는 세가(世家) 안에 넣었지만, 이것은 사실

---

1) 최술(崔述, 1740~1816)은 청대의 고증학자로, 호는 동벽(東壁)이고 자는 무승(武承)이다. 그가 심혈을 기울인 역작 『고신록(考信錄)』과 『동익록(同翼錄)』은 독자적 견해를 많이 수록하고 있으며, 중국사 연구에서 획기적 업적으로 평가받고 있다.

에 어긋날 뿐만 아니라 아마도 공자의 뜻을 관철하는 방법도 아닐 것이다.

사마천은 아버지 담(談)이 황로(黃老)[2]를 좋아했기 때문에 유가는 별로 좋아하지 않았을 것으로 보인다. 당시 무제(武帝)는 유가를 국학(國學)으로 세우고 오경박사(五經博士)라든가 박사제자원(博士弟子員)[3]을 두는 한편, 천하의 군국(郡國)에 학궁(學宮)을 설치하면서 유교 일변도의 정책을 취하고 있었다. 따라서 공자를 제후의 반열로 취급했던 것은 당시 국가정책상의 요청이었던 듯하며, 그 결과 사마천의 사필(史筆)은 일민(逸民)인 백이(伯夷)라든가 유협(遊俠)의 전기를 쓸 때 보이는 감개나 생채를 발하지 않는다. 그 논찬(論贊)에서도 옛날 노(魯)나라 땅을 여행하면서 남아 있는 공자의 유적과 그곳에 전하는 유풍을 보고는 주위를 배회하면서 떠나갈 수 없었다고 기록한 다음, 공자가 "포의의 신분으로서 그 도가 10여 대에 걸쳐 전하고", "중국에서 육례(六禮)를 말하는 이는 모두 공자를 표준으로 삼아 취사 절충하니, 지성(至聖)이라 할 만하다"고 끝맺었지만, 깊은 공감에서 나온 말이라고 하기에

---

2) 도교에서 황제와 노자를 아울러 이르는 말.
3) 『한서』「유림전(儒林傳)」찬(贊)에 "무제가 오경박사를 두고 제자원을 두었다(武帝立五經博士 開弟子員)"는 기사가 있다.

는 어딘가 부족하다. 이미 성상화(聖像化)하고 있는 공자를 그는 다소 꺼림칙하게 느꼈는지도 모른다. 이 당시에 공자의 가계는 11대, 그 후에도 연면히 이어져 77대에 이르고 있다. 현재의 종손인 공덕성(孔德成) 선생은 지금도 성인 공자의 제사를 받들면서 동해 한가운데 섬인 타이완에 살고 있다. 그리고 타이완에서는 1971년에 공자 서거 2,450년 기념제가 성대히 열렸다. 공덕생 선생이 십수 년 전 일본에 왔을 때 나는 그와 악수를 나눈 적이 있다. 공자를 연상케 하는 위장부(偉丈夫)의 모습이었다.

공자의 전기 자료는 어쨌든 『사기』「공자세가」에 집대성되어 있다. 그러나 그것은 사마천의 사필에는 어울리지 않을 정도로 일관성이 결여되었고, 선택과 배열의 타당성을 잃고 있다. 처음에 가계에 대해 기술하고, 노자에게 예에 대해 물었다는 문례(問禮) 설화를 덧붙인 것은 시류의 요구에 응한 것으로 보이지만, 경력을 기술하면서 인용한 수많은 『논어』의 문장은 적절치 않은 것이 많다. 예를 들면 진(陳)·채(蔡) 사이에서 재난을 겪을 때 공자는 자공에게 '일관지도(一貫之道)'에 대해 가르친다. 그러나 이것은 『논어』「위령공(衛靈公)」 편에서는 진·채 사이에서 재난을 겪을 즈음 공자와 자로가 주고받은 문답 다음에 등장하는 전혀 별개의 장(章)이다. 「세가」에서 이것을 그때의 일로 생각하고 자로와 나눈 문답에 잇달아 그 장까지 인용한 까닭은 분장(分章)을 오해한 결과다.

또한 자료의 성질이 불분명한 잡설이 꽤나 많다. 품행이 좋지 못한 것으로 소문난 위나라 영공(靈公)의 부인 남자(南子)와 회견한 장면 등은 치졸한 소설에 가깝다. 어쩌면 공자의 전기를 다룬 소설류가 있었는데, 『사기』가 거기서 기사를 취재했는지도 모를 일이다. 『사기』는 「고조본기(高祖本紀)」와 「항우본기(項羽本紀)」 사이에도 일치하지 않는 곳이 많고, 「항우본기」는 『초한춘추(楚漢春秋)』 등의 소설에서 취재한 대목이 있는 것으로 보인다. 유명한 홍문(鴻門)의 연회 장면은 한 편의 희곡에 지나지 않는다. 공자 이외에도 공문(孔門)에서는 자로와 자공 등에 대해 설화적인 자료가 있었던 것으로 보인다.

『사기』에 의해 정사(正史)에서 제후의 반열에 오른 공자의 권위가 현실의 권위로 역사를 움직이게 된 것은 훨씬 후대의 일이다. 후한(後漢)의 왕충(王充)은 『논형(論衡)』 「문공(問孔)」 편에서 극히 몰이해한 방식으로 『논어』를 공격하고 있다. 또한 공자 자손에게도 반드시 영달이 주어졌던 것은 아니어서, 위(魏)나라 공융(孔融)[4]은 조조(曹操)가 기근을 당해 발한 금주령에 반대해 "신(神)은 술을 좋아하신다"고 주장하다가 죽음을 당하고 만다. 위진(魏晉) 무렵의 청담파(淸談派)는 진(晉)나라가 간판으로 내건 유교주의(儒敎主義)・예교주의(禮敎主義)를 비인간적이라고 매도하며, 반(反)예교의 깃발을 내걸고 거의 무뢰배에 가까운 반속(反俗) 행위를 거듭했다. 그 우두머리 격인 완적(阮籍)은 "예(禮)가 어찌 우리를 위해 만들어진 것이랴?"(『세설신어〔世說新語〕』「임탄〔任誕〕」)라고 했지만, 청광(淸狂)함이 도리어 공자가 말하는 광간(狂簡)의 무리에 가까웠던 것은 기묘한 일이라 하겠다.

유교의 권위는 당(唐)나라 때에 『오경정의(五經正義)』가 만들어지고, 그 경의가 국가고시 과목이 되자 한껏 드높아졌다. 한퇴지(韓退之)가 유교주의를 소리높이 외쳤던 것도 바로 이 무렵이다. 송(宋)나라에 이르러 경전으로서 『논어』나 『맹자』가 더해졌고, 『논어』가 비로소 경전의 지위를 차지했다. 성묘(聖廟)의 사례(祀禮)도 성대해지고 공자의 제자나 유류(儒流) 이외에 경전의 주석가까지 종사

---

4) 공융(153~208)은 후한(後漢) 시대의 인물로 공자의 20대 후손이다. 건안칠자(建安七子)의 한 사람으로 문명이 높았고 헌제(獻帝) 때 북해태수(北海太守)에 임명되었으나, 훗날 조조에게 죽임을 당한다.

(從祀)되어, 위계를 정하는 일이 항상 문제시되었다. 송나라 휘종(徽宗)은 왕안석(王安石)을 성묘(聖廟)에 배향하고, 안회(顏回)나 맹자를 제치고 그의 위패를 공자 다음 자리에 놓았다. 이 생각지도 않은 침입자에 대해서는 공자도 아마 놀랐을 것이다. 성묘의 내부도 이제는 세속적인 권위를 다투는 장소가 되고 말았다. 권위란 이런 것이다. 권위로서의 순위가 문제시되는 것은 정치국원이나 정당의 파벌 사이에서만 일어나는 것이 아니다.

중국에서 관료 지배 체제가 확립된 시기는 송나라 이후의 일로 보아야 할 것이다. 그리고 관료 지배 체제의 확립과 함께 유교의 권위는 부동의 것이 되었다. 명(明)과 청(清)나라에서는 천자도 석전(釋典) 예식에 참석했다. 그러나 이러한 유교 이데올로기가 지배한 구 사회는 이제 완전히 붕괴되었다. 여러 해에 걸쳐 일체의 문화유산 간행이 모두 정지됐던 일[5]은 사상적 정책으로서 갖는 일면이라고 생각된다. 적어도 그 결과로 어떤 종류의 고전과는 일정 부분 단절되지 않았나 하는 생각이 든다. 그리하여 동양적인 몇몇 유물과 함께 유교도 마침내 우리 나

5) 1966년에 시작되어 10여 년 동안 계속되었던 중국의 문화대혁명기 사정을 일컫는 것으로 보인다.

라에만 남게 될지 모른다.

체제의 이론이 된 유교도 출발점에서는 역시 반(反)체
제 이론이었다. 공자의 행동이 이에 대해 잘 보여주고 있
다. 그러나 반체제 이론은 그것이 목적한 사회가 실현되
면 곧바로 체제 이론으로 전환한다. 이것이 변증법적 운
동이라 불리는 것이다. 유교적 사유에 아직 생명이 있다
면 그것은 이윽고 다시 새로운 반체제 이론을 낳을지도
모른다. 과연 유교는 본래 어떤 체질을 지닌 사상이었을
까. 이후에도 여전히 사상으로서의 가능성을 그 자체로
지닐 수 있을 것인가. 철인(哲人)으로서 공자는 그러한 물
음에 몸소 답하지 않는다. 우리는 공자의 전기 안에서 실
마리를 읽어내야만 하는 것이다.

공자, 성인의 후예인가 무녀의 아들인가

공자는 고아였다. 부모의 이름이 알려져 있지 않은데,
그의 어머니는 아마도 무녀였던 것 같다. 『사기』 이전에
그 부모 이름에 대해 언급한 기록은 없다. 그러나 『사기』
는 적어도 제후의 예로써 공자를 세가에 배열한 이상, 그

의 가계에 대해 언급하지 않을 수 없었다. 아버지는 숙량흘(叔梁紇), 어머니는 안씨(顏氏) 집안의 딸로 이름은 징재(徵在), 두 사람이 야합(野合)하여 공자를 낳았다고 한다. 공자는 태어날 적에 머리 한가운데가 움푹 들어가 마치 언덕 같은 모양을 하고 있어서 구(丘)라는 이름을 붙였다. 이것이 『사기』에서 이야기하는 공자의 출생담이다.

숙량흘은 『좌전』 양공(襄公) 10년 조에 추인흘(郰人紇) 또는 양공 17년 조에 추숙흘(郰叔紇)로 등장하는 사람인 것 같다. 그는 추(郰)라는 지명으로 불렸으며, 상당한 가문의 무인(武人)이다. 『좌전』의 기사는 모두 그의 뛰어난 무용(武勇)을 언급하지만, 『좌전』에서는 추숙흘을 공자의 아버지라고 하지는 않는다. 『순자(荀子)』 「비상(非相)」 편에는 공자가 키가 크고 얼굴이 몽기(蒙倛) 같다고 전한다. 몽기는 방상시(方相氏)[6]가 쓰는 귀신 쫓는 탈로, 역병을 물리치거나 장례를 치를 때 쓰는 것이다. 공자의 얼굴 생김새를 장례용 탈에 비유한 것이 매우 기이하지만, 이 역시 매우 의미 있는 전승이다. 다만 순자는 정수리 한가운데가 움푹 들어가 있다고 말하지 않았다. 하지만 머리 한가

---

6) '나자(儺者)'의 하나. 금빛의 네 눈이 있고 방울이 달린 곰의 가죽을 들씌운 큰 탈을 쓰며, 붉은 옷에 검은 치마를 입고 창과 방패를 가졌다.

운데가 움푹 들어간 점도 몽기의 얼굴 생김새라는 사실과 관계가 있다. 나는 공자의 출생과 관련해 전해지는 이같은 의미 불명의 전승에서 공자가 무녀의 아들이었다고 해석하는 것이다. 남자 무당, 즉 무축(巫祝)은 관(冠)을 쓰지 않고 풀어헤친 머리 모양을 하는 것이 관례이고, 장례를 치를 때 보통의 부인들도 좌(髽)라는 풀어헤친 복머리를 했던 것이다. 즉 무축은 머리를 묶지 않았다.

공자를 무녀에게서 난 사생아로 보는 이유는 달리 또 있다. 그것은 이 야합한 부부가 이산(尼山)에 기도를 드려서 공자를 낳았다는 사실이다. 야합이란 무엇인가? 공자에 관한 설화를 모은 『공자가어(孔子家語)』에 따르면 숙량흘은 노나라의 시씨(施氏) 딸에게 장가들어 딸 아홉을 낳고, 첩에게서 아들 맹피(孟皮)를 얻었는데, 맹피는 다리가 성치 못해 다시금 안씨 집안에 청혼했다는 것이다. 안씨 집안에는 세 명의 딸이 있었는데, 그중 막내인 징재가 스스로 청혼에 응했다. 그러나 숙량흘은 벌써 노령이었고 손녀뻘의 소녀와 결혼했으므로 야합이라는 말을 듣게 되었다고 한다. 그러나 정식 결혼이었다면 후취라 해도 야합이라고 하지는 않았을 것이다.

게다가 이산에 빌어서 공자를 낳았다는 대목도 의문이

남는다. 노나라에서는 아들 낳기를 비는 제사를 교매(郊禖)[7]에서 행했다. 그런데도 이산에 빌었다면 아마도 이산에 무사(巫祠)가 있었기 때문이고, 징재라고 불린 여성은 그 사당의 무녀였을 것이다. 또는 안씨 집안의 무아(巫兒)였을지도 모른다. 무아란 한 집안의 맏딸이나 막내딸이 집안의 제사를 모시기 위해 평생 집안에 남아 있는 것이다. 제나라에서는 맏딸을 무아로 삼던 일이 『한서』「지리지(地理志)」에 보이지만, 『시』를 보면 막내딸이 무아가 되는 예가 많았다. 「소남(召南)」의 「채빈(采蘋)」편에는 가묘(家廟)에서 조상신을 섬기는 계녀(季女)의 일을 노래하며, 「소아(小雅)」의 「차할(車舝)」편에서는 무아를 시집보내는 가인(家人)의 남모르는 애환을 노래하고 있다. 신을 섬기는 여자에게 남녀 간의 사랑은 금지되어 있었다. 「소남」의 「야유사균(野有死麕)」이라는 제목의 시편에서는 무녀와 축관(祝官) 사이의 도리에 어긋나는 사랑이 희화적으로 다루어진다. 징재도 분명히 그와 같은 여자였을 것이다. 몰래 통하는 사람의 이름은 알려지지 않는 것이 보통이었다.

　공자의 아버지를 『좌전』의 추숙흘과 연관 짓는 까닭은

---

7) 2월 제비가 오는 시기에 교외의 사당에서 고매(高禖)의 제를 올렸다고 한다.

크릴(H. G. Creel)이 그의 저서 『공자 — 인간과 신화』에서 추측하듯이, 추숙흘이 공자가 태어난 곳으로 전해지는 추 땅 사람이라는 것이 유일한 근거다. 추숙흘은 자기편 군대를 구하기 위해 성문의 대문짝을 혼자서 떠받쳤다는 용사다. 『여씨춘추(呂氏春秋)』는 진(秦)나라 시황제(始皇帝)의 숨겨놓은 생부라 일컬어지는 여불위(呂不韋)가 편찬한 책인데, 「신대(愼大)」편에 "공자는 도읍 성문의 빗장을 들어올릴 정도로 힘이 세지만, 굳이 힘센 것으로 이름을 드러내지는 않았다"는 말이 보인다. 아마도 추숙흘의 이야기가 와전된 것이 아닐까 여겨지는데, 이러한 이야기가 공자와 연결되는 것은 당시 공자와 숙량흘의 관계를 염두에 두었기 때문인지도 모른다. 그러나 어쨌든 공자의 아버지의 이름은 『사기』에 처음으로 기록되어 있다.

공자는 무녀에게서 난 사생아였다. 이른바 신에게 치성을 드려 얻은 자식이었다. 아버지의 이름도 몰랐고, 그 무덤이 있는 곳 따위를 알 리가 없었다. 『예기』「단궁(檀弓)」편은 공자 제자들에 의해 기록된, 상례(喪禮) 문제를 집중적으로 모아놓은 문헌이다. 「단궁 상」편에 따르면 공자가 자기 어머니를 노나라 성안의 오보(五父) 거리에 가매장할 때 묘지기 할멈에게서 아버지 무덤의 소재를 알고 방(防) 땅에다 합장했다고 한다. 오보 거리는『좌전』에 네 번 등장하는데, 그곳에서는 서약의 의식 따위가 행해졌고, 뒤에 등장하는 노나라의 반란자 양호(陽虎)가 노나라 임금의 보옥(寶玉)과 대궁(大弓)을 훔쳐 한때 몸을 숨겼던 곳이다. 한편 장의사(葬儀社) 등이 있어 보통 사람들은 드나들지 않았던 것 같다.

보통 무덤은 개장(改葬)하지 않지만, 공자는 자신의 부모를 방 땅에 합장했다. 그런데 왜 방(防)이라는 지명이 나왔을까?「세가」에서는 공자의 증조부로 공방숙(孔防叔)이라는 인물에 대해 언급한다. 대개 추숙흘·신숙시(申叔時)와 같이 지명을 붙이면 성을 언급하지 않는 것이 상례다. 또한 공방숙이라는 이름이 다른 곳에서는 보이지 않는다.『사기』에는 "그(공자) 선조는 송(宋)나라 사람이다"라적혀 있다. 이것은 송나라 공보가(孔父嘉)가 화독(華督)에게 죽음을 당하고 나서, 그 자손으로 화를 피해 노나라로 달아났던 이가 공방숙이라는 식의 이야기 줄거리를 만들기 위한 복선이다.

『사기』에는 또한 공자의 조상 이야기를 다른 형식으로 덧붙이고 있다. 그것은『좌전』소공(昭公) 7년 조에 보이는데, 공자가 열일곱 살 때 노나라 공족(公族)으로 삼환(三桓)씨의 한 사람인 맹리자(孟釐子)가 병상에 눕고 나서, 아들인 의자(懿子)에게 유훈으로 남겼다는 다음과 같은 이야기다.

공구라는 이는 성인의 후예로 집안이 송나라에서 멸문의 화를 당했다. 그의 조상인 불보하(弗父何)[8]는 송나라의 임금이 되어야 할 신분이었으나, 임금 자리를 아우인 여공(厲公)에게 양보했다. 이윽고 증손인 정고보(正考父)의 대에 이르러 대공(戴公)·무공(武公)·선공(宣公)의 세 임금을 보좌했다. (중략) 내 듣건대 성인이 임금의 자리에는 오르지 못하더라도 그 자손 중에 반드시 훌륭한 인물이 나온다고 했다. 지금 공구는 젊은 나이인데도 예를 좋아하니 바로 훌륭한 자손이 아니겠는가. 내가 만일 이대로 눈을 감으면 너는 반드시 이 사람을 스승으로 모시도록 하거라.

이리하여 공자의 가계는 송나라 왕실의 직계가 되고, 먼 조상은 은(殷)나라 왕실까지 이어지게 된다.『공자가

8) 공보가(孔父嘉)의 고조(高祖)로 송나라 민공(閔公)의 적자였다고 한다.

어 「본성해(本性解)」편은 공자의 가계를 은나라 주왕(紂王)의 형인 현인 미자(微子)에서부터 시작하고 있다.

　『사기』에 기록된 공자의 가계는, 아름다운 부인을 둔 탓에 실권자인 화독에게 살해당한 송나라 공보가 이야기, 『시』의 「상송(商頌)」을 교정했다는 정고보 등의 이야기를 한데 꿰맞춰 만들어낸 이상한 족보다. 『사기』는 『좌전』을 근거로 정고보의 반명(盤銘)의 문장을 기록했는데, 곧 "처음 사(士)에 임명되었을 때에는 허리를 굽혀 겸손히 굴고, 두 번째 승진해 대부(大夫)가 되었을 때에는 더한층 고개를 숙인다"는 내용으로, 높은 자리에 올라갈수록 더욱 윗사람을 공경하고 조식(粗食)을 하면서 자기 스스로를 경계하는 형식의 것이다. 지금 은주시대 청동기의 명문 가운데 볼 만한 것이 수천 점에 달하지만, 이와 같은 형식의 명(銘)을 지닌 것은 하나도 없다. 또한 정고보가 대공·무공·선공의 3대(기원전 799~729)에 걸쳐 벼슬했다는 사실에도 의문이 생긴다. 정고보가 교정했다는 『시』의 「상송」은 송나라 양공(襄公, 기원전 650~637)의 패업을 찬송한 것으로 무공·선공보다 훨씬 후대의 시편이다. 『좌전』 작자는 송나라 민공(閔公, 기원전 691~682)의 증손인 정고보를 같은 소리의 글자를 쓰는 먼 조상인 민공(湣公)의 후손과 착각하였던 것이다. 고대의 족보를 기록한 『세계(世系)』에 따라 세어보면 민공(湣公)부터 공자까지 11세, 송나라의 계보에서는 공자의 시대까지 17세 23대로 세대가 전혀 다르다. 이는 공자의 세계(世系) 구성에 오류가 있다는 사실을 나타내는 것으로, 파탄은 이 밖에도 여러 곳에서 나타난다. 최동벽 등은 전면적으로 공자의 세계(世系)와 혈통을 부정하는데, 나는 그러한 견해가 옳다고 생각한다.

공자의 조상 이야기에 대해서 『사기』는 대부분 『좌전』에서 자료를 구하고 있다. 『좌전』, 정확하게 『춘추좌씨전(春秋左氏傳)』은 공자가 고쳐 수정했다고 일컬어지는 노(魯)나라 연대기인 『춘추』에 주(註)를 단 것으로, 『공양전(公羊傳)』·『곡량전(穀梁傳)』과 함께 '삼전(三傳)'이라 불리고, 『맹자』보다도 훨씬 후대의 문헌이다. '삼전'에는 공자 설화 외에 학식과 품행이 뛰어난 제자들에 관한 기사가 여러 군데 끼워 넣어져 있다. 공자의 생년월일을 덧붙인 것도 이례적이다. 이와 같이 오래전 이름도 없는 한 사생아의 출생 일자가 기록된다는 것은 생각지도 못할 일이다. 수많은 왕공(王公)의 경우 나이조차 분명치 않은 것이 보통이다. 『곡량전』에서는 공자의 출생일을 노나라 양공 21년(기원전 552) 겨울 10월 경자(庚子)일이라고 한다. 『공양전』은 11월이라 하고 「공자세가」는 그해를 양공 22년의 일로 기록하고 있으나, 생년은 '이전(二傳)'을 따라 21년으로 하고 날짜는 10월 경자일로 하는 것이 옳다. 그해 10월 초하루는 갑진(甲辰)일로 일식이 있었는데, 바로 경자일이 그달의 21일이다.

『좌전』의 작가는 즐겨 예언적 기사를 기록하고 있다. 공보가 사건이 있고 난 뒤 노나라는 송나라에서 뇌물로 커다란 세발솥을 받게 되는데, 그때 장애백(臧哀伯)이란 사람이 이는 예가 아니라면서 노나라 임금에게 간언을 올렸다.

『좌전』은 그 일을 찬양해 "주(周)나라의 내사(內史)[9]가 이 소식을 듣고는 '장손달(臧孫達)의 자손이 노나라에서 번성할 것이다'라고 했다"며 훗날 자손에게 좋은 일이 있을 것임을 예언한다. 장손(臧孫)씨는 노나라에서 최후까지 권세를 유지했던 명족(名族)이다. 이 정도로 용의주도했던 『좌전』의 작가가 정고보나 공보가와 관련된 조목에서는 공자와의 관계를 나타냄직한 기사를 한 구절도 보태

---

9) 주나라 태사(太史)의 속관(屬官)으로 문서·기록과 점복(占卜)을 관장했다.

지 않고 있다. 따라서 맹리자(孟釐子)의 유훈으로 일컬어 지는 앞의 이야기도 끼워 넣은 것으로 의심되는 구절 가운데 하나다. 『좌전』은 정고보의 반명을 기록한 문장 끝부분에 장손흘(臧孫紇)의 말을 인용하고 난 뒤 또다시 "중니(仲尼)가 말하기를 '허물을 메울 줄 아는 이가 군자니라'고 했다"는 매우 냉담한 평어를 보탠다. 만일 자기 조상의 일이었다면 무언가 말을 했을 것이다. 『좌전』이 성립될 무렵까지는 아직 공자 조상에 관한 이야기가 형성되지 않았다고 보아야 할 것이다.

공자의 혈통과 세계(世系)에 대해 『사기』 등에 기록된 이야기는 모두가 허구다. 아마도 공자는 이름 없는 무녀의 사생아로 일찍이 고아가 되어 비천하게 성장했을 것이다. 그리고 바로 그러한 점이 인간에 대해서 최초로 깊이 응시할 줄 알았던 이 위대한 철인을 낳았던 것이리라. 사상은 부귀한 신분에서 생기는 것이 아니다. 『좌전』 장공(莊公) 10년 조에 "고기를 먹는 권력자는 식견이 좁다"는 말이 있다. 남을 착취하고 지배하는 생활은 온갖 퇴폐를 초래할 뿐이다.

따라서 빈천이야말로 위대한 정신을 낳는 토양이다.

공자는 아마도 무축 집단 속에서 생활하면서 제사를 모시는 '조두(俎豆)' 놀이 같은 것을 하면서 성장했을 것이다. 그리고 장성해서는 도처에 상례(喪禮) 등의 의식에 고용되어 장축(葬祝) 일을 익혔으리라고 여겨진다. 장례 절차에 관한 공자의 해박한 지식은 경탄스러울 정도다. 그 점은 『논어』를 비롯해서 예와 관련된 문헌을 보면 알 수 있다. 젊은 시절에는 노나라에서 소리(小吏)가 된 적도 있다고 한다. 『맹자』「만장 하(萬章下)」편에는 일찍이 위리(委吏)[10]가 되어 회계에 잘못이 없도록 힘썼고, 승전(乘田)이라는 가축 기르는 일을 담당한 관리가 되어 소와 양을 잘 길렀다고 되어 있다. 『맹자』의 이러한 기술은 공자가 지낸 청년 시절의 공백기를 메우려고 '호사가'가 지어낸 이야기 같다. 사(士)는 보통 서른이 되어야 아내를 맞이하고, 비로소 벼슬을 하는 것으로 되어 있다. 『사기』는 공자의 소리 시기를 스무 살 전후로 보는데, 이때 공자는 무축의 일에 종사하면서 예악(禮樂) 전반에 걸친 교양을 닦으려 한 것으로 보인다. 훗날 사람들이 그의 다재다능함을 찬양하자 공자는 "내가 젊었을 적에 미천하여 천한 일에 매우 능했다. 군자는 재주가 많아야 하는가? 많을 필

---

10) 창고를 지키고 출납하는 일을 담당하는 하급 관원.

요가 없다"(『논어』「자한」)고 탄식하는 듯한 말을 내뱉고 있다. 공자의 전반생은 어둡고 험난했음이 틀림없다.

공자의 어린 시절에 대해서는 여러 전해오는 이야기에서 대강의 사정을 추측해볼 수 있다. 이제껏 이야기해왔듯이 그것은 하층의 무축 집단에 속한 삶이었을 것이다. 부모를 합장할 때 공자는 무덤의 봉분(封墳)을 높이 쌓고는 "지금 나는 동서남북을 떠도는 사람이니 봉분을 만들어 표시하지 않을 수 없다"면서 4척(약 120센티미터)의 높이로 봉분을 높이 쌓았다.[11] '동서남북을 떠도는 사람(東西南北之人)'이란 거의 일정한 거처가 없이 여기저기 떠도는 무리를 가리키는 말이다. 그때까지 공자는 여전히 무축 집단의 일원이었던 것으로 추측된다.

그러나 사람은 필요한 때가 되어 무대 위에 등장하는 것이 바람직하다. 일기처럼 속속들이 읽히는 생활을 아무래도 고상한 삶이라 하기에는 어려울 것이다. 소크라테스가 일개 소피스트로 아리스토파네스의 희극에 모습을 드러내는 것이 소크라테스에게도 그리 좋은 일은 아니었을 것이다. 나는 공자의 전반생을 빈곤과 고뇌 속에 가두어두는 것이 가장 좋다고 본다. 그리고 아마도 그것

---

11) 무덤에 흙을 쌓아 올려 둥글게 언덕같이 만든 부분을 말한다.

이 사실일 것이다.

공자가 점차 세상에 모습을 드러내는 것은 아마도 마흔이 훨씬 지난 뒤일 것이며, 그 무렵에는 몇 명의 제자도 거느리고 있었던 것 같다. 초기 제자들의 나이로 미루어보아도 그렇게 판단된다. "나이가 마흔이 되어서도 남의 미움을 받는다면 끝장이다"(『논어』「양화〔陽貨〕」), "나이가 마흔이나 쉰이 되어서도 이름이 알려지지 않는다면 그 사람은 또한 두려워할 것이 못 된다"(『논어』「자한」)는 공자의 말은 그러한 체험에서 우러난 말일 것이다. 이와 같이 공자가 일약 세인의 주목을 끌게 된 것은 노나라에서 내란이 발생했을 때였다. 참주에 가까웠던 삼환(三桓)씨[12]의 세력이 배신(陪臣)인 양호와 공산불요(公山弗擾)에게 위협을 받는 것과 같은 하극상의 양상이 갑자기 뚜렷해졌던 것이다. 양호는 공자를 열심히 초빙하려 했고, 공산불요도 마침내 쿠데타를 꾀했을 때에야 공자를 불렀다. 공자가 지닌 영향력은 아마도 무축 집단을 중심으로 하여 제사자의 지식인 사회 전반에 미치고 있었던 것으로

---

12) 노나라 대부(大夫)인 중손(仲孫)씨·숙손(叔孫)씨·계손(季孫)씨의 세 집안을 가리키는데, 환공(桓公)의 후손이기 때문에 삼환(三桓)으로 불렸으며, 달리 삼가(三家)라고도 했다. 삼환은 당시 노나라의 국정을 전담해 군대나 징세권(徵稅權)까지 장악했고, 권세가 임금을 능가했다. 그 가운데 중손(仲孫)씨는 후에 맹손(孟孫)씨로 성을 바꾸었다.

보인다. 공자도 그러한 초청에 응해 움직이려 했다.[13] 그러한 생각은 이내 좌절하고 만다. 그러나 그러한 좌절이 오히려 공자를 구원했다고 생각한다. 정치적 성공이란 일반적으로 타락을 초래할 뿐 실상은 아무것도 아닌 것이다.

첫 번째 망명, 양호와 대립하다

공자는 두 번에 걸쳐 조국을 등진 채 망명한다. 단순한 외유가 아니라 짧게는 수년, 두 번째의 14년이란 망명 기간은 공자가 지닌 이상주의자로서의 정열이 그로 인해 거의 다 소모되지 않았을까 싶을 정도로 기나긴 것이었다. 공자가 근심걱정 없이 편안한 나날을 보낸 것은, 첫 번째 망명에서 돌아온 뒤의 짧은 기간과 만년의 5년이 채 못 되는 기간에 지나지 않는다.

그가 첫 번째 망명한 사정에 대해 「세가(世家)」는 노나

---

13) "공산불요가 비(費)읍을 점거해 반란을 일으키고 공자를 부르니, 공자께서 가시려고 했다. 자로가 기뻐하지 아니하며 말하기를 '가실 곳이 없으면 그만두실 일이지, 하필 공산(公山)씨에게 가시려 합니까?'라고 했다. 공자는 말하기를 '나를 부르는 이가 어찌 헛되이 불렀겠느냐? 만일 나를 써주는 이가 있다면 나는 그 나라를 장차 동쪽의 주(周)나라로 만들 것이다'라고 하셨다."(『논어』「양화」)

라 소공(昭公) 25년(기원전 517)에 소공이 삼환가(三桓家)의 군권(君權)을 빼앗기 위해 쿠데타를 일으켰다가 실패하고는 제나라에 망명했던 사건을 들고 있다. 소공이 도망치고 얼마 있다가 노나라 임금 자리가 공석이 되고, 노나라는 내란 상태에 빠져버렸다. 이때 공자가 제나라로 가서 고소자(高昭子)의 가신이 되어 제나라 임금인 경공(景公)에게 접근을 시도했다 하니, 이러한 행동은 분명 공자를 숭배하는 이들의 마음을 상하게 하는 구석이 있다. 하고많은 사람 중에 하필이면 악명 높은 고소자의 가신이 되어 타국에서 벼슬하기를 바라는 따위의 행동이라니, 공자에게는 있을 수 없는 일이라고 여겼다. 그래서 소공의 뒤를 따르려 한 충신의 행동이었다는 해석이 생겨나게 된다. 그러나 『논어』에 충신(忠臣)이라는 사고방식은 존재하지 않는다. 충(忠)이란 성실하다는 정도의 의미인 것이다. 공자는 "만약 나를 등용해주는 사람이 있다면 1년 안에 뭔가를 해내겠다"(「자로〔子路〕」)든가, 공산불요의 부름에 응하려 했을 때도 "만일 나를 써주는 이가 있다면 나는 그 나라를 장차 동쪽의 주(周)나라로 만들 것이다"(「양화」)라고 자로에게 이야기한다. "만약 나를 써주는 이가 있다면" 상대가 누구라도 좋았던 것이다. 벼슬하는 자에게는 선택의 자유가 있었다. 세습의 신하조차도 순절(殉節)하지 않던 시대였다. 목숨을 바쳐 순사(殉死)하더라도 도(道)나 의(義)를 위해 순사하는 것이 공자의 뜻이었다. 벼슬도 한 일이 없는 소공의 뒤를 따라 망명함으로써 충의로운 듯이 꾸미는 행동 따위를 공자가 할 리는 없었다. 망명은 어디까지나 공자 자신의 개인 사정에 따른 것이었다.

공자가 제나라로 망명한 것은 아마도 양호가 권력을 독점하고 전횡을 일삼았을 때(기원전 505)의 일로 보인다. 그러나 여기서 노나라의 정치 상황을 일단 살펴볼 필요가 있다. 당시 노나라 임금의 권력은 미약하기 그지없었다. 역대에 걸쳐 어리석은 임금이 많았고, 환공(桓公, 기원전 711~694)에게서 비롯된 맹손(孟孫)·숙손(叔孫)·계손(季孫)의 삼환(三桓)씨가 오래도록 정권을 잡았기 때문에 국토와 병마(兵馬)의 대부분은 그들의 손아귀 안에 있었다. 이윽고 그들의 가신이 실권을 장악하자 다른 나라들과 마찬가지로 하극상 풍조가 뚜렷해지면서 정국은 끊임없이 위기에 휩싸여 있었다. 소공은 열아홉 살에 즉위했으나 여전히 어린아이처럼 순진했고, 즉위한 뒤 줄곧 초나라나 진(晉)나라에 조공을 바치는 등의 굴욕 외교를 계속해

나라 안팎으로 멸시를 당했다. "만약 나를 등용해주는 사람이 있다면" 하고, 벼슬할 기회를 노리던 공자라도 나라 형편이 이래 가지고는 벼슬할 길이 없었다.

그 무렵 귀족들 사이에서는 투계(鬪鷄)와 박혁(博奕)이 성행했다. 계평자(季平子)와 후씨(郈氏)가 종종 투계 때문에 다투기 시작했는데, 점차 싸움이 확대되어 임금인 소공까지 이 싸움에 말려들게 되었다. 계씨는 싸움에 져서 한때 항복을 청했지만, 후씨가 강경한 입장으로 나오는 바람에 협상이 이루어지지 않았다. 그러는 사이에 위험을 느낀 삼가가 서로 연합을 하자 마침내 소공은 망명길에 오르게 되었다. 소공의 망명을 받아들인 제나라는 다음 해에 노나라를 쳐서 운 땅을 빼앗고는 그곳에 소공을 머물게 했다. 그런데 공자가 운 땅으로 갔던 자취는 없다.

소공은 제나라에 인질로 잡힌 꼴이 되었고, 제나라는 노나라 내정을 간섭했다. 그리하여 노나라에서는 조속히 소공을 귀국시키려는 운동이라든가, 차라리 진(晉)나라로 가버리게 하려는 계책이 꾸며졌다. 하지만 모두 다 실패로 돌아가고 관련된 이들은 잇달아 미심쩍게 죽어갔다. 소공이 귀신의 동티를 입은 것이 아닐까 하는 소문마

저 퍼져나갔다. 나는 이런 사정의 배후에 양호의 손길이 뻗쳐 있었다고 상상한다. 소공은 나중에 건후(乾後)의 땅으로 옮겨갔다가, 망명한 지 7년 만에 그곳에서 사망한다(기원전 511). 그를 따라갔던 사람은 노나라 대부 중손(仲孫)씨의 집안사람 자가구(子家駒)였다. 『좌전』소공 5년 조에는 소공이 실정을 하게 된 원인 가운데 하나가 바로 이 자가구라는 이를 등용하지 않았기 때문이라고 평한다. 『좌전』에서는 이 문제와 관련해 공자에 대해서는 한마디도 언급하지 않는다. 소공이 망명했을 때 공자는 아직 서른여섯 살이었다. 당시 정변으로 말미암아 자신의 거취를 결정해야 할 만큼 그는 아직 힘 있는 인물이 아니었다. 공자의 망명은 훨씬 뒤의 일이고, 그 이유도 딴 데 있었다.

　제나라에 망명했던 공자의 사정에 대해 『논어』에 다음과 같은 기사가 있다.

　공자가 제나라에 계실 때 소(韶)[14]의 음악을 들으시고는 석 달 동안 고기 맛을 몰랐다. 그리고 말씀하시기를 "소(韶)라는 음악의 감동이 이런 정도로까지 깊으리라고

---

14) 순(舜) 임금이 만든 고대 악곡의 이름이다.

는 생각지 못했다!"고 하셨다.

「술이(述而)」

　제나라 경공이 공자에게 정치를 물으니, 공자가 대답하기를 "임금은 임금답고, 신하는 신하다우며, 아비는 아비답고, 자식은 자식다운 것입니다"라고 했다. 공이 말하기를 "훌륭한 말씀이오! 진실로 임금이 임금답지 못하고, 신하가 신하답지 못하며, 아비가 아비답지 못하고, 자식이 자식답지 못하다면, 비록 곡식이 있다 한들 내가 어찌 먹을 수가 있겠습니까?"라고 했다.

「안연(顔淵)」

　제나라 경공이 공자의 대우에 관해 말하기를 "계씨(季氏)와 같은 정도로 내가 대우할 수는 없지만, 계씨와 맹씨(孟氏)의 중간 정도로는 대우하리다"고 하더니, 뒤에 "내가 늙어서 쓰지 못하겠구려"라고 번복하자, 공자께서 떠나가셨다.

「미자(微子)」

공자는 고대의 예악을 찾아서 이르는 곳마다 이것을

널리 구했는데, 제나라에서 우연히 옛날의 음악인 소를 들었던 감동을 "석 달 동안 고기 맛을 몰랐다"고 표현하고 있다. 소에 대해서는 달리 "아름다움을 다하였고, 또한 선을 다하였구나!"(「팔일〔八佾〕」)라고 평하니, 음악의 뜻을 깊이 깨닫는 바가 있었을 것이다. 공자는 음악을 좋아했고 스스로도 금(琴)을 연주했다. 시 작품 따위도 현악기의 연주에 맞추어 노래 부르곤 했던 것 같다. 인간 형성의 최종 단계를 "음악에서 완성된다"(「태백〔泰伯〕」)고까지 말하고 있다. 음악이 있는 교실은 즐거웠을 것이다. 자로도 거문고(瑟)를 탔지만 아무래도 이 사나이가 연주하는 음악에는 공자도 두 손을 바짝 들었는지, "유(由)[15]의 거문고 소리가 어찌 내 집에서 난단 말이냐"면서 불협화음을 개탄한다.

노나라 소공 26년(기원전 516)에 주나라에서 수년 동안 계속된 왕자 조(朝)의 반란이 마침내 일단락되었다. 왕자 조가 주나라의 전적을 가지고 초나라로 망명한 바람에 주나라 예악은 많이 산실되어버렸고, 왕실의 악관(樂官)들도 난리통에 사방으로 뿔뿔이 흩어져버렸다. 「미자」편에 "악관의 우두머리인 태사(大師) 지(摯)는 제나라로 갔

---

15) 유(由)는 자로의 이름이다.

다"는 기사가 있는데, 공자는 아마도 지가 연주한 음악을 들었을 것이다. 시편의 「관저(關雎)」의 연주에 대해서도 비평한다. 이때 공자가 처음으로 태사가 연주한 음악을 들었다면, 『사기』에 공자가 서른 이전에 노나라 임금에게서 수레와 말을 하사받아 주나라로 가서 예악을 배우고 노자와 만났다는 이야기는 이치에 맞지 않는다.

경공과 나눈 문답은 『논어』 이외에도 『묵자』·『한비자』·『안자춘추(晏子春秋)』 등에 많이 보이고 공자가 벼슬자리를 희망했다는 것도 사실일 테지만, 「미자」 편의 문답에는 윤색이 더해진 것 같다. 경공(기원전 547~490)은 어린 나이에 즉위한 이래 재위 58년째로 공자보다 다소 손위였을 것이다. 제나라에서는 당시 최저(崔杼)가 권력을 쥐고 전횡을 일삼으면서 임금인 장공(莊公)을 시해하고 임금의 배다른 아우인 경공을 옹립했으나, 이윽고 경봉(慶封)이 최씨를 멸망시키고 권력을 빼앗았다. 그런 경봉도 전씨(田氏)·고씨(高氏)에게 쫓겨서 오(吳)나라로 달아나고, 마침내 고씨도 망해버림으로써 전씨의 시대가 도래했다. 현명한 재상이라 일컬어지던 안평중(晏平仲)은 경공 48년(기원전 500)에 죽었다.

공자가 소공의 망명을 뒤따라서 제나라로 갔다면, 경

공 31년에 공자는 서른여섯 살, 경공은 쉰 살이 채 되지 않은 나이였다. 이 무렵에는 안자(晏子)도 건재했다. 젊은 망명자인 공자를 경공이 삼환의 계씨와 맹씨의 중간 정도로 대우하면서 맞아들이려 했을 리가 없다. 또한 경공은 "내가 늙어서 쓰지 못하겠구려"라고 말할 만한 나이도 아니었다. 만약 이 말에 신빙성이 있다면, 공자의 망명 시기는 10년 이상 이후 시기로 내려와야 한다.

경공이 이계(尼谿)의 영지를 주고 공자를 등용하려 했을 때 재상 안자가 이를 막았다는 이야기는 『묵자』「비유(非儒)」편과 『안자춘추』 권8에 이와 관련된 몇몇 기사가 있다. 「공자세가」 역시 그런 문장들을 한데 꿰맞추어 기록하고 있다. 안자는 여기서 유자(儒者)는 오만하고 정치 지도자로서 부적합하다는 점, 그들의 예악에 관한 주장은 사치일 뿐이며, 장례를 후하게 치르고 오래도록 복상(服喪)하는 것은 백성의 삶을 해치고 겉치레일 뿐으로 내용이 없다는 점 등을 논했다. 그러면서 "지금 공구(공자)는 음악을 열심히 하여 세상을 사치스럽게 만들고, 현가고무(弦歌鼓舞)를 행하면서 무리를 규합하며", 그의 교설이 정치에는 실익을 주지 않는다는 점 등을 비판하고 있다. 이때 공자는 이미 교단(敎團) 활동을 하고 있었다고 생각되는데, 이렇듯 새로운 형태의 정치 운동은 기성 정치가들에게 상당한 위협감을 주었을 것이다. 『묵자』「비유」편에 따르면 공자는 제나라에서 등용되지 못한 일에 분노해서, 제나라의 실력자인 전상(田常)의 집 문에다 치이자피(鴟夷子皮)를 세워놓고 떠나갔다고 한다. 치이(鴟夷)란 신판(神判)[16]에서 패한 쪽의 신양(神羊)을 싸서 유죄가 확정된 이와 함께 흐르는 물에 띄워 보내기 위한 가죽으로 만든 부대로, 신을 모독한 독신(瀆神)의 죄를 물어 추방한다는 뜻을 나타낸 주저(呪詛)의 방법이다. 공자가 죽고 난 6년 뒤, 월(越)나라 임금인 구천(句踐)을 도와 회계(會稽)의 치욕을 설욕했던 범려(范蠡)는 이름을 치이자피로 바꾸고 바닷가로 떠나 훗날 도주공(陶朱公)으로 또 다른 세계에서 활약을 벌이는데, 이때의 치이자피는 망명자로서 자기 자신을 내버린다는 뜻을 나타낸 방법이다. 이런 일들을 무축의 무리는 잘 알고 있었다.

『안자춘추』에는 공자가 제나라로 망명한 것이 안자의 책략이었다는 기술이 나온다. 공자가 노나라 재상이 되자, 경공은 노나라가 강성해질 것을 두려워한다. 안자는

---

16) 점복(占卜)·탁선(託宣) 등에 의해 얻은 결론을 신의(神意)로 받아들이고 그에 따르는 일을 말한다.

노나라 군신 사이에 이간책을 써서 비밀리에 공자에게 많은 액수의 녹봉을 약속하고 제나라로 초빙하려는 듯한 태도를 취한다. 공자는 그 때문에 임금에게 간절히 간하고 나서 제나라의 초빙에 기대를 품고 망명을 하지만 경공이 이를 거절하고 만 것이다. 이윽고 공자는 진(陳)과 채(蔡)나라의 국경에서 곤란을 겪게 되는데, 역시 꾸며낸 이야기일 것이다. 다만 공자가 제나라로 망명한 것을, 공자가 노나라에서 등용된 후의 일로 기술한 점은 주목해도 좋을 것이다. 『안자춘추』에 공자에 관해 언급한 기사는 스무 대목이나 된다. 그러나 공자의 출분(出奔)이 소공의 망명과 관계있다고 언급한 기사는 한 대목도 없다. 공자가 제나라에 간 시점이 안자(기원전 500)와 경공(기원전 490)이 죽기 전이라는 점은 분명한 사실이지만, 소공의 망명과는 무관하다.

공자가 제나라로 갔던 것은 양호의 전횡(기원전 505)과 관계가 있다고 생각한다. 공자가 사회적으로 주목을 받기 시작한 것도 그 무렵부터다. 계씨의 가신이었던 양호는 계환자(季桓子)를 붙잡아 맹약을 시키고 나서, 쿠데타를 거쳐 정치적 실권을 장악했다. 『논어』에서는 양화(陽

貨)라고 불린 인물이다. 그는 일찍부터 공자의 명성을 듣고 자신의 휘하에 거느릴 생각으로 만나보기를 희망했지만 공자는 그를 피하면서 만나주지 않았다. 어느 날 양호는 삶은 돼지를 공자 집에 보냈다. 지체 높은 이의 선물에는 직접 찾아뵙고 답례하는 것이 예의였다. 공자는 상대인 양호가 집을 비운 틈을 타서 찾아가지만 운 나쁘게도 도중에 그를 만나고 말았다. 양호는 곧장 말을 걸어왔다.

"이리 오시죠. 내가 당신께 말하리다. 보배를 품고도 나라를 혼란하게 버려두는 것을 인(仁)이라 할 수 있겠소?"

"그것은 잘못이외다."

공자는 이렇게 대답할 수밖에 없었다.

"일에 종사하는 것을 좋아한다면서 자주 기회를 놓치는 것을 지혜롭다 할 수 있겠소?"

"그렇다 할 수 없소이다."

이 말에도 공자는 이렇게 대답할 수밖에 없었다.

"해와 달은 흘러가고, 세월은 우리와 더불지 아니하네."

양호는 마치 시처럼 아름다운 말로 벼슬하기를 권했다.

"알겠소이다. 나는 장차 벼슬하리다."

공자는 건성으로 대답하고는 서둘러 그곳을 떠났다. 「양화」 편에 나오는 이 이야기는 『맹자』 「등문공 하」 편에도 실려 있어, 공자가 이 인물의 초빙을 받았던 것은 사실인 듯하다.

양호의 전횡이 행해지던 정공(定公) 5년 (기원전 505)에 공자는 마흔여덟 살이었다. 이미 유능한 제자도 있었고, 그의 정치 비판이나 지식인 사회에 대한 영향력이 위정자를 두렵게 할 정도였다. 양호가 "일에 종사하는 것을 좋아한다면서, 자주 기회를 놓친다"고 한 것은 공자가 그때까지 벼슬할 기회를 노리면서도 성공하지 못했던 사실을 지적한 것이리라. 공자는 여전히 벼슬을 하지 않고 있었다.

공자는 이 독재자에게 그다지 호의적이지 않았다. 마찬가지로 양호와 함께 일을 벌이려 했던 공산불요에게 가담하려는 태도를 취해서 자로의 불만을 샀던 이야기가 「양화」 편에 나온다. 인물 됨됨이로는 양호가 훨씬 수완가였던 듯하다. 이 인물은 교양도 상당했고 공자에게 건넨 말은 보(寶)와 방(邦), 사(事)와 시(時)라는 글자로 운을 맞춘 아름다운 말이었고, 해와 달이 등장한 구절도 시편에 실려 있음직한 표현이다. 『맹자』「등문공 상」편에는 "부(富)를 얻으려 하면 인(仁)하지 못하게 되고, 인을 행하려 하면 부를 얻지 못한다"는 양호의 격언과 같은 말이 실려 있다. 『좌전』에 등장한 양호는 3년 뒤에 실각하지만 노나라 임금의 지위를 상징한 보옥과 대궁을 훔쳐서 제나라로 망명하고, 송·진(晉)나라에서 활약하는 등 남다른 정치력을 소유한 인물이었다. 훗날 공자가 망명 중에 광 땅에서 재난을 당한 것도 그가 양호와 혼동되었기 때문이라고 한다. 공자와는 적잖은 인연이 있었던 듯한 인물이다. 공자는 양호에게 어떤 종류의 환영(幻影)을 느끼고 있었다고 여겨진다.

양호가 실각해서 망명했을 때의 일을 『춘추』에서는 "도(盜)가 보옥과 대궁을 훔치다"라고 쓰고 있다. 양호는 권력을 독점해 전횡을 일삼으면서부터 노나라 수도를 벗어나, 제나라에서 되돌려 받은 운·양관(陽關) 지방을 영지로 차지하고는 그곳에서 정치를 폈다. 제나라로 망명했다가 사로잡히고는 또다시 탈출해 송·진나라로 가서 조씨(趙氏)에게 몸을 맡겼을 때 공자는 "조씨의 나라에서는 분명 대대로 소동이 일어날 것이다"(『좌전』 정공 9년 조)라고 평하면서 이 인물을 위험시하고 있다. 그 후에도 양호의 활약은『좌전』에 전해지는데, 애공(哀公) 9년 조에는 조씨가 정(鄭)나라를 구원할 군대를 출동시키려 할 때 사묵(史墨)·사조(史趙) 등과 함께 그 일에 대해 점을 치는데, 양호는 특히『주역』에 근거해서 그 일이 불리하다는 것을 주장한다.

공자와 나눈 문답에서 운어(韻語)라든가 복서(卜筮)를 잘했던 점으로 미루어보아 양호는 아마 사유(師儒)의 한 사람이었는지도 모른다.『맹자』에서 그의 말을 인용한 것도 그 때문이라고 생각된다.

『한비자』「외저설 좌하(外儲說左下)」편에는 "양호가 말하기를 '군주가 현명하면 마음을 다하여 그를 섬기나, 어리석으면 나쁜 마음을 겉만 꾸미고는 군주의 의향을 떠보는 것이다'"라고 했다. 양호는 노나라에서는 쫓겨났고, 제나라에서는 의심을 받고 조나라로 달아나니, 조나라의 간주(簡主)가 맞아들여 재상으로 삼았다. 좌우의 신하들이 '양호는 남의 나라의 정권을 잘 빼앗는데 어째서 재상으로 삼습니까?'라고 하니, 간주가 대답하기를 '양호는 애써 정권을 빼앗으려 하고 나는 애써 정권을 지키려 하느니라' 하고는, 마침내 술(術)을 써서 양호를 다스렸다. 그래서 양호는 감히 나쁜 일을 저지르지 못하고 성실하게 간주를 잘 섬기면서, 주군의 세력을 성하게 만들어 거의 패자와 대등한 수준까지 이르게 했다"는 대목이 있다. 그가 기존의 세신(世臣) 형태로는 통제하기 어려운 인물이었음을 알 수 있는 대목이다. 또한 양호는 노나라와 제나라에서 각각 세 사람을 벼슬길에 나아가게 했는데, 노나라의 세 벼슬아치는 그가 망명할 때 그를 찾는 수색대에 가담했고, 제나라의 세 벼슬아치도 그가 제나라에서 달아날 때 그를 배신했다고 (양호가) 조간자(趙簡子)에게 보고한 이야기가 『한비자』의 같은 편에 실려 있다. 이것으로 볼 때 그의 문하에 사(士)가 있었던 것이다.

공자는 왜 양호를 피했을까. 그 이유는 이상과 같은 이야기들로 대체로 추측해볼 수 있다. 공자가 활동할 당시에 공자와 같은 삶의 방식을 택하려는 인물이 또 한 사람 있었던 것이다. 그는 공자처럼 고매한 이상주의를 내세우지는 않았지만 삶의 방식이 동일했다. 고전에 관한 교양을 지니고 문하에 제자를 거느리며, 세족 정치에 도전해 정권을 빼앗기도 하고, 실패하면 망명해 도(盜)라고 불리면서 어느 나라도 자신의 조국으로 삼지 않았다.

공자의 두 번째 망명기에 양호는 북방에서 활약했고, 공자는 남방에서 정착할 땅을 찾고 있었다. 말하자면 서로가 경쟁 상대였다. 그런 양호가 노나라에서 권력을 독점했다. 공자는 노나라에 머물러 있을 수가 없었다. 『열자』「양주(楊朱)」 편에는 "공자는 노나라의 계환자(季桓子)에게서 굴욕을 당했고, 양호에게서 모욕을 당했다"고 분명히 밝혀 말하고 있다. 이로써 공자가 제나라로 망명했던 이유와 시기가 분명해진다. 그러나 2년 후에 이번에는 바로 양호가 제나라로 망명해 왔다. 공자는 제나라를 떠나야 했고, 다시 노나라로 돌아오게 되었다. 따라서 제나라로 망명한 시기를 나는 기원전 505년에서 502년까지의 기간으로 보고자 한다. 공자 나이 마흔여덟 살에서 쉰한 살까지의 기간이다. 경공은 그 당시 아마도 예순 살 안팎이었을 것이다. 이렇게 해야 이야기가 모두 들어맞는다.

양호와 경쟁적 대립자로서 자리매김한 공자는 양호가 망명한 뒤에야 당연히 노나라의 조야로부터 주목받는 존재가 되었다. 그러나 공자가 어느 정도 뜻을 이루었던 시기는 채 3년도 이어지지 못했다. 공자는 어째서 실패했던 것일까. 그것은 공자가 혁명자(革命者)이기는 했지만 혁명가(革命家)가 아니었기 때문이다. 공자에게는 양호와 같은 정치 수완이 없었다.

두 번째 망명, 동쪽의 주나라를 만들겠다

공자가 다시 노나라에서 쫓겨나 기나긴 망명 길에 올랐을 때는 정공(定公) 12년(기원전 498)으로 공자 나이 이미 쉰다섯 살이었다. 제나라에서 귀국한 지 겨우 3년 남짓 되었을 뿐이다.

『사기』에는 양호 사건 뒤의 공자에 관한 그의 다채로운 활동이 기록되어 있다. 정공 9년에 공산불요의 초청을 받고 그에 응하려 했던 일, 드디어 정공에게 기용되어 중앙 정치 무대에서 활약한 일, 나아가서는 국제정치 무대에서 화려하게 성공한 일이 기록되어 있다. 공산불요의 일은 『좌전』에 정공 12년의 일로 되어 있는데, 이는 『사기』 쪽이 맞는 것 같다. 그러나 『사기』에 기록된 공자의 정치가로서 했던 눈부신 활약은 아무래도 환상에 가까운 듯하다. 잠시 『사기』의 서술을 그대로 따라가보기로 하자.

제나라에서 돌아온 공자를 정공은 우선 중도(中都)의 읍재(邑宰)[17]로 기용했다. 1년이 안 되어 사방에서 모두 공자가 시행하는 정치를 배우려고 할 정도로 치적을 올

---

17) 장관(長官)으로 지금의 시장이나 군수에 해당하는 지위다.

렸다. 뒤이어 사공(司空)[18]이 되고, 다시 대사구(大司寇)[19]로 승진했다. 벼슬살이를 했던 일에 대해서는 『예기』「단궁 상」 편에 보이고, 사구가 되었던 일에 대해서는 그 밖에 『좌전』 정공(定公) 원년 조·『맹자』「고자 하(告子下)」 편·『묵자』「비유」 편·『순자』「유좌(宥坐)」 편·『여씨춘추』「우합(遇合)」 편 등에도 기록되어 있는데, 아마도 사실인 듯하다. 다만 대사구라고 된 곳은 『사기』뿐이고, 사공이 되었다는 것에 대해서는 한 군데도 언급한 기록이 없다.

정공 10년(기원전 500), 제나라와 노나라 두 임금이 협곡에서 만났다. 제나라는 이때 노나라를 협박해서 굴복시키려 했으나, 수행했던 공자가 꿋꿋하게 이를 물리치고 회담 후의 잔치에 요란스레 입장하려는 주유(侏儒)의 무리를 무례하다고 꾸짖으며 참살함으로써 군자의 도를 크게 떨쳐 보였다. 제나라는 이에 놀라서 앞서 빼앗았던 운·환(讙)·구음(龜陰) 땅을 반환하고 자신들의 무례에 대해 사죄했다. 『좌전』에는 주유를 참살했다는 이야기가 없지만 나머지 이야기는 동일하다. 수많은 공자전은 협곡에서 일어난 회맹(會盟) 사건을 공자가 당대에 자신의 지혜

---

18) 토목과 후생을 담당하는 장관.
19) 경찰 업무와 재판을 관리하는 사법의 최고 책임자의 지위다.

와 용기를 과시한 국제적 사건으로 다루나, 그것은 공자가 그의 생애에 정치적으로 성공했다는 사실을 더하고자 한 바람에서 나온 듯하다. 운 이하의 땅은 양호가 제나라로 달아났을 때 노나라한테서 빼앗아간 땅이다. 노나라의 망명자가 대부분 제나라로 간 것은 두 나라의 관계가 우호적 관계가 아니었기 때문이다. 노나라는 오랫동안 진(晉)나라와 연대하면서 먼 나라는 사귀고 가까운 나라는 공략하는 원교근공(遠交近攻) 정책을 취하고 있었다. 협곡의 회맹은 그러한 노나라가 외교정책을 전환했다는 것을 뜻한다. 노나라가 제나라에서 영토를 반환받은 것은 그와 같은 우호 정책을 수용하겠다는 것이다. 그 전해에 제나라는 양호를 붙잡아 국외로 추방했고, 이로써 두 나라의 국교 회복 조건은 이미 갖추어져 있었다. 그러한 우호 관계를 맺는 외교 회의석상에서 공자가 그렇듯 어설픈 연극을 할 리가 없다. 만약 임금을 수행했더라도 그것은 제나라 임금과 안면이 있었기 때문이라고 보아야 할 것이다. 사전(史傳)에서 특별히 다루어진 협곡의 회맹에서 공자가 행한 역할은 제나라와 평화를 회복하기 위한 소개자의 역할, 오늘날로 치자면 우호 협회 회장 정도의 역할이었다.

공자가 다시 노나라를 떠난 것은 집정이었던 계환자에게 절망했기 때문이라고 한다. 『논어』「미자」편은 설화적인 이야기가 많아 자료로 삼기에 주의를 요하는 부분인데, "제나라 사람들이 가희(歌姬)와 무녀(舞女)로 악단을 만들어 보냈더니, 계환자가 이를 받아들이고 사흘 동안이나 조회를 열지 않자 공자께서 떠나가셨다"는 기사가 실려 있다. 『한비자』「외저설 좌하」편에는 임금인 애공(哀公)이 여악(女樂)을 받아들인 것으로 되어 있다. 『사기』「세가」는 이를 정공 14년(기원전 496)의 일이라 하는데, 「위세가(衛世家)」에서는 그 전해에 공자가 이미 위나라에 와 있었던 것으로 되어 있다. 공자로서는 이때의 망명이 퍽 내키지 않았던 일인 듯하다. 『맹자』「만장 하」와 「진심 하」편에 "내 발걸음이 잘 떨어지지 않는구나! 이는 부모의 나라를 떠나는 도리다"라는 공자의 말이 수록되어 있다.

제나라가 계환자에게 가희와 무녀로 이루어진 여악을 보냈던 것은 공자를 몰아내려는 책략이었다고 한다. 공자가 노나라에 등용되어 노나라가 강대해지면 제나라에게 위협이 될 테니, 노나라 정치를 부패하게 만듦으로써 공자를 정치에서 단절시키고자 했던 것이다. 『맹자』「고자 하(告子下)」편에는 공자가 사구가 되었는데도 실제 정치에 참여할 수가 없었고, 하늘에 제사 지내는 교제(郊祭)의 번육(燔肉: 구운 고기)을 대부들에게 나누어주지 않은 일의 비례(非禮)를 비난하고는 관도 벗지 않은 채 곧바로 벼슬을 내놓고 물러났다고 되어 있다. 이러한 여악설과 번육설이야말로 아마도 일의 진상을 숨기려는 책모였을 것이다. 자신의 의사로 망명한 것이 아니라 일종의 국외 추방인 것이다. 고대 그리스에서는 사형에 해당하는 죄다. 고대 중국에서도 악신(惡神) 사흉(四凶)[20]을 벌하는 극형이다. 이 시대에도 정식으로 거류권(居留權)을 인정받지 못하면 도(盜)라고 불리는 신분이었다. 무엇인가 중대한 정치적 이유가 분명히 있었을 것이다.

『좌전』 정공 12년 조에 따르면 이때 공자 문하의 자로가 계씨 휘하에서 가로직(家老職)에 상당하는 재(宰)가 되었다. 그리고 자로의 계책이 받아들여져 삼가의 사읍(私邑)인 비(費)나 후(郈)의 성벽을 허물고 무장해제를 하기로 결정했다. 삼가를 대표한 이들은 수도에 살면서 사읍에 재(宰)를 두고 관리했는데, 종래의 경험에 따르면 가신들이 종종 그러한 사읍을 근거지로 삼아 반란을 일으킴으

---

20) 순(舜) 임금 시대의 네 악신으로 공공(共工)·환도(驩兜)·삼묘(三苗)·곤(鯀) 또는 혼돈(渾敦)·궁기(窮奇)·도올(檮杌)·도철(饕餮)을 가리킨다.

로써 사읍은 반역자들의 온상이 되기도 했다. 그래서 자로의 이러한 계책은 쉽게 삼가에게도 받아들여져 얼마 후 실행에 옮겨졌다. 2년 전 후범(侯犯)의 반란으로 곤란을 겪었던 숙손(叔孫)씨가 먼저 후 땅의 성벽을 철거했다. 계씨의 경우에는 상당한 저항이 있었다. 이전에도 양호가 이곳을 근거지로 해서 반란을 일으킨 적이 있고, 이번에도 당시의 동지인 공산불요가 저항했다. 숙손씨의 불평분자까지 가세함으로써 세력이 강대해져서 노나라 도읍까지 쳐들어오는 등의 대소동이 벌어졌다. 『좌전』에는 그때 공자가 사기를 북돋우면서 정공을 보호했다고 기록되어 있다. 그 결과 공산불요는 이전의 양호와 마찬가지로 제나라로 망명하고 말았다.

후와 비 두 곳의 성은 어쨌든 예정대로 무장해제를 시켰지만 맹손씨의 사읍 성(成) 땅은 제나라에 가까이 있어서 무력행사가 여의치 않았다. 맹손씨의 권신인 공렴처보(公斂處父)가 국방의 이유를 내세워 저항했고, 맹손씨도 이에 동의했다. 그래서 정공은 스스로 군대를 이끌고 성 땅을 포위했으나 성공하지 못해 그의 계획이 뒤틀리고 말았다.

이 사건에서 공자의 입장은 미묘하다. 계책은 계씨의

재(宰)인 자로의 이름으로 제안되고 삼가의 동의를 바탕으로 진행되었다. 도중에 저항 세력이 나타나 정공이 위기에 처하자 공자가 이를 돕는데, 공자는 이 일의 숨은 입안자였는지도 모른다. 『사기』에는 정공 13년에 공자가 정공에게 계책을 올려 일을 결정했다고 되어 있다. 이 계책은 삼가가 가신들의 참람한 행위에 고민하던 실정을 역으로 이용해서 삼가의 세력을 약화시키려 한 음모였다고도 할 수 있다. 아마도 우직하리만큼 의심할 줄 몰랐던 자로는 공자의 지시대로 움직였을 것이다.

이 사건에 대해 의심스러운 점이 두 가지 있다. 『논어』「양화」편에 "공산불요가 비 땅을 점거해 반란을 일으키고는 공자를 부르니, 공자가 가시려고 했다. 자로가 언짢아하며 말하기를 '가실 곳이 없으면 그만두실 일이지, 하필이면 공산(公山)씨에게 가시려 합니까?' 했다. 공자는 말하기를 '나를 부르는 이가 어찌 헛되이 불렀겠느냐. 만일 나를 써주는 이가 있다면 나는 그 나라를 장차 동쪽의 주나라로 만들 것이다'라고 하셨다"는 대목이다. 『사기』는 이 일을 양호가 망명했던 정공 9년의 일로 보고 있다. 이것은 『사기』가 옳은 듯하다. '하필이면'이라는 선택적 어법으로 자로가 반대한 점, 또한 삼도(三都)에 관한 문제였다면 자로가 계씨의 재(宰)로서 그러한 계획을 추진한 입장이었기에 '언짢아하는' 정도로 끝날 수는 없었다는 점 때문이다.

또 하나는 『논어』「헌문(憲問)」 편에 공백료(公伯寮)라는 이가 계손씨에게 자로를 참소했다. 그 이야기를 딴사람에게서 들은 공자는 "도(道)가 장차 행해지는 것도 천명이고, 도가 장차 폐하게 되는 것도 천명이다. 공백료 따위가 그러한 천명을 어찌한단 말이냐"라며 분노에 가까운 말을 내뱉고 있다. 자로의 계책이 실은 삼가의 세력을 약화시키려는 정책이며 공자 자신의 운명을 건 계책이었음을 공자의 이 말로도 짐작해볼 수 있다. 계책은 분명히 공자에게서 나왔고, 자로는 표면상의 연출자에 지나지 않았다. 처음부터 공모였던 것이다. 자로는 의심을 받아 실각하고 마는데, 배후에 공자가 있다는 것은 누구나 아는 사실이었다. 이 가공할 음모자를 삼가가 용서할 리 없다. 공자는 아마도 '관을 벗을' 겨를도 없이 벼슬에서 물러나라는 요구를 당했을 것이다. 삼가의 입장에서 보자면 양호가 무력으로 이루고자 했던 일을 공자는 책략으로 하고자 했던 것이나 다름없다. 그러나 공자는 오로지 '동쪽의 주나라로 만드는' 일이 목적이었다. 성인의 도를 실천하는 데에 참주 세력의 배제를 꾀한 것은 정당하고도 필요한 일이었다. 그러나 세상에서는 그렇게 말하지 않는다. 『장자』「산목(山木)」 편의 "공자가 다시 노나라에서 쫓겨났다"는 기사에서 보듯이 공자는 딱지가 붙은 혁명자가 되었다. 망명했던 14년 동안 공자를 둘러싼 문제는 대부분 여기서부터 비롯된다 해도 좋을 것이다. 그러나 공자의 혁명자로서의 광간(狂簡)은 한층 더 강렬해진 것처럼 보인다.

『사기』에는 이듬해인 14년 대사구의 직책으로 재상의 일을 겸하면서 대부 소정묘(少正卯)를 주살했던 사건이 대서특필되어 있다. 이 이야기는 『순자』「유좌」 편에 처음 등장한 뒤 진·한(秦漢) 이후의 책에서 종종 보이는 유명한 사건이다. 『순자』에 따르면 소정묘는 "무뢰배를 한데 모아 도당을 결성하고, 말로 사악함을 꾸며서 대중의 이목을 속이는 것이 충분히 가능했던" 소인배의 우두머리였다고 한다. '청년을 타락시키는' 궤변학파였던 것 같다. 양호든 소정묘든 공자와 가장 날카롭게 대립한 이들은 실상 어느 면에서는 공자와 가장 닮은 상대였다. 그러나 『사기』가 이 기사를 여기에 끼워넣기 위해 공자의 벼슬

자리를 더욱 높이고 망명 시기를 1년이나 늦추기까지 한 것은 잘못이다. 「위세가(衛世家)」를 보면 그 전해에 공자는 벌써 위나라에 와 있었다. 그를 따랐던 이들도 자로를 비롯해 안연 등 몇몇 주요한 제자들뿐이었다. 이리하여 14년에 걸친 망명 생활이 시작된다. 공자는 벌써 쉰여섯 살, 자로는 제자 가운데 가장 나이가 많은 마흔일곱 살, 안연 이하로는 이제 갓 스물을 넘긴 청년들이었다. 망명 생활은 그들 사이에 깊은 운명 공동체 의식을 심어놓았고, 그와 동시에 운명 문제, 천(天)의 문제, 인간성 문제, 현실 정치 문제 등에 대해 사색을 심화할 기회를 주었을 것이다. 그것은 사도들을 데리고 방황을 계속한 나사렛 예수의 모습과 닮았다. 그러나 방황의 상세한 기록이 남아 있지 않은 것이 무엇보다 유감이다. 어째서 우리 동양인은 이 중요한 시기에 대해서조차 과묵했던 것일까. 그러나 어쨌든 우리는 그 빈약한 자료에서부터라도 이들의 모습을 추적해가지 않으면 안 된다.

14년 동안 헤맨 정처 없는 망명 길

정처 없는 망명 길에 오른 공자 일행은 우선 위(衛)나라로 가기로 했다. 자로의 처남인 안탁추(顔濁鄒)에 의지했던 것이다. 다행히 위나라 영공(靈公, 기원전 534~493)은 뜻밖에 공자 일행을 호의적으로 대해주며 녹미(祿米)까지 내려주었다. 『사기』에는 속미(粟米) 6만 석이었다고 한다. 그러나 『사기』에 기술된 망명 기간의 사정은 특히 혼란이 심해서 거의 믿을 수가 없다. 6만 석의 속미를 내려준 영공은 얼마 후에 누군가가 공자를 헐뜯는 말을 듣고는 공자를 감시하도록 한다. 공자는 불안해서 머무른 지 열 달 만에 도망을 쳤는데 진(陳)나라로 가는 도중에 광 땅 사람들에게 포위되어 닷새 동안이나 갇히게 된다. 공자는 위나라의 영무자(寧武子)에게 연락해 간신히 그곳을 벗어나 포(蒲) 땅으로 갔다고 하는데, 영무자는 춘추시대 중엽, 곧 공자보다 훨씬 이전 사람이다. 한 달 남짓 만에 위나라로 되돌아와 거백옥(蘧伯玉)에게 신세를 졌다. 영공의 부인인 남자(南子)의 간곡한 청을 못 이겨서 이 평판이 좋지 않은 부인과도 만났다.

달포 뒤에 영공이 부인과도 수레에 동승해서 거리를

돌아볼 때 공자도 수레를 타고 그들을 뒤따랐지만, 이 일로 불쾌해져서 조(曹)나라로 갔다가 다시 송나라로 가게 된다. 여기서 환퇴(桓魋)의 난을 당하게 된다. 큰 나무 아래서 제자들과 예에 대해서 수업을 하고 있었는데, 환퇴가 그 큰 나무를 뽑아서 공자를 죽이려 했다. 이 사람은 훗날 공자 문하로 들어온 사마우(司馬牛)의 형이다. 간신히 화를 면하고 정(鄭)나라로 갔는데 제자들은 거의 자포자기 상태였다. 동쪽 성문에 우두커니 홀로 서 있는 공자의 모습을 어떤 사람이 '상갓집 개'와 같다고 했다. 자공이 뒤따라와 그 이야기를 전하니 공자는 유쾌한 듯이 "그 말대로다. 그 말대로다"라면서 웃었다. 진(陳)나라로 들어와서부터는 사성정자(司城貞子)의 집에 머물렀다. 1년 남짓 되어서 오나라 임금 부차(夫差)가 진나라를 쳐서 삼읍(三邑)을 빼앗고, 채(蔡)나라는 초(楚)나라 침공을 받아 오나라로 파천했다. 어느 날 화살을 맞은 매가 진나라의 궁궐 안에 떨어져 죽었다. 공자가 화살촉을 감정해보더니 이 매는 동북쪽의 숙신(肅愼) 땅에서 온 것이라고 박식함을 드러내 보인다. 진나라에서 3년 동안 신세를 지지만 오나라의 공격이 끊임없이 이어졌기 때문에 "돌아갈거나, 돌아갈거나"라는 탄식을 내뱉으며 진나라를 떠나

포 땅을 통과할 즈음에 다시 제지를 당하고 만다. 다행히 진나라에서 공자의 제자인 공량유(公良儒)가 수레 다섯 대를 끌고 쫓아와서는 열심히 분투한 덕택에 위기를 벗어나게 된다. 포 땅 사람들에게 다시는 위나라 쪽으로 가지 않겠다고 약속한 후에야 석방되지만, 공자는 그대로 위나라로 간다. 영공은 다시 기쁘게 맞이해주었다. 공자는 포 땅을 토벌할 것을 영공에게 권하지만, 영공은 이미 늙어서 공자를 기용할 뜻이 없었으므로 공자는 다시 위나라를 떠난다.

북쪽 지역에서는 조간자가 중모(中牟) 땅의 재(宰)인 필힐(佛肸)을 토벌했는데, 필힐이 공자를 초청하겠다는 의향을 전해온다. 공자는 이내 가려고 했지만 자로의 반대로 뜻을 이루지 못했다. 이렇듯 바쁜 가운데서도 공자는 사양자(師襄子)에게 금(琴)의 연주법을 배우면서 문왕조(文王操) 한 곡을 전수받는다. 공자는 황하를 건너가 조간자를 만나고 싶어했지만 현인 두 사람이 그에게 살해당했다는 소식을 듣고는 단념하게 된다. 이리하여 다시금 위나라로 돌아와 거백옥에게 신세를 진다.

어느 날 영공이 군대를 편성하는 진법(陣法)에 대해 공자에게 물었는데, 이후 전혀 공자를 쓰려는 낌새가 없었으므로 다시 진나라로 가게 된다. 얼마 후 위나라에서 영공이 죽자 국외에 망명해 있던 태자를 조(趙)나라가 옹립하려 했고, 예전에 노나라에서 온 망명객 양호가 조간자의 명령으로 술책을 부려 위나라에 잠입해 왔다. 노나라 애공 3년(기원전 492)에 묘사(廟祠)가 불에 탔다. 공자는 진나라에 있으면서도 불탄 것이 환공(桓公)과 희공(僖公)의 묘사일 것이라고 했는데 과연 그대로였다.

그해 가을에 계환자가 병석에 눕고는 일찍이 공자를 등용하지 않았기 때문에 노나라가 쇠약해졌음을 개탄하며, 자기가 죽거든 공자를 불러 재상을 삼도록 자식인 계강자(季康子)에게 유언한다. 계강자가 계환자의 뒤를 잇고는 우선 제자인 염구(冉求)를 부르기로 하고 사자를 보내니 공자는 또다시 "돌아갈거나. 돌아갈거나"라고 탄식을 발하면서 염구를 떠나보낸다. 다음 해에 공자는 진나라에서 채나라로 갔고, 더욱이 초나라의 섭(葉) 땅까지 찾아가 섭공(葉公)을 만나 논전을 벌였다. 다시 채나라로 돌아가는 도중에 장저(長沮)와 걸닉(桀溺) 그리고 하조장인(荷蓧丈人)을 만난다. 채나라에서 3년을 지내고 진나라와 채나라 사이에서 양식이 떨어지는 등의 재난을 겪는다. 만약 공자가 초나라에서 등용되면 진나라와 채나라는 잠시도 배겨내지 못할 것이라는 두려움 때문이었다. "나의 도가 잘못된 것인가? 내가 왜 여기서 이런 곤란을 겪어야 만 하는가?" 하고 탄식을 뱉은 것도 이때였다.

초나라 소왕(昭王)이 위급한 소식을 듣고 군사를 내어 공자를 맞아들여서 영지를 주려고 했으나 영윤(令尹)[21]인 자서(子西)가 반대해 흐지부지되고 만다. 초광(楚狂)[22]접여 (接輿)가 "봉황새야! 봉황새야! 어찌 덕이 그리도 쇠했는 가?"라는 노래를 부르면서 지나가버렸다. 이리하여 공자 는 초나라에서 위나라로 되돌아오는데, 당시 공자의 나 이 예순세 살이었다. 위나라는 왕위 계승 문제로 인한 분 규의 와중이라 공자에게는 정사에 참여할 기회조차 주어 지지 않았다. 이윽고 제자인 염구의 추천으로 계강자에 게서 소환 통지를 받고는 위나라 공문자(孔文子)의 만류도 뿌리친 채 노나라로 향하게 된다. 실로 14년 만의 일이었 다. 이때 공자의 나이는 예순아홉 살이었다.

장황하게 『사기』의 기사에 근거해 망명기를 써내려온 것은 『사기』의 문장이 완전히 소설이며 사실(史實)로서의

FOOTNOTE
21) 초나라의 재상(宰相)을 가리킨다.
22) 초나라의 광인처럼 행동하는 인물이라는 뜻이다.

신빙성도 거의 결여하고 있음을 밝히기 위해서였다. 모순은 곳곳에 있다. 일일이 고증할 여유는 없지만 최동벽의 『고신록』을 읽어보는 것만으로 충분할 것이다. 『사기』에 따르면 전체 여정은 수천 킬로미터로, 동서남북 사방을 돌아다닌 사람이라고 스스로를 칭한 공자에게도 도저히 감당해낼 수 있는 여정이 아니다. 『사기』는 이러한 십수 년 동안의 공백을 어떻게 메울지에 대해 고심할 뿐이다. 『사기』에 따르면 공자의 여정은 다음과 같다.

위(衛, 정공 14년)―광(匡)―포(蒲)―위―조(曹, 정공 15년)―송(宋)―정(鄭)―진(陳)―포―위―황하(黃河)―위―진(애공 2년)·채(蔡, 애공 4년)―섭(葉, 애공 5년)―채―진·채(애공 6년)―초(楚)―위―노(魯, 애공 11년)

그러나 그 자료를 정리해보면, 공자가 지나온 곳은 위―송―진·채―섭―위―노나라 순이 된다. 망명한 이후로는 위나라에서 한 번 남행(南行)했을 뿐이다. 『장자』의 「양왕(讓王)」·「천운(天運)」·「산목(山木)」·「어부(漁父)」 편 등에서 "부자(夫子)는 다시 노나라에서 쫓겨나 위나라에서는 자취가 지워질 정도로 배척당하고, 송나라에서는 제자와 함께 그 밑에서 예를 익히던 나무가 베이는 위협을 당했고, 상(商)나라와 주(周)나라의 옛 땅(송나라)에서는 말할 수 없는 곤란을 당했고, 진(陳)나라와 채나라의 국경에서는 군대에 포위당했다"고 말하는 것이 거의 정확하니, 『사기』의 수천 마디 말보다 낫다. 그래서 망명 기간에 일어난 중대한 사건에 대해서만 언급해두기로 한다.

공자가 겪은 일의 순서로 말하자면 남행하는 도중에 광 땅에서 포위된 일이 최초의 재난이었던 것 같다. 『논어』에도 그때의 일이 전해지고 있다.

공자가 광 땅에서 포위되어 위험한 적이 있었다. 안연이 뒤처져서 왔는데, 공자가 말씀하시기를 "나는 네가 죽은 줄 알았다"고 하셨다. 안연이 말하기를 "선생님이 살아 계시는데 제가 어찌 감히 죽겠습니까?"라고 했다.

「선진(先進)」

공자가 광 땅에서 위험에 처했을 때 말씀하시기를 "문왕(文王)이 이미 돌아가시고 난 뒤로는 그가 만든 예악과 제도가 여기 내게 있지 않은가. 하늘이 장차 이 문(文)을 없애려 하신다면, 뒤에 죽을 내가 이 문(文)에 관여하지

못할 것이거니와, 하늘이 이 문(文)을 없애시지 않을 터
라면 광 땅 사람들이 나를 어찌하겠느냐?"고 하셨다.

「자한(子罕)」

사문(斯文)에서 "이 문(文)"이란 공자가 이상으로 삼는
주나라의 예악 문화의 전통을 말한다. 사문을 회복시키
고 전통을 수립하는 일이야말로 하늘이 공자에게 부여한
사명이었다. 위나라에서 한 망명 생활은 이때 아마도 6
년 내지 7년 남짓의 시점에 이르고 있었을 것이다. 공자
는 두 번째 망명으로 인해 이제는 더 이상 정치적인 성공
을 기대하기 어렵다는 사실을 자각하고 있었던 듯하다.
그리하여 이와 같은 역사적인 문제의식과 그러한 의식의
전달에 나름의 사명감을 지니게 되었을 것이다. 공자가
처음으로 드러내 보인 장엄하고 아름다운 말이다.

이 당시의 재난은 『사기』에 따르면 공자가 양호와 닮았
기 때문에 오해를 사서 포위당했던 것으로 되어 있다. 양
호가 광 땅에 왔다면 그것은 위나라 왕위 계승 문제가 일
어났을 때 조간자의 명을 받고 송나라에 망명 중인 태자
를 위나라 영토인 척(戚) 땅에 잠입시켰던 일이 있었다.
『좌전』 애공 2년 조에 그러한 사실이 적혀 있다. 공자가

"위나라에서 자취가 지워질 정도로 배척당했다"는 것은 양호가 위나라로 들어오고 후계자 문제로 인한 분규가 일어나자 공자에 대한 대우도 정지되었다는 의미로 보아야 할 것이다. 진실은 아무래도 사람을 착각했다는 식의 사정은 아니었던 듯하다. 사람을 잘못 보고 닷새씩이나 포위했을 리가 없다. 안연이 살해되지나 않았을까 불안해할 만큼 위험은 절박했던 것이다. 추측의 여지를 남기지만 이 일은 아마도 양호의 책략이었는지도 모른다. 양호도 사유(師儒)의 풍을 지닌 인물이다. 공자의 일생은 어떤 의미에서 이 양호라는 인물과 벌인 대결이라 할 수 있다. 사유 출신의 수완가인 양호에 반해서 공자는 역시 이상주의자였다. "예악과 제도가 여기 내게 있지 않은가?"라는 장담은 어쩌면 양호를 의식하고 한 말인지도 모른다. 『장자』「추수(秋水)」편에 따르면 공자는 이때도 여전히 악기를 연주하고 노래하며 즐기는 일을 그치지 않았다고 한다. 이윽고 병사들의 지휘자가 와서 "양호인 줄 알았다. 사람을 잘못 보았다" 하고는 군대의 포위를 풀고 떠나갔다고 한다. 이것은 장자류(莊子類)의 해석이다. 어쨌든 이 일은 양호가 위나라에 들어오고 난 뒤에 일어난 일이다. 공자는 위나라에 와서 벌써 여섯 해를 넘기고 있었다.

광 땅에서 포위된 일은 일단 사람을 잘못 보았던 것으로 되어 있으나, 송나라에서 당했던 재난은 명백히 공자에게 위해를 가하려는 것이었다. 『논어』에는 "하늘이 나에게 덕을 주셨으니 환퇴(桓魋)가 나를 어찌하겠느냐?"(「술이」)는 구절이 수록되어 있다. 광 땅에서 "광 땅 사람들이 나를 어찌하겠느냐?"고 말한 것과 같은 말투다. 『사기』에는 공자가 큰 나무 아래서 예의 실습을 하고 있었는데, 환퇴가 공자를 죽일 요량으로 큰 나무를 뽑아들었다. 공자가 우물쭈물하니 제자들은 빨리빨리 서두르라고 한다. 이때 공자가 이렇듯 큰소리를 쳤다고 한다. 『맹자』에도 이 사건이 기록되어 있는데, "공자는 노나라와 위나라에 머무르는 것을 좋아하지 않았다. 위나라를 떠나서 송나라로 가는데 송의 대부 환사마(桓司馬)가 바야흐로 길목에서 기다렸다가 죽이려고 한 재난을 당해 공자는 사람의 눈에 띄지 않으려고 변복을 한 채 송나라를 지나갔다"(「만장 상」)고 되어 있다. 따라서 나무를 뽑는 것과 같은 활기찬 장면도 없고 공자가 큰소리치고 있지도 않다. 맹자 시대에 그와 같은 전승이 전해지고 있었다면, 호사가이자 호변가(好辯家)인 맹자가 그러한 이야기를 대서특필해서 다루지 않았을 리 없다. 환퇴는 송나라 경공(景公)의 신하로 유력한 인물이었던 듯하며 『좌전』에도 이름이 보인다.

공자가 위나라에서 진나라로 가는 도중에 광 땅에서 포위당하고, 송나라를 변복하고 지나가려 했던 것은 어느 경우든 배후에 양호의 문제가 관련되었던 것 같다. 송나라를 변복하고 지나갔던 것은 환퇴의 습격을 받을지도 모른다고 예상했기 때문이며, 『사기』 「세가」는 맹자의 설에 따라서 기술하고 있다. 그런데 환퇴는 어째서 공자를 죽이려고 했던 것일까. 그 이유를 설명한 기록도 없고, 아울러 그러한 사정을 추측할 수 있게 하는 사실도 없다. 그러나 그 일이 위나라 후계자 문제나 내란을 전후한 송나라의 정치 상황과 관계가 없다고는 할 수 없다. 환퇴는 송나라 총신(寵臣)이며 이전에 공자지(公子地) 등과 같은 유력한 공족을 멸망시켰다. 아마도 안팎으로 적이 많았던 인물이었을 것이다. 훗날 임금의 시해를 꾀했다가 그 일이 탄로 난 바람에 위나라로 망명했다. 환퇴의 아우 사마우(司馬牛)도 이때 오나라로 망명을 갔는데, 조간자가 자신의 측근으로 부른다. 사마(司馬)씨는 일찍부터 양호를 통해서 조(趙)나라와 연락이 있었을 것이다.

사마우는 나중에 공자 문하에 귀의하게 되는데, 공자는 그에게 "군자는 근심하지도 않고 두려워하지도 않는다"(「안연」)고 가르친다. 또한 자하(子夏)에게서 자신이 느끼는 고독함에 대해 위로받는 이야기도 있다.(「안연」)[23] 사마우는 공자에 대해 원죄와 같은 의식을 지니고 있었다. 어쨌든 사마씨가 양호와 통하고 있었을 것이라는 점은 일단 생각해볼 수 있다. 공자로서는 여기서도 양호와 대결을 벌이고 있었다. 그러므로 광 땅의 경우처럼 큰소리를 쳤다고 해도 별로 이상할 것은 없다. 그러나 그렇다고 하더라도 나무를 뽑았다는 이야기는 조금 지나치게 꾸민 듯한 감이 없지 않다. 맹자의 말처럼 변복하고 재난을 피했다고 하는 쪽이 사실에 가까울 것이다.

공자는 진(陳)나라에서 3년을 머물고 나서 다시 초나라를 향해서 남쪽으로 향한다. 이 당시 진나라는 오(吳)나라가 두세 차례에 걸쳐 침공을 시도했고, 마침 초나라가 진나라를 구원하기 위해 출병했던 때라 혼란이 극에 달

---

23) 사마우가 근심하여 말하기를 "남들은 다 형제가 있는데, 나만 홀로 없구나!"라고 했다. 자하가 말하기를 "내가 들으니 사생(死生)은 명에 달렸고, 부귀는 하늘에 달렸다고 한다. 군자가 공경하여 잃음이 없고, 남에게 공손하여 예를 지키면 온 세상 사람들이 다 형제니 군자가 어찌 형제가 없음을 근심하리요"라고 했다(「안연」).

하고 있었다. 공자 일행은 모르는 사이에 그 전쟁터에 들어섰던 것 같은데, 어느덧 양식이 떨어져 그를 따르던 제자들이 모두 몸져눕고 말았다. 자로가 화가 나서 "군자 또한 곤궁함이 있습니까?"라고 공자에게 물었다. "군자란 원래 곤궁할 때가 있으니, 소인은 곤궁해지면 별의별 짓을 다한다"(「위령공」)며 공자는 자로를 넌지시 타이르고 있다. 그러나 공자도 이와 같은 불운에 마냥 체념하고 있었던 것은 아니다. "시에서 '외뿔소도 아니고 범도 아니거늘, 어째서 저 광야를 헤매고 있는가!'라고 노래한다. 나의 도가 잘못된 것인가? 우리가 어째서 여기서 이런 재난을 겪어야만 하는가?"라고 불현듯 탄식하면서 자기 자신에 대한 회의를 토로하고 있다. 영리한 안회는 스승을 위로하는 표정을 지으며 다음과 같이 말한다. "선생님의 도는 너무나 위대하기에 세상이 잘 받아들이지 못하는 것입니다. 또한 받아들여지지 않기 때문에 비로소 군자임을 알 수 있는 것입니다." 공자는 이 말을 듣고 빙긋이 웃었다고 한다.

"나의 도가 잘못된 것인가?"라는 자기 회의에는 진실성이 있고, "받아들여지지 않기 때문에 비로소 군자임을 알 수 있는 것입니다"라는 안회의 말은 공자의 남유(南遊)에 등장하는 초광(楚狂) 접여(接輿)나 하조장인(荷篠丈人)의 이야기와 함께 장주(莊周) 일파의 취향을 지닌 것처럼 보인다.

진나라와 채나라 국경에서 일어난 재난은 선진(先秦) 시대에 언급하지 않은 문헌이 없을 만큼 유명한 수난이었다. 『사기』에는 이 재난이 공자가 초나라에 등용되는 것을 저지하기 위해 진나라와 채나라 대부들이 공모해서 실력행사에 나섰던 것으로 기록되어 있다. 당시 진나라와 초나라는 우호 관계였고, 채나라와 초나라는 불편한 사이였다. 이렇듯 적대 관계인 나라가 함께 공모를 했을 리는 없다. 『맹자』「진심 하」편에는 "공자가 진나라와 채나라 국경에서 재난을 당한 것은 위아래로 접촉한 사람이 없었기 때문이다"[24]라고 되어 있다. 당시 일행의 소식은 한때 알려지지 않았고, 식량 보급도 끊어졌던 듯하다. 양호는 이 사건에 관련되지 않았다. 공자가 남유(南遊)를 결심한 것도 그곳에서 새로운 자유를 바랐기 때문일 것이다. 그리하여 공자는 초나라의 섭공(葉公)을 만날 수 있었다. 『논어』의 「술이」・「자로」편에 세 가지 문답이 실려

---

24) 당시 진나라와 채나라에는 상하를 막론하고 접촉할 만한 선량한 인물이 없었는데, 그들과 교제한 일이 없어 곤란을 당했다고 말하는 것이다.

있다. 섭공은 은의(恩義)를 중시하지 않는 법치론자였던 것 같다. 초나라 현자라고 알려진 섭공에게 절망한 공자는 곧바로 진나라에 되돌아온다.

돌아가야겠다! 돌아가야겠다! 내 고향 젊은이들이 뜻은 원대하나 일에는 서툴고, 문장은 이루었으되 마름질 할 줄 모르는구나!

「공야장(公冶長)」

"돌아가야겠다! 돌아가야겠다!"는 탄식은 아마도 이때 내뱉은 말로 여겨진다. 이제 공자에게는 모든 것이 끝난 것이다. 주공(周公)의 도를 실현하기 위해 방황을 계속한 이 십수 년의 기간이 결코 무위(無爲)는 아니었다. 그러나 일흔 살에 가까운 고령의 공자에게는 이제 안식이 필요했을 것이고, 고향에서 전해온 소식에 따르면 공자의 귀국을 맞이하려는 준비도 진척되고 있었다. 계씨의 초빙을 받은 제자 염구가 착착 지반을 구축해갔고, 새로운 교단도 형성되고 있었다. 젊은이들은 공자의 덕망을 사모하며 새로운 이상을 불태웠다. 공자는 기상이 높으나 실천력이 없는 그 청년들에게 여생의 희망을 걸었던 것이

다. 귀심(歸心)은 이미 날아가는 화살과 같았다. 애공 11
년(기원전 484) 봄, 계씨의 재(宰)인 염구는 노나라를 침공한
제나라와 싸워 무공을 세웠다. 계씨와 화해하면서 공자
는 노나라에서 맞아들여진다. 그해 가을에 공자는 노나
라로 되돌아왔다. 망명 이래 실로 14년 만이었다. 공자
의 나이 예순아홉 살이었다.

평생을 함께한 꿈과 그림자

   남아 있는 자료에 근거해 공자의 생애를 추적해보면
대체로 이상과 같다. 귀국한 이후의 공자에 대해서는 그
다지 언급할 만한 내용이 없다. 아들인 이(鯉)를 여의고,
이윽고 안연마저 잃게 된 공자는 "아아! 하늘이 나를 버
리셨구나! 하늘이 나를 버리셨구나!"(「선진」)라면서 깊은
슬픔에 잠기고 만다. 망명 기간에 고락을 함께한 자로도
위나라에서 비명횡사하고 만다. 그러나 사상가로 원숙
한 경지에 도달한 공자는 일흔네 살로 죽기까지 몇 해 동
안을 제자들에게 둘러싸여 뜻깊고 행복감에 가득 찬 시
기를 보냈을 것이다. "내가 차라리 너희 (사랑하는) 제자들

손에 안겨서 죽는 것이 낫지 않겠느냐?"(「자한」)고 했던 공자는 그 말대로 제자들에게서 심상(心喪)[25] 삼년상을 받게 된다. 크릴은 그의 저서 『공자 — 인간과 신화』에서 "일생 중에 3년을 이런 일로 허비한다는 것은 서양인의 머리로는 거의 이해할 수 없다"면서도, 이 시기에 제자들의 공적 활동이 거의 기록되지 않은 사실로 미루어보아, "그와 같은 기적은 아무래도 실제로 일어났던 것으로 믿을 수 있다"고 적고 있다.

공자의 죽음은 평온하고 평범했다. 『예기』 「단궁 상」 편에 공자가 죽기 7일 전 아침 일찍이 "태산이 무너지려 하는구나. 대들보가 쓰러지려 하는구나. 철인이 시들어가는구나"라고 노래 부르며 죽음을 예언했다는 것은 물론 꾸며낸 이야기다. 소크라테스나 그리스도에게 죽음이란 곧 사는 것이었다. 그렇지만 공자에게는 죽음에 관한 기록이 없다. 물론 『춘추』의 경문(經文)에는 애공(哀公) "16년 여름 4월 기축(己丑)일에 공구가 죽었다"고 기록되어 있다. 그리고 애공에게서 죽은 사람을 조문해 제사 지내는 애도사인 뇌(誄)가 하사되었다. 그러나 공자의 죽음이 특

---

25) 상제가 아닌 사람으로서 상복은 입지 않으나, 죽은 사람의 사망을 슬퍼해 상제처럼 언행을 삼가고 조심하는 일을 말한다.

별한 의미를 지닌다고 여기는 전승은 없다. 철학자 와쓰지 데쓰로(和辻哲郎)[26]는 저서 『공자』에서 공자의 "죽음을 포함하지 않은" 전기의 의미를 또 다른 이유에서 중시하고 있다. 분명히 탁월한 지적으로 "아직 삶도 알지 못하거늘 어찌 죽음을 알겠느냐?"(「선진」)고 한 공자의 입장에서 보자면 산다는 것이 모두 죽음에 대한 의미 부여였다. 더욱이 "살기를 구하느라고 인(仁)을 해치지 아니하고, 목숨을 바쳐서 인을 이루는 일은 있다"(「위령공」)고 말했듯이 죽음은 삶 속에 포함되어 있었다. 공자의 죽음이 얼마나 위대한 죽음이었던가는 앞서 크릴이 놀라워하며 기록했듯이, 제자들이 3년 동안 심상을 치렀다는 사실에서도 잘 드러난다.

공자의 생애에 관한 전기적 사실의 서술은 끝났다. 그러나 사실이 반드시 진실은 아니다. 사실이 의미하는 바가 진실인 것이다. 공자를 위대한 성인〔大聖〕이라고 쓰는 것은 차라리 쉽다. 그것은 공자의 전기적 사실 가운데 아름다운 어록인 『논어』의 말을 적당히 보태면 구성할 수

---

26) 와쓰지 데쓰로(1889~1960)는 현대 일본의 철학자이자 윤리학자로 '와쓰지 윤리학'이라 불리는 독자의 윤리학 체계를 수립했다. 초창기에는 다니자키 준이치로(谷崎潤一郎) 등과 함께 문학 활동을 함께 하면서 탐미주의적 작품을 쓰는 등 다채로운 활동을 통해 문화사와 사상사 방면에도 다양한 업적을 남겼다. 대표작으로 『풍토(風土)』, 『고사순례(古寺巡禮)』, 『공자』 등이 있다.

있기 때문이다. 「공자세가」 이래로 많은 공자전이 이런 형식을 취하고 있다. 그러나 사실이 의미하는 바를 풀어내는 일이란 결코 쉽지 않다. 의식의 밑바닥에 고인 모든 것에 조명을 비추지 않으면 안 되기 때문이다. 소크라테스가 다이몬[27]의 속삭임을 이야기할 때, 그것은 무엇을 의미하는가? 델포이의 신탁에 대해서는 어째서 그토록 헌신이 필요했던 것인가? 성자로 일컬어진 사람에게는 그러한 불가사의한 면이 있는 것이다. 공자의 전기 중에도 그 행동을 설명하기 위한 무엇인가가 필요할 때가 있다. 공자의 언동에는 인간이 꿈꿀 때와 같이 무언가 아름다움을 느끼게 하는 것이 있다. 어느 때는 무언가 환영이 두려워서 벌벌 떠는 듯한 모습도 있다. 공자가 지닌 꿈과 환영에 대해서 잠시 자유로이 이야기해보고 싶다.

공자는 무녀의 자식이었다. 아비의 이름도 모르는 사생아였다. 이산에 빌어서 태어났다는 것도 예삿일은 아닌 듯하다. 마치 예수처럼 신은 즐겨 그런 자식을 선택한다. 공자는 선택된 사람이었다. 그러기에 그가 세상에 모

---

27) 그리스어의 다이몬(daimon)에서 유래한 말. 그리스신화에 등장하는 초자연적 존재로 신과 인간의 중간적 존재를 의미했다.

습을 드러낼 때까지는 어느 누구도 그의 전반생을 모르는 것이 당연하다. 신은 자신을 맡긴 이에게 깊은 고통과 고뇌를 줌으로써 그러한 진실을 자각시키려 한다. 그것을 마침내 자각해내는 이가 성자가 되는 것이다.

공자는 한평생 끝없이 꿈을 꾸었다. 꿈에 나타나는 것은 언제나 주공이었다. 은·주(殷周) 혁명, 서주(西周)의 창업을 이룩한 이 성자는 명보(明保)로서 주나라 최고의 성직자이자 문화의 창조자였다. 동시에 이 성자는 비극의 성자이기도 했다. 공자는 만년의 어느 날 "심하도다. 나의 늙음이여! 오래되었도다. 내가 다시 주공을 꿈속에서 뵙지 못한 것도"(「술이」)라며 탄식한다. 공자는 평생 꿈에서 주공을 보고 주공과 끊임없이 대화를 해왔을 것이다. 주공이 무엇을 이야기했는가는 알 길이 없다. "사문(斯文)을 없애지 말지어다"라는 식의 명령조였을 것이다. 그래서 공자는 안심하고 천명(天命)을 이야기할 수 있었다. 그렇지 않은데도 천명을 이야기한다면 그것은 모독이라고 해야 할 것이다.

공자에게는 또 하나의 환영이 있었다. 그것은 다이몬처럼 알 수 없는 신의 소리가 아닌 현실의 인물로 행동했다. 그러나 공자는 아마도 그 인물 속에서 다이몬처럼 이해할 수 없는 무언가의 그림자를 느끼고 이를 두려워하고 때로는 반발하기도 하며, 때로는 증오의 감정을 품기도 했다. 적어도 나는 그렇게 생각한다. 그 인물은 다름 아닌 양호라는 사람이었다.

『사기』에 따르면 공자와 양호의 첫 만남은 공자가 채 열일곱 살이 되지 않았을 때다. 계씨(季氏)가 사인(士人)들에게 향응을 베풀었을 때 공자도 학문을 닦은 한 사람으로서 참가하게 된다. 양호가 그곳에 있다가 "계씨는 사인을 향응하고 있는 것이다. 그대와 같은 자를 향응하는 것이 아니다"라며 공자를 물리쳤다. 이 무렵 공자는 아직도 어머니의 상중이었다는 것이 『사기』의 해석이다. 「세가」 가운데 출처를 알 수 없는 기사 중 하나로, 이것은 어쩌면 양호 계통 자료의 한 토막이 삽입된 것이 아닐까 생각한다.

양호는 놀라운 문사의 소유자였다. 그것은 「양화」 편 첫머리에 등장하는 공자와 나눈 문답을 보면 명백하다. 그는 또한 무사(巫史)의 학문에도 통해 있었다. 『좌전』 애공 9년 조에는 그가 『주역』으로 전쟁의 길흉을 점치는 기사가 실려 있다. 공자 학파의 손으로 성립된 문헌에 이런 기사가 있는 것은 어째서일까. 그것은 아마도 양호도 공자처럼 사유(師儒)의 계통에서 일어나 현실 정치의 개혁에 나섰고, 문도를 거느리고 당시의 귀족정치에 도전했던 인물이기 때문일 것이다. 아마도 그 학파가 전했던 자료는 대부분 유학의 융성으로 인해 잃어버렸겠지만, 일부분은 유가의 자료 안에 뒤섞여 있었다.

양호는 공자보다 약간 손위였던 것 같다. 그는 일찍부터 계씨에게 벼슬을 했으나 삼가의 정치에 강한 불만을 지니고 있었다. 삼가를 억누르고 전횡을 했던 일도 그에게는 혁명의 행동이었다. 공산불요도 그 당시 양호와 같은 일당이었다. 양호는 아마도 공자를 자신의 동지가 될 수 있는 사람이라고 생각하고 초빙하려 했을 것이다. 그런데 공자는 그를 멀리했다. 그런 다음 공산불요의 초빙에는 선뜻 응하려 했다. 그들의 생각이 아마도 비슷했기 때문일 것이다. 이와는 반대로 공자는 양호를 거부했다. 양호가 실권을 장악하자 공자는 곧장 제나라로 망명해서 옛 음악 따위를 연구한 것이다.

양호는 3년 후에 실각했다. 삼가가 일치단결해서 자신들의 세력을 회복하고자 했기 때문이다. 양호는 노나라 군위(君位)의 상징인 보옥과 대궁을 훔쳐 제나라로 망명했다. 상징물이 있는 곳에 정당한 군권(君權)이 있다고 생각했을 것이다. 제나라에서도 그는 임금 곁에 자신의 문도를 두고 상당한 권력을 휘두르고 있었다. 양호가 망명해오자 공자는 황망히 노나라로 되돌아왔다. 이윽고 협곡의 회맹으로 인해 노나라와 제나라의 관계가 개선되자, 제나라에서는 양호를 눌러 있게 할 수가 없어 사로잡으려 했으나, 그는 용케도 빠져나가 송나라로 망명했다가 다시 진(晉)나라로 가서 조간자의 휘하에 정착한다. 양호가 멀리 가버린 뒤로는 공자의 세상이었다. 자로가 계씨의 재(宰)가 되었고, 공자도 국정에 참여했다. 그러나 공자의 삼환 억제책도 양호의 경우와 근본적으로 다를게 없었다. 자로에게 계책을 주어 그들 사읍(私邑)의 무장해제를 꾀했다. 처음에는 일이 순조로웠지만 결국 실패로 끝남으로써 공자도 양호와 같은 운명을 걷게 되었다. 그러나 이번에는 제나라로 갈 수 없어서 연고를 찾아 위나라로 달아났다.

위나라에서는 상당한 대우를 받았고, 제자들도 각각 벼슬길에 올랐으나 국정에 참여하는 것은 허락되지 않았다. 어찌 되었든 마음만은 그럭저럭 견딜 만한 상태였던 것 같다. 그런데 여기서도 공자는 환영(幻影)의 위협을 받게 된다. 애공 2년(기원전 493)에 후원자였던 위나라 영공이 죽자, 송나라에 망명했던 태자를 진(晉)나라가 지원해서 위나라에 환국시켰다. 그 일의 주모자는 조씨(趙氏)였고, 태자를 받들고 위나라에 잠입한 이는 다름 아니라 진나라에 망명해 있던 양호였다. 환영이 다시 눈앞에 나타났다. 공자는 다시 황망히 남쪽에 있는 진(陳)나라로 도망간다. 도중에 광 땅에서 포위당하고, 송나라에서는 환퇴에게 습격을 당한다. 제자들도 불안한 빛이 역력했다. 이렇게 절망적인 분위기 속에서 공자는 주공의 소리를 듣는 것이다.

"하늘이 이 문(文)을 없애시지 않을 터라면 광 땅 사람들이 나를 어찌하겠느냐."

"하늘이 나에게 덕을 주셨으니 환퇴 따위가 나를 어찌하겠느냐."

몰래 뒤쫓아오는 환영에 두려워 떨던 공자는 주공의 목소리로 생기를 회복한다.

「양화」편에는 양호와 공산불요의 이야기에 덧붙여 필힐(佛肸)의 이야기가 기록되어 있다. 필힐은 진(晉)나라 중모(中牟) 지방의 재(宰)였는데, 그곳을 근거지로 삼아 진(晉)나라에 반기를 들고는 공자를 초빙하려 한다. 자로는 이때도 강경하게 반대했다.

"필힐이 중모에서 반란을 일으켰는데 선생님이 가려고 하시다니 어찌 된 일입니까?" 공자는 이에 대해 "단단하다고 하지 않겠느냐. 갈아도 닳지 않는다면! 희다고 하지 않겠느냐. 물들여도 검어지지 않는다면!"이라 한다. 그러고는 공자와 어울리지 않는 말투로 말한다.

"내가 어찌 한낱 조롱박이겠는가. 어찌 매달려 있기만 하고 먹지도 못하는 존재이겠는가."(「양화」)

뭔가 집념에 사로잡힌 듯한 말투다. 필힐의 반란은 아마도 『좌전』에 기록된, 애공 5년(기원전 490)에 조앙(趙鞅)이 위나라를 정벌하고 중모 땅을 포위했을 때의 일이었을 것이다. 중모는 본래 위나라 땅으로 이 당시 귀속을 둘러싸고 진(晉)나라와 위나라 사이에 문제가 발생했던 것으로 보인다. 공자는 이미 위나라를 벗어나 진(陳)나라에 가 있었다. 아마도 그곳으로 필힐의 초빙 의사가 전해져 왔을 것이다. 그때 양호는 어떻게 하고 있었을까? 진(晉)나라와 위(衛)나라 사이가 원만치 않았다면 조(趙)나라에 돌아가 있었을 것이다. 환영은 사라져가고 있었다. 그러한 환영에 일격을 가하지 않으면 안 되었다. 공자의 마음은 반발심과 증오심에 들끓고 있었다. 점잖지 못한 이러한 말투가 만일 사실이라면, 나는 역시 환영을 두고 공자가 한 말이었다고 해석하고 싶다. 환영에 대한 말이었으므로 이것은 당연히 실현되지 않았다.

공자는 더욱 남하해서 초나라까지 갔다. 여기서는 환영이 나타나지 않았다. 그러나 환영이 없는 곳에는 긴장도 없었다. 공자는 아마 훗날의 반란자인 백공(白公:白公勝) 등의 무리에게 어느 정도 영향을 남기고 떠나갔을 것이다. 공자와 의견이 맞지 않았던 섭공이 백공의 반란을 평정했다.

모든 희망을 상실하고 공자는 다시 진(陳)나라로 되돌아왔다. 벌써 일흔에 가까운 공자에게 더 이상의 방황은 무리였고 불가능한 일이었다. 노나라에서는 염구와 유약(有若)이 공자가 복귀할 수 있도록 끊임없이 노력하고 있었다. 이전에 공자를 추방했던 공작을 주모한 계환자도 이미 죽었고(기원전 492), 염구도 계씨 아래서 재(宰) 벼슬을 하고 있었다. 계씨에게서 공자가 귀국해도 좋다는 양해를 얻어내자 급히 사자를 파견했다. 고국에 있는 젊은이들의 광간한 상태도 공자에게 보고되었다. 공자는 곧바로 귀국을 결심한다.

공자는 위나라로 되돌아갔다. 『사기』에 따르면 공자는

필힐의 반란을 도우려 한 이후에 조간자를 만나기 위해 한 차례 황하 기슭까지 갔지만, 두 현인이 살해당했다는 소식을 듣고는 품었던 희망을 포기했다고 한다. 그러나 생각해보면 이것은 있을 수 없는 일이다. 조간자는 바로 양호의 주군이 아닌가. 애공 9년(기원전 486) 양호는 아직 건재했다. 만일 공자가 황하 기슭까지 이르렀다면 그것은 아마도 귀국하던 도중에서였을 것이다. 공자는 처음에 진(晉)나라로 갈 희망을 품었던 듯하나, 양호가 그곳에 망명해 있었기 때문에 끝내 실현하지 못했다. 그런데 이때는 양호가 죽었을 것이다. 귀국이 결정되지 않았다면 공자는 이 황하의 물을 건너갔을지도 모른다. 그러나 귀국이 결정된 지금은 그러한 기회가 이미 사라지고 말았다. 공자는 황하 기슭에 이르러 탄식했다고 한다.

참으로 아름답구나 물이여! 양양하게 흘러와 끊임없이 흘러가는구나. 내가 이 강물을 건너지 못하는 것은 천명일 것이로다.

공자는 여기서 마침내 환영과 결별한다. 그것은 하늘의 명이었다. 『논어』에 "공자께서 시냇가에 서서 말씀하시기를, '흘러가는 것이 이 물과 같구나! 밤낮으로 쉬지 않는도다!'(「자한」)라는 대목도 이 당시의 말인 듯하다.

귀국한 뒤 공자는 더 이상 환영에 시달리는 일이 없었다. 동시에 주공을 꿈에 보는 일도 없어졌다. 환영은 과연 양호의 환영이었을까. 환영은 자기 자신에게만 보이는 것이다. 혹 그것은 양호를 매개로 한 공자 자신의 그림자였던 것은 아닐까. 자신의 이상태(理想態)에 대립하는 타락한 부정태(否定態)의 모습을 공자는 양호에게서 보았던 것이 아닐까. 공자는 끊임없이 주공의 꿈을 꿈으로써 이상태에 대한 자신의 희망을 버리지 않았는데, 그것이 공자를 구원했다. 최초의 망명 이래 22년 동안 공자는 하나의 소리와 하나의 그림자 속에서 살았다. 그것은 어느 것이나 공자 자신이 만들어냈던 것이다.

인간은 누구나 그러한 소리를 듣고 그러한 그림자를 보면서 살아간다. 그것이 무엇인가를 분명히 자각하는 사람은 드물다. 그런 의미에서 공자나 소크라테스 같은 사람은 희귀한 인격인 동시에 위대한 인격이었다. 그리고 만일 그러한 점에 주의하지 않으면 위대한 인격의 생애를 관통하는 리듬을 파악하기가 곤란할 것이다. 공자의 망명 생활, 따라서 그 삶의 주요한 부분에는 긴장된 아름다운 리듬이 흐르고 있다.

"너희는 내가 무언가 숨기는 게 있다고 생각하느냐? 나는 너희에게 숨기는 것이 없다. 나는 행함에 너희에게 보여주지 않는 것이 없었다. 그것이 바로 나이니라"(「술이」)라고 공자 자신이 말하고 있는데도 공자의 신변에는 일종의 신비주의가 떠돈다. 제자들이 '숨긴다'고 느꼈던 것은 아마도 그런 아름다운 리듬을 울리는 무언가를 느꼈기 때문이리라. 나도 공자의 삶 속에서 그와 같은 리듬의 흐름을 느낀다.

제 2 장

유교의 원류

옛것을 조술하다

　공자는 유교를 조직했다. 그리고 그 후로 이천 수백 년의 오랜 세월에 걸쳐 중국의 사상적 전통을 형성해왔다. 전통이란 민족의 역사의 장(場)에서 언제나 보편성을 지니지 않으면 안 된다. 정치, 도덕, 그 밖에 인간적 삶의 방식 등 모든 영역에 걸쳐 규범적인 의미로 작용하는 것, 그것을 전통이라고 불러야 할 것이다. 공자는 그러한 전통을 확립했던 사람이다. 선진 시대의 사상가들에 의해 수많은 사상이 탄생했지만, 유교와 같은 의미에서 전통을 수립했던 경우는 없었다.

　과연 전통의 수립이란 구체적으로 어떠한 사실을 의미하는 것일까. 전통이 과거의 계승인 이상, 거기에는 전통이 발생하는 장소가 없어서는 안 될 것이다. 적어도 민족으로서 하나의 정신적 양식을 이루는, 기원적인 선행 형태가 역사적으로 존재하지 않으면 안 된다. 유교의 기원을 논하는 경우, 흔히 『시』와 『서』[1] 등의 고전 학문이 거론된다. 그러한 고전은 이미 존재하는 하나의 전통이기

---

1) 『시』는 『시경(詩經)』을, 『서』는 『서경(書經)』을 가리킨다. 특히 경서 중 최고의 문헌이라 할 수 있는 『서』는 전한(前漢) 시대까지는 『서』, 한 대(漢代) 이후에는 『상서(尙書)』, 송대 이후에는 『서경』 등으로 다양하게 불렸는데, 여기서는 모두 『서』로 일컫기로 한다.

는 하지만 그것이 곧바로 민족의 정신적 양식으로 일반화될 수 있는 것은 아니다. 모든 영역에서 인간의 생활 방식에 작용하면서 이를 통해 정신적 정형(定型)이라고 해야 할 어떤 것을 형성·발전시켜가는 것이 전통이라면, 그것은 지극히 다원적이고 포섭적이면서도 더욱이 체계를 지녀야 할 것이다. 그러한 조건을 만족시킬 수 있어야 전통이다. 그리고 그것을 처음으로 이룩해낸 이가 공자였다.

맹자는 공자의 이와 같은 업적을 '집대성'(「만장 하」)이라고 일컬었다. 그리고 다시 악장의 처음과 끝머리에 연주하는 악기에 빗대어 "종소리로 또렷이 시작했다가 경쇠의 옥(玉) 소리로 끝맺는 것이다"[2](「만장 하」)라고도 말하고 있다. 한데 모두 모아서 크게 하나의 체계를 이룬다는 집대성(集大成)이란 말은 다원적이고도 포섭적인 전통의 형성 과정을 말하는 것이고, 종소리로 시작했다가 경쇠의 옥 소리로 끝맺는다는 것은, 정신적인 양식으로서 완성 또는 정형화를 가리키는 것으로 해석할 수 있다. 맹자의 이 말은 공자의 정신적 활동 전체를 매우 적확하게 표현

---

2) 음악 연주에 비유한 것인데 중국 고대의 음악 연주는 금속 악기인 종(鍾)을 울려서 시작하고, 옥제(玉製) 악기인 옥경(玉磬)을 울려서 끝을 맺었다.

하고 있다. 민족이 지닌 전통으로서, 유교의 정신적인 정형성은 분명히 공자에 의해 부여된 것이다. 그러나 집대성의 의미에 대해서 맹자는 구체적으로 아무것도 말하지 않는다. 나는 그것을 나름대로 해석하고 거기서 유(儒)의 원류를 찾아보고자 한다.

유교는 중국 옛 사회의 전체 역사를 통틀어 지배적인 이데올로기였다. 이 같은 전통의 성립은 아마도 아득히 먼 과거에 깊숙이 근원을 두며, 사회생활의 전 분야에 침윤된 광범한 의식을 여러 형태로 종합함으로써 비로소 가능했다는 것은 쉽게 추측할 수 있다. 유교는 단순히 고전학의 연장선 위에서 성립된 것이 아니다. 유의 원류는 그와 같은 고전학의 전통까지 포괄하면서 아마도 더욱 먼 과거의 전승에서 시작해 갖가지 전승이 지니는 다양한 의식을 여러 형태로 흡수하고 민족의 정신적 영위의 고대적 집성으로서 성립해왔던 것이다. 맹자가 말하는 집대성의 의미를 나는 이렇게 이해한다.

나는 앞에서 공자가 무녀의 자식이고, 무축 사회에서 성장한 인물이라고 이야기했다. 공자와 관련된 전기적 사실의 해석에서 자연히 도출되지만, 유교의 조직자로서 공자를 생각할 때 이러한 점은 필요불가결한 조건이었다고 생각된다. 고대의 사상은 요약하자면 모두 신과 인간의 관계라는 문제에서 비롯된다. 원초적 신앙에서 사상이 태어나고 종교가 생겨나는 것인데, 그것은 민족적인 정신을 자각하는 향방에 따라서 어느 한쪽이 선택되는 것이다. 나는 여기서도 델포이 신탁의 의미를 끊임없이 물었다는 소크라테스의 경우를 다시 생각해낸다. 소크라테스의 사상은 이윽고 그의 제자들이 멋진 형이상학으로 전개하는데, 이에 반해 유교는 극히 실천성이 강한 사상으로 성립하게 된다. 그것은 아마도 공자가 무당과 같은 성직자가 전하던 옛 전승의 실천적 수양을 통해 정신적 양식의 의미를 확인하려 했기 때문일 것이다.

공자는 학문을 좋아했던 사람이다. "발분하면 먹는 것도 잊고, 이치를 깨달으면 즐거워서 모든 근심을 잊고, 늙어가는 것도 알지 못하는"(「술이」) 사람이다. 그러나 공자가 배운 것은 반드시 고전만이 아니었다. 고전의 학문은 이 무렵에도 아직 성숙되지 않았다. 더구나 공자의 학문은 "배우고 제때에 그것을 익힌다"(「학이」)고 하듯이 실제의 수련을 필요로 하는 것이었다. 공자는 환퇴의 재난을 당해서 신변에 위험이 닥쳤을 때조차 여전히 나무 아래서 예를 익히는 일을 그만두지 않았다(『사기』「세가」)고 일컬어지듯이, 실제의 수양이야말로 공자 교학(敎學)의 근본이었다. 그것은 공자의 학문이 본래 무사(巫史)의 학문이었기 때문이다. 공자는 실제적인 수양을 통해서 전승의 세계를 추체험(追體驗)하고 의미를 재해석함으로써 의의를 부여하고자 했던 것이다. 이들 전승은 대체로 신사(神事)나 의례에 관련된 것으로 무사(巫史)들이 전승해 왔다. 유의 원류는 이러한 무사(巫史)의 학문에서 출발하고 있다.

공자는 스스로의 학문을 일컬어 "옛것을 조술(祖述)[3] 할 뿐이지 창작하지 않는다"(「술이」)고 했는데, 공자에게는 새롭게 만든다는 의식, 곧 창작자라는 의식이 없었는지도 모른다. 그러나 창조라는 의식이 작용할 때 도리어 진정한 창조가 없다는 역설적인 견해도 있을 수 있다. 예를 들면 전통이 형식으로 주어질 때 그것은 이미 전통이 아닌 것과 마찬가지다. 전통은 추체험에 따라 개체에 내재하게 될 때 비로소 전통이 되는 것이다. 그것은 개체의 작용에 따라 인격화되고 구체화되고 '조술'되는 것이다. 조술된다는 것이 이미 창조인 것이다. 그러나 스스로를 창작자로 여기지 않았던 공자는 모든 것을 주공에게 돌

---

3) 옛날 사람의 학설이나 주장을 기본으로 하여 전개하고 서술하는 것을 가리킨다.

리고 있다. 주공은 공자 스스로에 의해 만들어진 그의 이상태였다.

공자는 주공을 이상으로 삼았지만 그것이 반드시 고전학의 결과로 도출된 것은 아닌 듯하다. 『시』에는 주공에 관련된 내용이 보이지 않거니와, 주공에 관한 일들이 실린 『서』「주서(周書)」의 모든 편은 선진 시대의 문헌에 그다지 인용되지 않았던 점으로 보아, 당시 고전학에서는 아직 충분히 이해되지 않았던 게 아닐까 생각한다. 아마도 공자는 주공의 자손의 나라인 노나라에 전해오던 예교적(禮敎的) 문화를 주공이 창시했다는 데서 그를 이상으로 삼았던 것이리라. 그러나 공자가 어떤 이유에서건 자신의 정신적인 영위의 모든 공적을 주공에게 돌린다는 사실은 민족 전통의 입장에서 보면 매우 의미 깊은 일이라고 생각된다. 전통에서 완성된 개성이란 이미 개성이 아니고 인격 전체가 전통의 장이 된다. 즉 조술하는 이는 자신의 개성이 아닌 전통의 장으로서 몰(沒)주체의 주체라 할 수 있다.

"옛것을 조술할 뿐이지 창작하지 않는다"는 구절에서 공자는 더욱 멀리 신무(神巫)의 이름으로 여겨지는 노팽(老彭)으로 가는 회귀를 말한다. 본래 "옛것을 조술할 뿐이지 창작하지 않는다"는 것은 무사의 전통이었다. 그러나 무사의 학문에는 역사의식이 존재하지 않는다. 공자는 무사의 학문을 역사적 세계의 장에서 진정한 전통으로 전화시켰는데, 이 점에 대해서는 뒤에서 다루고자 한다.

나는 이 장에서 다루는 문제를 생각하면서 종종 일본의 전통에 대해서 떠올려보았다. 전통이란 민족적인 합의다. 유교는 적어도 중국에서는 구 사회의 전통이었다. 그러나 일본의 경우 그와 같은 의미의 전통이 과연 존재했던 것일까. 또한 그것을 대신할 수 있는 무엇이 존재했던 것일까. 지금이야 직접적으로 그런 것이 문제되지 않는다고 하더라도 유(儒)의 전통이 얼마나 깊숙한 근원에서 비롯된 것인가에 대해서, 또한 그 기반의 다원성과 모순이 개체를 통해서, 요컨대 공자라는 구체적인 인격을 통해서 어떻게 지양되고 순화되어왔는가에 대해서 고찰해보고 싶다.

군자의 유와 소인의 유

공자의 교단에 속하는 이들을 유(儒)라고 불렀다. 공자 자신도 일찍이 제자인 자하(子夏)에게 "너는 군자다운 유가 될 것이지, 소인 같은 유는 되지 말아라"(「옹야[雍也]」)라고 가르친 적이 있다. 유(儒)에서 군자 유와 소인 유를 구별한다는 것이 이상하긴 하지만, 여기에는 틀림없이 까닭이 있을 것이다. 유에도 갖가지 계층이 있었던 듯하다. 공자가 스스로를 유라고 칭했으므로 다른 사람들도 그들 학파를 당연히 유라고 불렀다.

『장자』「외물(外物)」편에는 다음과 같이 무덤을 도굴하는 유의 이야기가 보인다. 대유(大儒)와 소유(小儒)라는 2인조 도굴범이었다.

유(儒)의 무리는 『시』의 구절을 읊조리면서 『예』의 규정에 의거해서 무덤을 도굴하고 있다. 우두머리 격인 대유(大儒)가 전령을 보내어 알려왔다.

"동쪽 하늘이 밝았다. 일은 잘되어가는가?"

부하 격인 소유(小儒)가 무덤 속에서 대답했다.

"아직 시신의 치맛자락과 속옷을 못 벗겼습니다. 입속에 구슬도 들어 있습니다. 『시』에도 '푸릇푸릇한 보리는 무덤가에 무성하네. 살아생전에 남에게 베풀지도 않았는데, 죽고 나서 어찌 구슬을 물고 있는가!'라고 했으니 이 구슬을 가져가지요."

이윽고 시신의 살쩍을 잡고 턱수염을 눌렀다. 또 다른 유가 쇠망치로 시신의 아래턱을 두들기고는 천천히 두 뺨을 벌려서 시신의 입안에서 구슬을 흠집 없이 끄집어 냈다.

과연 유(儒)답게 주고받는 응답이 모두 『시』와 『예』에 근거하고, 말하는 바도 이치에 들어맞는다. 무덤 속의 사람도 이견이 있을 수 없다.

장주(莊周)는 학문이 매우 깊고 넓어서 모르는 것이 없고 특히 유학에 조예가 깊은 인물이었으므로, 설령 지어 낸 이야기라고 하더라도 주의를 기울이지 않으면 안 된다. 무덤의 도굴은 아주 오랜 옛날부터 행해져 왔고 은나라 왕의 지하 능묘조차, 조사 결과에 따르면 일찍이 도굴을 당했다는 사실이 알려져 있다. 후장(厚葬)의 풍속이 남아 있는 한 귀중한 보물이나 장식품이 많이 부장된 귀족이나 호족의 무덤은 대부분 도굴을 면할 수가 없었다. 한나라 왕족으로 광천왕(廣川王)이었던 거질(去疾)은 도굴을 즐겨서 수많은 무뢰배를 모아 영내의 옛 무덤을 파헤쳤다. 그런데 그에 관한 기록을 남겼다는 일이 후한 시대

유흠(劉歆)의 『서경잡기(西京雜記)』에 쓰여 있다.

능묘는 옛날에 땅속 깊은 곳에 만들었기 때문에 지상에서는 소재를 알 길이 없었다. 게다가 관을 두는 현실(玄室)로 통하는 지하의 연도(羨道)도 갱도 가운데 길목을 차단하는 장치 등을 두어서 도굴범을 막았던 것이다. 그런데도 만일 능묘의 사정을 잘 알고 쉽사리 도굴을 행하는 자가 있었다면, 그것은 일당 중에 능묘 주인의 장송(葬送)에 관계한 자가 있었다고 보아야 한다. 『장자』에 등장하는 대유와 소유는 아마도 그와 같은 장례에 관여한 자들이었을 것이다. 그들은 자신들의 작업을 "『시』의 구절을 읊조리며 『예』의 규정에 의거해서" 행한다. 『시』도 『예』도 모두 유가(儒家)의 중요한 교과목이었다. 도굴을 행할 때에도 『시』의 구절을 읊조리며 『예』의 규정에 의거해서 한다는 희화적인 묘사를 통해, 장주는 타락했던 유의 일면을 고발하려던 것이리라. 그러나 이는 유(儒)의 기원에 대해서도 시사하는 바가 깊다.

유교와 같이 일정한 사상 신조를 지니고 의례의 실수(實修)를 행하는 교단 조직은 충분한 사회적 기반이나 전통의 계승 없이는 성립할 수 없다. 사상은 사회적으로 특정한 입장을 지닌 계층이나 집단이 자신의 존재 근거로 형성하는 것이므로, 유가는 물론이거니와 묵자나 노장이라 할지라도 그 자체의 사회적 기반을 가지고 있다. 그렇기 때문에 이데올로기가 사상으로 성립·발전하여 체계화된 이후에도 여전히 원질(原質)적인 특징은 쉽사리 사라지는 것이 아니었다. 대유와 소유의 이야기 따위도 유의 원질과 관련되는 바가 있을 것이다.

　유가의 경전 가운데에는 놀랄 만큼 상례(喪禮)에 관한 기록이 많다. 한나라 초기에 유가의 학설을 집성해서 만든 『예기』 49편 가운데 절반 이상이 상장(喪葬)에 관한 문헌이고, 그 밖의 다른 제(祭) 편에도 역시 상장이나 사례(祀禮)에 관한 기술이 많이 보인다. 『예기』의 본경(本經)은 『의례(儀禮)』인데, 그 가운데 「사상례(士喪禮)」의 한 편은 노나라 애공의 명에 따라 공자 문하의 유비(孺悲)가 기록했던 것(『예기』 「잡기 하〔雜記下〕」)이라고 한다. 유비는 공자에게 그다지 인정받지 못한 제자였던 듯하고, 『논어』 「양화」 편에 따르면 유비가 찾아와도 공자는 병을 핑계 삼아 만나주지 않고, 말을 전하는 심부름꾼이 문을 나가자 일부러 "거문고를 타면서 노래를 불러 유비로 하여금 듣게 했다"고 한다. 공자에게 상례의 기록 따위나 일삼는 인간은 이른바 '소인 유'였던 것이다. 공자는 제자들이 '군자 유'가 되기를 바랐다.

유가가 학설로 다른 학파와 대립할 때 첫째로 문제가 되었던 것은 장례를 후하게 치르고 오래도록 복상(服喪)하는 후장구상(厚葬久喪)의 주장이다. 우선 묵가(墨家)가 그 점을 문제 삼았다. 『묵자』에는 「절장(節葬)」·「절용(節用)」편이 있어 주로 이 점을 공격하며, 「비유(非儒)」·「비악(非樂)」편에서도 상장(喪葬)의 문제가 중요한 논점이 되고 있다. 임금과 아버지가 죽으면 3년 동안 복상을 해야 한다는 것이 유가의 일관된 주장이지만, 이러한 비현실적인 상제(喪制)에 대해서는 공자의 문하에서도 이론이 없었던 것은 아니다. 3년 동안이나 예악을 내버려두어서 도리어 의례의 질서를 잃어버리는 것이 아닌가 하면서, 재아(宰我)가 "1년으로 끝내는 것이 좋겠습니다"라며 곧 1년으로 충분할 것이라는 의견을 말한 적이 있다. 그러자 공자는 "너의 마음에 편안하단 말이냐. 네가 편안하거든 그렇게 하라"고 꾸짖는 듯한 어조로 대답하고는, 재아가 나간 뒤에 "자식은 난 지 3년 뒤에야 부모 품에서 벗어날 수 있는데, 지금 삼년상을 폐지하자고 하는 재아는 불인(不仁)한 자다. 삼년상은 천하의 공통된 상례로 이는 변경

할 수 있는 것이 아니다"라고 말했다. 이것은 『논어』「양화」편에 보이는 것으로 본래 공자의 말인지 여부가 의심스럽지만, 『맹자』에는 등(滕)나라 정공(定公)이 죽었을 때 세자인 문공(文公)에게 삼년상을 실행케 함으로써 천하를 놀라게 했다는 이야기(「등문공 상」)가 실려 있다. 또한 선왕의 예악을 반드시 절대적인 것으로 여기지 않고 현실의 왕권을 규범으로 삼고자 하는 후왕주의(後王主義)를 주장한 순자(荀子)도 그의 「예론(禮論)」편에서는 삼년상을 고집하고 있다. 3년 상복설(喪服說)은 유가에게 근본 주장의 하나였다고 보아도 좋을 것이다.

맹자가 등나라 문공에게 삼년상을 실행시켰을 때 등나라에서는 상하 모두 이를 반대했다. 맹자는 이에 대해 삼년상은 천자에서부터 서민에 이르기까지 하·은·주 3대 이래로 두루 행해왔던 통제(通制)라면서, 공자의 말로 "임금이 돌아가시면 국정은 총재(冢宰)에게 맡겨버린다"는 고제(古制)를 인용한다. 『논어』「헌문(憲文)」편에 다음과 같은 구절이 나온다.

자장(子張)이 말하기를 "『서(書)』에 '은나라 고종(高宗)이 상제 노릇을 하는 3년 동안 말을 하지 않았다'고 하니,

무엇을 말한 것입니까?"라고 했다.

공자가 말씀하시기를 "어디 꼭 고종뿐이겠느냐? 옛사람들은 다 그러했다. 임금이 돌아가시면 백관(百官)들은 업무를 자율적으로 집행하면서 3년 동안 총재의 지휘를 따랐던 것이다" 하셨다.

위의 말에 근거를 두고 있음이 분명하다. 고종은 은나라의 무정(武丁)이다. 『서』는 지금의 『서경』으로 옛날에는 단지 『서』라고 불렸다. 이 말은 지금 『서』의 「열명(兌命)」상편에 "왕이 근심해 부모의 상을 치르기를 3년이었는데…… 다만 명령을 내릴 뿐 말씀이 없었다"는 문장이 보이는데, 이것은 후대의 위서(僞書)다. 고문헌에는 『논어』에서 보듯이 "고종(高宗)은 상제 노릇하는 3년 동안에는 말을 하지 않았다"고 되어 있었던 듯하다. 유가의 3년 상복설은 이러한 옛 문헌에 의거한 것이지만, 전승이 본문을 완전히 오해한 데서 비롯된 것이라는 사실에 대해서는 뒤에 언급하겠다. 어쨌든 유(儒)가 상례에 관여한 집단에서 나온다는 점, 그들의 주장이 옛 문헌의 해석에 근거한다는 점 등 두 가지 사실을 분명히 해두는 것이 당면한 과제다. 그것은 유의 본래 뜻와 관련되어 있기 때문이다.

유가는 스스로를 유(儒)라 칭하고 다른 유파에게서도 유라고 불렸는데, 당시의 문헌으로 유(儒)의 뜻을 언급한 것은 아무것도 남아 있지 않다. 훗날 유(儒)에는 '꾸미다', '적시다' 또는 '나약(懦弱)하다'와 같은 뜻이 있으므로 예문(禮文)이 있는 온화한 학풍을 의미한다고 주장하지만, 확실한 근거는 없다. 유학(儒學)의 본래 뜻은 아직 밝혀지지 않은 것이다.

때로 예를 들면 유절(劉節)처럼 새로운 설을 주장한 사람도 있다. 유절은 그의 『고사고존(古史考存)』에 실린 「변유묵(辯儒墨)」에서 주유설(侏儒說)을 전개한다. 그러한 착상은 매우 기발하지만 결론적으로 승복하기 어려운데, 일단 소개할 만한 가치가 있다.

유절의 주장은 이렇다. 중국 고대의 문화는 모두 동방에서 일어났다. 그것은 원래 연해(沿海) 지역의 이계(夷系) 문화에서 발생한 것이었다. 후한의 허신(許愼)이 지은 문자학 책인 『설문해자(說文解字)』에 이(夷)는 대(大)와 인(人)을 조합한 글자라고 설명한다. 그리고 "이(夷)의 풍속은 어질다. 인자(仁者)는 목숨이 길다. 그러므로 군자불사(君子不死)의 나라가 있다"고 설명한다. 공자는 동이(東夷) 사람이므로 그의 학문을 인(仁)이라 일컫는 것이다. 은나라의 갑골문에서는 이(夷)가 인(仁)과 같은 글자 모양이라고 되어 있다. 그래서 유가가 본래 인(仁)이라고 스스로를 일컬었던 것이다. 그런데 인(仁)과 유(儒)는 또한 소리가 비슷하다. 유란 주유(侏儒: 난쟁이)다. 유가의 비판자로 일어난 묵가는 그들을 인(仁)이라고 부르기를 꺼려서 유자(儒者)라고 불렀다. 그것은 주유, 곧 소인(小人)의 뜻을 지닌 모멸적인 호칭이었다. 고대의 신화 전설을 많이 수록한 『산해경(山海經)』「대황동경(大荒東經)」에 대인국(大人國)과 소인국(小人國)에 관한 기술이 있다. 공자가 대인(大人)인 이(夷)의 학문이라고 했던 것을 묵가가 소인(小人)인 주유(侏儒)의 학문이라고 불렀던 것은, 인(仁)의 소리를 유(儒)로 비꼬는 통렬한 야유나 다름없는 것이다. 이상이 유절이 주장한 새로운 설의 내용이다.

유절이 갑골문과 금문(金文)을 비롯해 고전 연구에 뛰어난 업적을 쌓은 독실한 연구자이긴 하지만, 그의 설에는 상당한 난점이 있다. 우선 이(夷)와 인(仁)은 글자 모양이 다르고, 인(仁)이라는 글자는 갑골문이나 금문에 보이지 않는다. 다음으로 유가가 자신의 학문을 인(仁)이라 부른 적도 없고, 인(仁)과 유(儒)는 소리도 같지 않다. 또 유라는 말을 쓰기 시작한 사람이 묵자 학파일 것이라고 추론하고 있으나, 묵자의 학문은 공자와 맹자 시대 사이에서 일어난 것이다. 또한 그보다 앞서 공자 자신이 '소인 유', '군자 유'라는 말을 쓰고 있는 사실은 앞서『논어』「옹야」편의 글을 인용한 그대로다. 또한 주(侏)와 유(儒)는 소리가 비슷한 글자이기는 하지만, 유(儒)의 본디 뜻을 주유(侏儒)라고 단정 지을 근거는 없다. 일본에도 주공이나 공자 같은 옛 성인을 모두 주유라고 보는 이상한 학설의 주창자가 있다. 그러나 공자는 키가 9척 6촌[4]으로 모든 사람들에게서 키가 큰 장인(長人)이라 불리며 기이하게 여겨진다(『사기』「세가」)고 전해지는 위장부(偉丈夫)였다. 이러한 설은 유의 형의(形義)에 대해서든, 유가의 기원이나 존재 양상에도 무엇 하나 관련된 바가 없다. 유라는 글자의 본디 뜻과 유학의 원류의 관계가 명확해져야만 비로소 자설(字說)로서 의미를 가질 수 있는 것이다.

유(儒)는 수(需)를 발음부호인 성부(聲符)로 삼고 있다. 성부로 선택된 글자가 글자의 의미와 관련 있는 경우가 많으므로, 먼저 수(需)란 무엇인가를 생각해보지 않으면 안 된다.『설문』11권하의 우(雨) 부를 보면 수(需)란 "비가 그치기를 기다리다"라는 뜻이라고 한다.『설문』의 대표

---

4) 주(周)나라 제도에서 1척(尺)은 대략 22.5cm로 9척 4촌은 약 2미터에 해당하는 키다.

적인 연구서로 청나라 단옥재(段玉裁)의 『설문해자주(說文解字注)』에 따르면, 수(需)는 우(雨)와 이(而)의 회의(會意) 문자로 이(而)에는 '꺼리다', '부드럽게 하다'라는 뜻이 있다고 설명한다. 그러나 "비가 그치기를 기다리다"라는 뜻을 표시하기 위해서 특별히 이 글자가 만들어졌다고 생각하면 곤란하다.

금문에서 이(而)의 글자 모양은 사람이 정면으로 서 있는 모양, 곧 대(大) 또는 천(天)과 비슷하다. 천은 사람이 서 있는 모양인 대(大)에다 전(顚), 곧 둥근 머리를 더한 모양으로 사람의 두정(頭頂)을 나타낸 글자다. 이(而)도 같은 모양인데 그 머리는 평평하게 하나의 횡선으로 표시되어 있어 이른바 평두(平頭) 모양에 가깝다. 『설문』 9권하의 이(而) 부에는 또한 이(耏)라는 글자가 있어 그것은 "죄가 곤(髡)에 이르지 않은 것이다"라고 설명되어 있다. 곤(髡)이란 머리를 빡빡 깎은 중대가리를 가리키므로, 이(耏)는 두발을 조금 남겨두는 체형(體刑)이다. 이(耏)의 삼(彡)은 두발을 나타낸다. 따라서 이(而)는 이(耏)의 형태에 근거해 결발(結髮)[5]하지 않은 사람을 가리킨다. 일반인은 머리를 묶어 올려 비녀를 꽂았다. 그것을 나타낸 글자 모

5) 상투를 틀거나 쪽을 찐 머리.

양이 부(夫)다.

금문에 수(奏)라는 글자가 있는데, 이것은 무수(無奏)라는 지명에 쓰이고, 무우(舞雩)라 일컬어지는 기우(祈雨) 의례와 관계있는 것 같다. 이 글자에 보이는 천(天)은 이(而)와 매우 비슷하고 거의 평두(平頭) 모양이다. 아마도 수(需)와 형의(形義)가 가장 가까운 글자인 듯하다. 따라서 수(需)는 결발을 하지 않은 사람이 비 오기를 빈다는 뜻일 것이다. 그것은 영(靈) 자가 비 오기를 바라는 무녀와 마찬가지의 의상(意象)이다. 수(需)는 비가 그치기를 기다리는 글자가 아니라 비가 오기를 비는 남무(男巫)의 모양이다.

기우(祈雨)는 씨족 생활을 좌우하는 중요한 농경의례로 고대에는 자주 행해졌다. 프레이저(James G. Frazer)[6]의 『황금가지The Golden Bough』에는 미개사회의 기우 의례가 많이 있는데, 특히 왕이 희생으로 바쳐졌던 수많은 사례가 수집되어 있다. 왕은 옛날에는 주술사이며 주사왕(呪師王)이었다. 중국도 은 왕조의 시조인 탕왕(湯王)에게 유사한 설화가 있는데, 7년이나 계속된 큰 가뭄에 탕왕은 스스로 희생자가 되어 비 오기를 빌었다. 희생자는 머리

---

6) 제임스 프레이저(1854~91). 영국의 사회인류학자로 인간의 사고 양식을 세계적 규모로 비교했다. 그는 대표 저서인 『황금가지』에서 미개인의 신앙과 습속을 비교 연구한 것으로 유명하다.

를 자르고 손톱을 깎고 마른 장작 위에 앉은 채로 타죽는 것이다. 탕왕은 성스러운 장소인 상림(桑林)의 사(社)에 빌어서 의례를 실행했는데, 과연 왕이 행한 기도에 감응이 있어 때마침 흠뻑 비가 내렸다고 한다(『여씨춘추』「순민〔順民〕」편). 그러나 보통의 무녀는 대개 타죽고 마는데, 이것이 분무(焚巫)라 일컬어지는 풍속이다.

옛날에 가뭄을 나타내는 한(漢)이라는 글자는 머리 위에 축사(祝詞)를 담는 그릇인 ㅂ를 이고 몸이 묶인 무녀를 밑에서부터 불태워 죽이는 모양을 나타낸 것이다. 공자와 같은 시대에도 은나라를 이은 송나라에서는 왕이 무축왕(巫祝王)으로서 그러한 임무를 행하고 있었다. 송나라 경공(景公, ?~기원전 453)은 해마다 계속되는 가뭄에 괴로워하는 백성을 위해 탕왕과 마찬가지로 머리를 자르고 손톱을 깎고는 마른 장작 위에 앉아서 비가 오기를 빌어서 감응을 얻었다고 한다(『장자』「일문〔佚文〕」). 이 경우에도 탕왕과 마찬가지로 머리를 자르고 무축의 모양을 한 것이 주목된다. 춘추시대에도 분무(焚巫)의 풍속은 성행했지만, 당시의 현자라 일컬어지던 사람들은 대체로 이 참혹한 방법을 반대했다. 노나라는 희공(僖公) 21년(기원전 639)의 가뭄 때 분무를 행하려고 했으나, 장문중(臧文仲)이 사람의 도〔人道〕에 어긋난다고 반대해 그 풍속을 폐지시켰다. 그는 공자보다 약 150년 전의 인물이었다.

불에 태워진 것은 무축이었다. 축(祝)은 무(巫)에 대해서 남무(男巫)를 일컬으며, 머리카락을 자르는 것을 뜻하는 말이기도 하다. 분무에 희생된 사람은 대개 무축 가운데 이상자(異常者)였다. 일본의 외눈박이나 외다리 요괴가 그러한 고대의 인신 공양에서 생겨난 이야기인 것처럼 중국에서는 주유(侏儒) 같은 이가 여기에 해당된다. 유(儒)는 아마도 본래 기우에 희생되던 무축을 일컫는 말이었다고 생각된다. 그 말이 나중에는 일반화되어 무축 가운데 특정한 부류를 유라고 불렀을 것이다. 그것은 원래 무축 가운데서도 하층에 속하는 무리였을 것이다. 그들은 아마도 유가가 성립되기 전부터 유라고 불렸고, 유가가 성립된 후에도 여전히 유라고 불렀을 것이다.『시』의 구절을 읊조리며『예』의 규정에 의거해 무덤을 도굴한 대유와 소유는 아마도 이런 패거리였을 것으로 추정된다. 정통의 유가라면 이런 지경까지 타락할 리가 없다. 그러나 유는 이런 계층의 사람들을 저변으로 해서 성립했던 것이다. 유의 기원은 멀리 분무가 행해지던 고대까지 거슬러올라가는 것이리라.

성직자와 제사자 그리고 지식인

무(巫)와 함께 신사(神事)에 종사하는 이로 사(史)가 있었
다. 이들은 무사(巫史) 또는 축사(祝史)로 불리는 경우가 많
았다. 무사의 기원은 먼 원시시대에서부터 비롯된다. 인
류가 무언가 의미를 지니는 영적인 어떤 존재를 의식하
면서 그것과 교섭을 시도하려고 했을 때, 곧 사람들이 원
시적인 종교 감정을 품기 시작했을 때부터 무사(巫史)가
생겨났다. 영적인 것에 대해서는 영적인 방법으로 대처
하지 않으면 안 된다. 그러한 주술 행위를 행하는 것이
무사였다.

중국에는 10일(十日) 설화가 있다. 갑을(甲乙)부터 임계
(壬癸)까지의 이름이 붙여진 10개의 태양이 있어, 각각의
해를 섬기는 신무(神巫)가 있었다. 태양의 이름은 『산해
경』「대황서경(大荒西經)」에 기록되어 있는데, 10무(十巫) 중
에 무함(巫咸)과 무팽(巫彭) 같은 이름이 보인다.[7] 무함은
나중에 무당의 조신(祖神)으로 섬겨졌고, 최고의 성직자
로 왕을 보좌한 신무(神巫)였다고도 전해진다. 주나라 초
기에 성립된 것으로 보이는 『서』「군석(君奭)」 편에 이척(伊

---

7) 그 밖에 무즉(巫卽)·무반(巫盼)·무고(巫姑)·무진(巫眞)·무례(巫禮)·무저(巫抵)·무사(巫謝)·무
라(巫羅) 등이 있다.

陟)·신호(臣扈)·무함(巫咸)·무현(巫賢) 등의 이름을 볼 수 있는데, 이들도 고대의 성직자였을 것이다. 무사(巫史)의 전통은 이러한 성직자에게서 비롯된다.

무(巫)는 『설문해자』 5권상 무(巫) 부에 따르면 춤으로 신을 강림케 하는 것이라고 한다. 무(巫)의 글자 모양은 양 소매로 춤추는 모양이라고 되어 있으나, 갑골문이나 금문 등의 옛 자료에 따르면 무는 ✚, 곧 공(工)을 가로세로로 짜맞춘 모양으로 되어 있다. 이때 공(工)은 신을 강림케 하는 주구(呪具)였다. 좌(左)라는 글자는 그러한 주구를 가진 모양, 우(右)는 축사를 담는 그릇을 나타내는 ㅂ를 가진 모양이다. 기도를 올리면서 주구를 사용해서 신이 있는 곳을 찾는 것인데, 심(尋)이라는 글자는 우(右)와 좌(左)라는 글자를 위아래로 짜맞춘 모양이다. 신은 모습도 없고 숨어서 보이지 않는 존재다. 숨었다는 뜻의 은(隱) 자는 주구인 공(工) 없이 숨은 장소를 찾을 수도 없다. 그러한 공(工)을 가진 이가 무이고, ㅂ를 이고 있는 이가 축이었다. 그래서 『시』에서는 신을 부르는 자를 공축(工祝)이라고 일컫는다. 그리고 그 하층에 속한 이는 종종 신에 대한 희생으로 바쳐졌던 것이다.

희생 대상으로는 대체로 고칠 수 없는 폐병을 앓는 병

자가 뽑혔다. 신의 부정을 탄 경우라 생각했던 것이다. 『순자』「왕제(王制)」편에 '구무파격(傴巫跛擊)'이라는 말이 있는데, 여기서 격(擊)이란 남자 무당을 뜻하는 말이다.[8] 난쟁이인 주유(侏儒)도 이들과 한 무리였다. 유(儒)는 수(需), 곧 기우에 희생으로 쓰인 무축의 무리로 머리카락을 잘랐다. 그러다 보니 주유라는 말이 생겨난 것이다. 무에도 신무(神巫)부터 구무(傴巫)에 이르기까지 여러 계층이 있었다.

『여씨춘추』「물궁(勿躬)」편에 무팽(巫彭)이 의술을 만들고 무함(巫咸)이 점대인 서(筮)를 만들었다는 사물 기원 설화가 기술되어 있다. 무팽이나 무함은 주의(呪醫)나 복서자(卜筮者)들이 섬긴 조신(祖神)이 되었던 듯하다. 무함은 앞서 언급했듯이 태양을 섬긴 신무 가운데 하나로 뒤에도 그 이름을 사용한 경우가 많고, 『서』의 「군석」편에 보이는 은나라의 성직자 무함을 비롯해 『초사(楚辭)』의 「이소」에도 상제(上帝)를 섬기는 복자(卜者)로서도 이름이 보인다. 함씨(咸氏)의 무(巫)로 일컬어지는 계보도 있었던 듯하다. 『장자』「응제왕(應帝王)」편에 정(鄭)나라 신무 계함

---

8) '구(傴)'는 곱사등이, '무(巫)'는 여자 무당, '파(跛)'는 절름발이, '격(擊)'은 '격(覡)'의 차자(借字)로 박수를 뜻하는데, 모두 불구자였고 신과 인간 사이를 매개하는 역할을 맡았다.

(季咸)이라는 이가 사람들의 삶과 죽음, 오래 삶과 일찍 죽음에 대해 매우 잘 알아 신과 같다고 일컬어졌다고 한다. 무팽 등에게도 팽씨(彭氏)라고 불리는 후계자가 존재했던 것이 아닌가 생각된다. 은나라 현인으로 팽함(彭咸)이란 이가 있어서 왕에게 간언했는데, 이것이 받아들여지지 않자 물에 뛰어들어 자살했다고 전해진다. 이와 같은 신무의 계보를 문제 삼는 것은, 실은 『논어』의 다음 문장의 의미를 유(儒)의 원류라는 시점에서 생각해보려고 하기 때문이다. 곧 「술이」 편의 첫머리에 아래와 같은 공자의 말이 있는데 이 문장의 뜻을 잘 알 수가 없다.

나는 옛것을 조술할 뿐이지 창작하지 않으며, 옛것을 믿고 좋아하기를 몰래 우리 노팽(老彭)에게 견주어보노라.

그러나 공자 스스로 자기의 한평생 삶의 태도를 언급한 것으로 보이는 이 말의 의미를 깊이 따지고 연구해보지 않을 수 없다. "옛것을 조술할 뿐이지 창작하지 않는다"는 말은 조술자이지 창작자가 아니라는 뜻이다. 다음 구절은 그 이유를 설명한 것으로 보인다. 그리고 끝

구절은 자신의 삶의 전형을 노팽에게서 구한다고 했다. '우리'라는 말은 친밀한 뜻을 나타낸 용법이다. 그러나 이 노팽이 어떤 사람인가에 대해서는 종래 정설이 없다. 700살이나 장수를 누렸다는 팽조(彭祖)를 가리킨다는 이도 있고, 공자가 사사했던 노자(老子)를 가리킨 것이라고 주장한 이도 있다. 공자가 700살씩이나 장수하기를 원했다고 생각할 수는 없고, 오천언(五千言)[9]을 지어낸 노자라면 "옛것을 조술할 뿐이지 창작하지 않는다"고는 할 수 없다. 더욱이 노자가 공자보다 훨씬 후대의 인물이었다는 사실에 대해서는 다음 장에서 언급하기로 한다.

노팽은 아마도 팽씨(彭氏)의 무를 뜻하는 것이 아닐까 생각한다. "옛것을 조술할 뿐이지 창작하지 않는다"는 것은 무(巫)의 전통이다. 공자는 여기서 자신을 무축자의 전통 속에 두고 있다. "남방(南方) 사람의 말에 '사람으로서 항심(恒心)이 없으면 무당이나 의원도 될 수가 없다'고 하니, 참으로 옳은 말이다"(「자로」)라고까지 말한다. 무축자가 지닌 청명한 마음과 경건함을 공자는 소중하게 여겼던 듯하다.

공자를 합리주의자라고 말하는 사람이 많다. 분명히

---

9) 노자의 『도덕경』.

공자는 '괴이(怪), 폭력(力), 패란(亂), 귀신(神)'(「술이」)에 대한 말은 하지 않았다. 또한 '성과 천도'(「공야장」)에 대해서도 많이 언급하지는 않았다. 병이 위중했을 때 자로는 신명께 기도드릴 것을 자주 청했지만, 공자는 "(그런 거라면) 내가 기도를 해온 지 오래되었다"(「술이」)면서 이를 허락하지 않았다. 그러나 그러한 합리주의는 분무에 반대했던 장문중의 이야기를 비롯해 병을 남에게 옮기는 기도를 드리는 것을 거부한다거나 사신(邪神)을 섬기는 제사를 거절했던 사람의 이야기 등등, 『좌전』에서는 얼마든지 볼 수 있는 것이다. 공자는 무축의 전통을 이어받았지만, 그 가운데에 허망한 것은 철저하게 제거하고자 했다. "(그런 거라면) 내가 기도를 해온 지 오래되었다"고 말할 때, 아마도 공자는 내적인 것으로 계속 응시하고 있었던 듯하다. 그리하여 그러한 전통을 순수하게 정신적인 것으로 고양시키려 했을 것이다. 고대 신무의 삶의 방식을 자신의 전형으로 삼고, 사상과 문화가 의거해야 할 바를 구해 멀리 주나라 예교 문화의 창시자였던 주공을 자신의 이상으로 삼는다. 주공은 고대의 신무를 대신한 성직자였다.

공자가 고대 신무의 세계, 노팽으로의 회귀를 표명한

것은 아마도 그의 생애 가운데 가장 만년의 일이었을 것으로 여겨진다. 양호에 대해 느꼈던 지긋지긋한 두려움도 사라지고 주공을 꿈꾸는 일도 없어지고 난 뒤에, 공자는 자신의 출발점이었던 무축의 세계, 모든 존재의 근원으로서 생과 관련된 신비의 본질을 직관하고 싶었을 것이다. 아마도 무언가 그러한 깊은 영감이 공자를 감쌌을 때의 일이겠지만, 공자는 돌연히 중얼거리듯이 "나는 말을 아니하고자 한다"고 했다. 자공(子貢)이 놀라 "선생님께서 만일 말씀하지 않으시면 저희는 무엇으로 조술하겠습니까?" 하고 의아한 듯 물었다. 그러나 공자에게는 '조술한다'는 것도 이제는 넘어서야 할 그 무엇이었다. 공자는 조용히 "하늘이 무슨 말을 하시더냐. 사계절이 운행하고 만물이 생성하지만 하늘이 무슨 말을 하시더냐?"(「양화」)라고 대답하고 있다. 천도(天道)가 쉼 없이 유행(流行)하는 세계, 만법이 유전(流轉)하는 가운데 실상을 구현하는 세계, 그것은 이제까지 공자가 거의 언급한 적이 없는 형이상의 세계다. 무(巫)의 전통은 공자에게서 극한까지 고양되었다.

그렇다 하더라도 공자가 일찍이 그의 실제 행동에서 보여주었던 격렬한 구도자 정신, 아울러 도(道)의 헌신은 어디서 비롯된 것일까. 그것은 무축자가 보이는 황홀경과 같은 열광이 아니라 어디까지나 이성적이며, 이상을 추구하는 자만이 보여줄 수 있는 정열이다. 거기에는 이상에 불타서 살아가는 이의 빛나는 듯한 아름다움이 존재한다. 나는 그것을 사(史)의 전통 속에서 찾아볼 수 있지 않을까 생각한다.

사(史)도 옛날에는 무축의 무리였다. 사(史)는 제사자였다. 사(史)의 글자 모양은 축사(祝詞)의 그릇을 나타내는 凵를 비쭈기나무에 걸고 이를 손에 들고 있는 모양이다. 사(史)는 제의(祭儀)의 집행자인 동시에 제의가 유래되는 신들의 이야기를 전승한 이들이기도 했다. 그것은 제의가 모두 신화의 실수(實修)적인 형태라는 사실을 미루어보아도 당연한 일이다. 그래서 사(史)는 옛이야기의 전승자이자 가타리베(語部)[10]로서의 일면을 지닌다. 제사는 고대사회에서 의례의 중요한 부분을 차지하고 있고, 직장(職掌)은 폭넓은 범위에 미치는 것이다. 따라서 축사(祝史)의 직책은 후에 여러 갈래로 분화되어 가타리베적인

---

10) 고대 조정에 출사해 국가 행사·구전 따위를 암송하고 말로 전하는 것을 업으로 삼았던 씨족.

직무상의 분담은 후대에 고사(瞽史)[11]에 인계되었다. 춘추시대 열국의 이야기를 기록한『국어(國語)』는 그러한 고사들의 전승에 의거한 것이다. 그래서 이 문헌에는 「주어 하(周語下)」 편에 고사 그리고 신고(神瞽), 「진어사(晋語四)」 편에 고사의 기(記)와 고사기(瞽史記) 등의 명칭이 보인다. 『좌전』은 그런 자료들을 노나라 연대기인『춘추』의 기사에 맞추어 편년체 역사 이야기로 만든 것이다.

『사기』「태사공자서(太史公自序)」에는 모든 책의 편술에는 이상한 체험에서 비롯된 마음의 강한 충동이 작용하는 것이라 하고는, 『국어』의 성립에 대해서도 "좌구(左邱)가 실명한 뒤『국어』를 지었다"고 설명한다. 『국어』는 좌씨(左氏)라 불리는 고사(瞽史)의 전승이라고 보는 것이다. 좌씨는 고대에 좌사(左史)라 불렸던 듯하다. 『좌전』소공 12년 조에 초나라 영왕(靈王)이 신하들과 선왕(先王)들에 대해 이야기하고 있었는데, 때마침 그곳을 지나가던 좌사 의상(倚相)을 발견하고 신하들에게 "저 사람은 훌륭한 사관이다. 그대들은 저 사람을 잘 눈여겨보아라. 저 사람은『삼분(三墳)』·『오전(五典)』·『팔색(八索)』·『구구(九丘)』등

---

11) 고(瞽)는 '장님'을 뜻하는데, 글자 모양으로 미루어보아 북을 두드리면서 신을 강림케 하는 역할을 했던 것으로 추정된다.

의 옛 책을 잘 읽는다"고 말했다. 『삼분』과 『오전』 등은 고대의 전승을 수집한 기록으로 보인다.[12] 그것은 보통 사람이 읽을 수 없는 책들이었다. 좌사 의상이라는 인물은 또한 『국어』 「초어(楚語)」에 등장한다. 그런데 그는 초나라 장로(長老)로서 이름 높았던 신공(申公)이라는 인물에게 안일함을 경계해 『시』와 『서』 등의 고사를 인용하면서 마치 사유(師儒)처럼 훈계하고 있다. 사(史)는 이 당시 최고의 지식인이었다. 고전에 통달했을 뿐만 아니라 언행도 뛰어났던 것 같다. 『논어』에도 좌구명(左丘明)에 관한 내용이 보인다. "좌구(左邱)가 실명한 뒤 『국어』를 지었다"고 한 좌구와는 다른 사람인 듯하지만 모두 좌사에 속하는 인물일 것이다. 공자는 그 사람을 칭찬해 다음과 같이 말하고 있다.

말을 번지르르하게 하고, 얼굴빛을 좋게 꾸미며, 공손함이 지나침을 좌구명(左丘明)이 부끄럽게 여겼는데, 나

---

12) 『삼분(三墳)』은 복희(伏羲)·신농(神農)·황제(黃帝) 등 삼황(三皇)의 대도(大道)를 기록한 책으로, 분(墳)은 '대도(大道)'를 뜻한다. 『오전(五典)』은 소호(少昊)·전욱(顓頊)·고신(高辛)·당(唐)·우(虞) 등 오제(五帝)의 상도(常道)를 기록한 책이다. 『팔색(八索)』은 팔괘(八卦)의 뜻을 설명한 책이고, 『구구(九丘)』는 중국 전토인 구주(九州)의 일을 기록한 것 또는 홍범(洪範)의 구주(九疇)를 설명한 책이라고 한다. 모두 고대의 문헌을 가리키나 자세한 것은 알 길이 없다.

도 부끄럽게 여긴다. 원망을 감추고 그 사람과 벗하는
것을 좌구명이 부끄럽게 여겼는데, 나 또한 부끄럽게 여
긴다.

「공야장」

　사(史)는 단순한 옛이야기의 전승자가 아니다. 『좌전』
설화에 등장하는 사(史)는 이미 사유(師儒)로서 높은 지위
를 차지하고 있고, '사일(史佚)'의 말은 여섯 차례나 인용
되고 있다. 그 이름은 또한 『국어』「주어 하(周語下)」에도
보인다. 좌구명은 아마도 공자의 선배뻘이었을 것이다.
따라서 전국시대 중기 이후에 성립되었을 것으로 보이
는 『좌전』의 작자는 아니겠지만, 그의 학문이 『좌전』이나
『국어』의 성립을 촉진했던 점만은 분명한 사실이다. 주
나라가 동천(東遷)한 뒤에 사각(史角)이 노나라로 갔는데,
그의 학통으로부터 묵자가 나온다. 묵자가 『시』와 『서』
를 주요 고전으로 삼는다는 사실만 보더라도, 유가의 고
전학 역시 사(史)의 학문에서 비롯된 것이라고 할 수 있
겠다. 공자의 학문은 오랜 사직(史職)의 전통과 무관할 수
없었을 뿐 아니라, 좌구명에 대한 위와 같은 언급도 그러
한 사실을 배경에 두었던 것으로 생각된다.

고대의 성직자였던 무(巫)·축(祝)·사(史)의 역사는 그대로 고대의 정신사를 이야기해준다. 무는 신화시대를 지배했다. 태양을 섬기는 신무로 무함(巫咸)과 무팽(巫彭)의 이름은 무축자 사이에 오래도록 전승되었다. 무(巫)는 주의(呪儀)를 주로 하는 이들이었다. 은주시대에는 축(祝)과 사(史)가 이를 대신한다. 축(祝)과 사(史)는 축사(祝詞)에 따른 기도를 주로 하는 이들이었다. 주 왕조가 창업될 당시 최고 성직자의 지위였던 사람은 주공(周公)과 소공(召公)이었다. 주나라 초기의 금문에 따르면 주공 가문은 명공(明公)·명보(明保)라 불렸고, 주공의 아들 백금(伯禽)은 뒤에 노나라에 봉해진 인물이었으며, 금문에 대축(大祝) 금정(禽鼎)이라고 불린 인물이 있는데 축을 담당하는 장관(長官)이었다. 소공의 집안은 은나라 시대부터 '서사소(西史召)'라고 일컬어지는 서방(西方)의 제사장(祭司長)이었는데, 그 아들 가운데 태사우(大史友)라는 인물이 있어 금문에 이름이 보인다. 이리하여 대축(大祝)과 태사(大史)의 시대가 도래한다. 이후 축(祝) 계열의 전통이 쇠퇴하면서, 무축은 기도나 상장(喪葬) 따위의 천한 직업에 종사하는 이가 되었다.

사(史)는 본래 왕실 내부의 조제(祖祭)를 담당하는 직책이었으며, 산천의 성지를 제사 지내기 위한 사자(使者)는 사(事)라고 불렸다. 사(事)는 커다란 신간(神杆)에 축사 그릇인 ᄇ를 걸거나, 때로는 여러 갈래 천을 둥근 테에 매어 막대기 끝에 단 깃발을 장식한 것으로서 이것을 받들고 제사를 모시는 사자를 나타낸 글자다. 그래서 사(事)는 옛날에는 '제사'라는 뜻으로 읽히는 글자였다.[13] 이러한 외제(外祭)의 집행은 동시에 정치적인 의미를 지니며, 제사권의 행사가 정치 지배를 의미했다. 그것이 제정일치라 불리는 형태다. 내제(內祭)를 모시는 사(史)와 외제(外祭)를 모시는 사(事)의 두 계열이 이윽고 관제(官制) 체계를 이루게 된다. 주나라 초기의 금문인 영이(令彝)에 등장하는 태사료(大史寮)와 경사료(卿事寮)라는 것이 바로 그것이다. 요(寮)는 관료(官僚), 태사(大史)는 종교 의례, 경사(卿事)는 정치적인 의례를 담당하는 자였다. 그 후 정치와 종교의 분리가 일어나자 사(史)는 제사 의례 및 옛 전승을 담당하는 동시에 전승을 위한 기록을 관장하게 된다. 요컨대 고대적 전승의 최후의 담당자가 사(史)였다. 이렇듯 사는 춘추시대 최고의 지식인 계층이었다.

춘추시대의 사(史)에 대해서는 이야기해야 할 내용이

---

13) 일본 한자에서는 사(事)를 '제사'·'섬기다'·'일' 등의 세 가지 뜻으로 훈독(訓讀)한다.

많지만, 그 특질로는 그들이 비상할 정도로 박학했다는 점, 또한 스스로 현실의 권위를 초월해서 전통의 열렬한 옹호자인 동시에 고도(古道)에 대한 순교자적인 헌신의 신념을 가지고 살아가려 했다는 점, 이 두 가지를 들 수가 있다.

한 가지 예를 들면, 『춘추』의 경문(經文) 양공(襄公) 25년 조에 "제나라의 최저(崔杼)가 임금 광(光)을 시해했다"는 대목이 있다. 이것은 제나라에서 공식 통보를 받고 노나라의 정사인 『춘추』에 그 사실을 기록한 것이다. 시해 사건에 대해 『좌전』은 다음과 같이 사정을 전한다. 제나라의 장공(莊公)은 일찍이 자신의 신하인 최저의 아내와 사통(私通)했는데, 어느 날 장공이 그 집에 몰래 숨어들어온 것을 보고 최저의 가신들이 살해하고 말았다. 최저가 직접 시해한 것은 아니지만 사건은 최저의 집안에서 일어났던 것이다. 그래서 제나라의 태사(太史)는 "최저가 자기 임금을 시해했다"고 공적인 문헌에 써놓았다. 임금을 직접 시해한 범인이 되어버린 최저는 노하여 사관을 죽이고 말았다. 그러나 최저가 임금을 시해한 자에 대한 책임을 분명히 하지 않는 이상 이러한 기록 방법은 절대적으로 정당했다. 사관으로서는 이러한 원칙을 굽힐 수 없었다. 그래서 살해된 태사의 동생이 다시 붓을 잡고 곧바로 같은 내용을 기록했다. 최저는 다시 이 동생을 죽였고 그 뒤를 이어서 다시 기록하려고 한 셋째 동생마저 죽였다. 이윽고 넷째 동생도 형들을 이어서 사실을 기록했으니, 한다하는 최저도 이를 승인하지 않을 수 없었다. 태사(太史)씨 형제가 위급하다는 소식을 듣고 남사씨(南史氏)가 서둘러 붓과 종이를 들고 제나라 도읍으로 달려갔는데, 사관이 이미 그 기록에 성공했다는 이야기를 들은 후에야 되돌아갔다고 한다. 참으로 놀랄 만한 헌신이라고밖에 할 말이 없다.

한편 장공(莊公)이 최씨에게 변을 당했다는 소식을 듣자, 장공의 명으로 고당(高唐)의 별묘(別廟)에서 제사를 집행하던 축타보(祝佗父)는 곧장 서둘러 돌아와서 제사에 대해 복명(復命)을 끝내자마자 제복(祭服)도 벗지 않은 채 그 자리에서 임금을 따라 순사했다. 축사에게는 이렇듯 자신의 직사(職事)에 대한 헌신이나 자기 투기(投棄)의 전통이 있었다. 그것은 그들이 일찍이 신에 대한 헌신자였기 때문에 가능했다.

공자도 죽음을 두려워한 적은 없다. "아침에 도를 깨달으면 저녁에 죽는다 해도 여한이 없다"(「이인〔里仁〕」), "지

사(志士)와 인인(仁人)은 살기를 구하느라고 인(仁)을 해치지 않고, 목숨을 바쳐서 인을 이루는 일은 있다"(「위령공」)는 말 속에 축사의 전통이 새로운 형태로 살아 있는 것이다. 망명 중에 광(匡) 땅에서 포위되어 자칫 목숨이 위태로웠을 때도 "문왕(文王)이 이미 돌아가시고 난 뒤로는 (그가 만든) 예악과 제도가 여기 내게 있지 않은가", "하늘이 이 문(文)을 없애시지 않을 터라면 광 땅 사람들이 나를 어찌하겠느냐"(「자한」)며 의연한 태도를 취한다. 공자의 경우 그것은 도에 대한 헌신이었다.

하늘이 바뀌다

오랜 옛날 하늘과 땅이 하나였고 신과 인간은 같은 세계에 살았다. 그래서 마음이 밝고 깨끗한 사람은 신과 자유롭게 교통할 수 있었다. 신의 소리를 들을 수 있는 사람은 성자(聖者)였다.

『서』의 「여형(呂刑)」편은 하남(河南) 서남부의 오랜 부족인 강성(姜姓)의 여국(呂國)에 전해오는 신화를 경전화한 것이다. 이웃한 묘족(苗族)[14]이 신을 모독하는 행위를 많이 저지르자, 제(帝)가 노하여 중려(重黎)[15]에게 명해 천지를 갈라놓고 강족(姜族)의 시조 백이(伯夷)에게 형법인 전형(典刑)을 만들도록 했다. 이리하여 신과 인간의 교섭이 끊어졌다. 『국어』「초어 하(楚語下)」 편에도 그러한 이야기가 보이는데, 아마도 초무(楚巫)가 전승한 것으로 보인다. 신과 인간의 분리는 제(帝)에서 천(天)으로 관념이 변해가는 과정을 나타낸다.

은 왕조에서 만물의 주재자는 제(帝)였다. 갑골문에는 풍우(風雨)나 연곡(年穀), 전쟁과 도읍의 평화 등에 대해서 제(帝)에게 점을 치고 도움을 구하는 예가 많다. 제는 인격신이며, 은나라 왕은 직계자, 곧 적자(嫡子)였다. 적(嫡)이란 시(啻)[16], 곧 적(嫡)의 방(旁)인 적(啇) 부분이 그 글자로, 바로 제를 제사 지내는 이를 가리킨다. 제를 제사 지내는 이가 그 적자이며 지상의 왕이었다. 그들은 제를 최상의 신으로 하는 신화 체계를 가졌으며, 그러한 제사권

---

14) 지금도 중국 남부의 산악 지대에 집단으로 거주하는 소수민족으로 이들은 한수(漢水) 유역의 무한(武漢) 일대에서 중국 최초로 벼농사를 지었던 것으로 알려진다. '남(南)'이라 불리는 독특한 악기 동고(銅鼓)를 가지고 있어서 흔히 '남인(南人)'이라고 일컬어졌다. 아울러 은나라에서 보면 이들의 거주 지역이 은나라 남쪽에 있었던 데서 유래하여 '남(南)'이라는 악기 이름이 방위를 나타내게 되었다.
15) 본디 중국의 개벽(開闢) 신화에 등장하는 강족(羌族)의 신이다.
16) 시(啻)는 제사의 일종인 '체(禘)'와 같은 글자다.

위에 왕권을 성립시켰다.

　은·주 혁명이 일어난 것은 대개 기원전 1100년 전후의 일로 추정된다. 그것은 내부에서 시작된 혁명이 아니라 외부에서 시작된 혁명이었다. 이질적인 문화를 지닌 동서 세력 사이의 교체였다. 그러나 은나라를 대신한 주나라에는 은 왕조와 같은 신화 체계가 없었고, 신화 계승의 조건도 존재하지 않았다. 인격신으로서 제(帝)의 관념은 포기되고, 비인격적이고 이성적인 천(天)의 관념이 이를 대신하게 되었다. 중국에서 합리주의적인 정신의 맹아는 이러한 천(天)의 관념에서 비롯된다.

　그러나 이렇듯 비인격적이라는 천(天) 역시 의지를 가진다. 그리고 천의(天意)를 받들어 잇는 이는 천윤(天尹)이라고 불렸다. 주나라 초기의 성직자인 소공석(召公奭)은 금문에 따르면 황천윤대보(皇天尹大保)라는 호칭을 지녔다. 천은 스스로 의지를 드러내는 법이 없지만, 하늘의 뜻은 민의를 매개로 해서 표현된다. 위정자가 천의 덕을 스스로 닦으면 민의의 지지를 얻을 수 있다. 하늘의 뜻은 그로 말미암아 작동한다. 여기서는 인민이 하늘의 뜻의 매개자로 의식된다. 곧 정치의 대상으로서 민중의 존재가 자각되었다. 이 같은 정치사상은 천(天) 사상이라 불린다. 은·주 혁명을 계기로 해서 천 사상이 성립되었다. 『서』의 「주서(周書)」라 불리는 부분에는 주나라 초기에 성립된 문헌이 많이 포함되어 있는데, 이러한 천 사상에 대해 언급한 대목이 많이 있다. 주나라 초기 금문인 대우정(大盂鼎)에도 주나라의 수명(受命)에 대해서 다음과 같이 말하고 있다.

왕이 이렇게 말씀하셨다.
"우(盂)여! 크게 밝으신 문왕(文王)은 하늘이 지니신 대명(大名)을 받으셨고, 무왕(武王)에 이르러 문왕을 잇는 나라를 이루셨다. 그 악(惡)을 내치시고 사방을 개척하시고 인민을 가르쳐서 바르게 하셨다."

그리고 은나라의 멸망은 나라의 상하가 모두 주란(酒亂)에 빠졌기 때문이라고 전한다. 『주서』「주고(酒誥)」편에도 동일한 내용의 기술이 있어 비슷한 시기에 성립된 것으로 추정된다. 대우정은 주나라 초기 경왕(庚王) 23년(기원전 11세기 중엽)의 그릇이다.

술 때문에 나라가 망했다는 것은 이 신정(神政)국가에서 제사를 정치형태로 삼고 있었기 때문이다. 서북의 유목 민족에서 일어난 질박한 주족(周族)의 시각에서 보면, 신과 인간이 함께 술로 교환(交歡)한다는 은 왕조의 존재 방식이 주란의 나라로밖에 보이지 않았을 것이다. 은나라의 멸망으로 인해 신과 인간의 교섭은 단절되었다. 대신 천과 인간이 상대하는 나라가 생겨났다. 하늘의 뜻이 민의를 통해 매개된다면 그것은 절대로 신성한 왕권이 아니다. 수명(受命)에 의해서 태어난 왕권은 또한 혁명에 의해서 왕권을 상실할 위험을 언제나 내포하는 것이다. 천 사상은 동시에 혁명 사상이다. 문왕의 창업을 노래한 『시』의 「대아(大雅)」「문왕(文王)」 편에는 "천명이 일정하지 않은지라"라 하고, "길이 천명에 합함이 스스로 많은 복을 구하는 길이니라"라고 노래한다.

서주 후기에는 왕실을 둘러싸고 여러 호족이 대두함으로써 왕은 실질적인 권력을 잃게 된다. (9대째인) 이왕(夷王)[17]은 옹립되어 즉위할 때 당하(堂下)에서 예를 행했다고 하며, 그다음의 여왕(厲王)[18]은 쿠데타를 당해 망명했다. 그 뒤 14년 동안 왕위는 비어 있었다. 이른바 공화

---

17) 주나라 제9대 왕으로, 의왕(懿王)의 태자이며 이름은 섭(燮)이다.
18) 이왕의 태자로 주나라 제10대 왕이다. 재위 기간에 대해서는 제설이 분분하다. 영이공(榮夷公)을 중용했으나 실정을 거듭해 쿠데타를 초래함으로써 공화제로의 이행을 촉진시켰다.

(共和) 시대(기원전 841~828)였다. 이어서 선왕(宣王)과 유왕(幽王)[19]의 2대를 거치면서 서주는 결국 멸망하고 마는데, 이와 같은 위기 속에 유식자들은 창업 정신으로 복귀하자는 강렬한 주장을 내놓았다. 노래의 내용은 때로는 문왕이 은나라 백성에게 혁명을 고하는 형식을 취하면서 그러한 정신으로 회귀하자는 것이었다.

문왕이 말씀하시기를, 아! 슬프다. 너희 은상(殷商)아. 하늘이 너희를 술에 빠지게 하지 않으셨거늘 옳지 못한 일만 하고 있구나. 이미 너희는 행동거지를 잘못하여 낮도 밤도 없으며 고함치고 소리쳐서 낮으로 밤을 삼도다.

「대아(大雅)」「탕(蕩)」편 제5장

문왕이 말씀하시기를, 아! 슬프다. 너희 은상아. 상제(上帝)가 나쁜 때를 만드시려는 것이 아니라, 은나라가 옛 신하를 쓰지 않기 때문이니라. 비록 노성(老成)한 사람은 없으나 그래도 떳떳한 법이 있거늘 마침내 들어주

---

19) 주(周)나라 제11대 왕인 선왕과 제12대 왕인 유왕은 실정이 많았다. 그 가운데 특히 유왕은 신후(申后)를 폐하고 애첩인 포사(褒姒)를 황후로, 그녀의 소생인 백복(伯服)을 태자로 세웠다. 이로써 귀족들이 유왕을 배반해 반란을 일으켰고, 주나라는 내란 상태에 빠지게 된다. 이 틈을 이용해 견융(犬戎)이 쳐들어왔으며 유왕이 살해당해 서주(西周)는 멸망하고 만다. 이후 주나라는 폐태자(廢太子)인 의구(宜臼)가 평왕(平王)으로 옹립되고 다시 동주(東周)로 부흥하게 된다.

지 않는지라 나라의 운명이 이 때문에 기울어지도다.

「대아」「탕」편 제7장

"나라의 운명이 이 때문에 기울어지도다"라는 말은 당시의 주나라가 처한 상태이기도 했다. 얼마 후 위기가 더욱 절박해지자 시편은 한층 직접적인 표현을 취한다. "지금은 모두가 정사에 어둡고 어지러워, 그 덕을 전복하고 술에 빠져 즐거워하는구나. 네 술에 빠져서 즐거워함만을 따르고 계승할 일은 생각도 않고 있네. 널리 선왕의 도를 구해 밝은 법을 집행하지 않는구나"(「대아」「억〔抑〕」편 제3장), 또는 "아아, 젊은이들이여. 너희에게 옛 법도를 말해주노라. 내 계책을 들어 쓴다면 아마 큰 후회는 없으리라. 하늘이 지금 어려움을 내리고 계시니 나라를 잃을 지경이 되었네. 내가 한 비유가 먼 게 아니고 하늘의 이치가 어그러지지 않거늘, 그 덕을 그릇되고 편벽하게 하여 백성으로 하여금 크게 곤궁해지게 만드네"(「대아」「억」편 제13장)와 같은 시편들은 망국의 위기를 경고한다. 하지만 이미 천운을 지탱해낼 길이 없었기 때문에 주나라는 멸망하고 만다. 그러나 멸망에 이르기까지 100여 년 동안 지어진 시편에는 사회 혼란과 정치 부패를 격렬하게 비판하고 광란의 상태를 바로잡으려고 고뇌한 당시 지식인들의 사상이 구체적인 명확성을 띠고 표현되고 있다. 이들 시편은 춘추시대에 악사들에 의해 전승되고 연주되었으므로, 공자도 물론 고전으로서 이를 틀림없이 배웠을 것이다.

서주 후기의 정치 상황은 금문에도 그대로 반영되어 있다. 공화기(共和期) 집정의 한 사람으로 추정되는 모공(毛公)이 만들었던 모공정(毛公鼎)에는 400자에 가까운 장문의 명(銘)이 있는데, 왕의 말로서 "아아, 두려워하는 나. 우리 나라가 간난(艱難)에 빠져, 길이 선왕을 근심케 하는 일이 나타나려 하는구나" 하면서 국가의 위급한 사태를 구할 것을 다음과 같이 촉구한다.

나는 여기 선왕의 명을 계승하여 너희에게 우리 나라를 잘 다스리도록 명하노라. 크고 작은 모든 정사에 신중하고 나의 재위 동안 잘 돕도록 하라. 상하 제신(諸神)의 선악을 사방에 분명히 밝히고 잘 진정시켜서 동요하는 일이 없도록 하라. 그래야만 나 한 사람 길이 왕위에 편안히 있을 수가 있으리니, 지혜를 크게 발휘하도록 하라. 나는 모든 것을 아는 체하지 않으리니 너희도 멋대로 안일함을 탐해서는 안 된다. 밤낮으로 정치에 힘쓰고, 나에게 은덕을 베풀고, 우리 나라를 위해 크고 작은 계책을 잘 풀어서 막히지 않도록 하라. 나에게 선왕의 훌륭한 덕을 고하고 그를 황천(皇天)에 밝게 밝히고 천명을 삼가 이어 천하 사방을 편안히 잘 다스려서, 우리 선왕에게 근심을 끼치는 일이 없기를 바라노라.

위 문장에 이어 정치의 실제에 대해 언급하면서, 세금을 거둘 때에는 생활력이 없는 사람의 경우를 고려하고, 관기(官紀)를 바로잡아 음주를 삼가게 하고, 모든 일을 선왕의 규범에 따라 해야 할 것임을 훈계해 타이르고 있다. 이 글에는 같은 시기의 시편과 표현이 비슷한 대목이 많고, 『서』의 「문후지명(文侯之命)」과 구성이 비슷하다. 「문후지명」은 모공정보다 7, 80년 이후에 성립된 문장이다.

천(天) 사상은 고대의 종교와 정치를 분리시켰다. 대신 합리적인 정신을 도입했는데, 하늘의 뜻이 민의를 매개로 표현된다는 것은 인간 존재의 근거가 덕성 속에 있다는 자각에 바탕을 둔 것이다. "백성이 변치 않는 성품을 갖고 있는지라 아름다운 덕을 좋아하도다"(「대아」「증민(烝

民〕」편)라고 하듯, 덕성은 본디 모든 사람의 속에 있는 것
이다. 그것은 모든 존재의 근원에 있으며 보편적이고, 더
욱이 지각을 초월했다. "상천(上天)의 일은 소리도 없고
냄새도 없다"(「대아」「문왕〔文王〕」편)고 노래하듯이 덕성은
형이상학적인 실재다.

  천(天) 사상과 전개를 추적해보면, 초기 유가의 정치·도
덕 사상이 서주 후기에 이미 체계화되어 있다는 사실을
알 수 있다. 그 가운데 시편을 악사(樂師)들이 궁정이나
귀족들의 의례나 향연 때에 연주했고, 시편에 담긴 도덕
적 의미를 고사나 예화(例話) 등을 통해 이야기했다. 이들
악사도 사유의 풍모를 지닌 지식인 계층이었다. 서주의
멸망과 함께 악사들은 뿔뿔이 여러 나라로 흩어졌는데,
그들이 『시』와 『서』의 학문을 여러 나라에 전파했다는 점
만은 분명한 사실이다. 『좌전』에는 진(晉)나라의 악사였
던 사광(師曠)의 이야기가 종종 나온다. 이 고사(瞽師)는 음
악을 깊이 이해했을 뿐만 아니라, 『시』·『서』에 정통해 신
과 인간의 경계를 분명히 했다. 또한 사광은 도덕 학설에
도 상세해 그의 언설은 유가의 그것과 거의 다를 바가 없
을 정도였다.

  주나라 초기에 비롯된 천 사상은 서주 후기의 위기의

식 속에서 심화되어갔다. 그러나 그러한 사상을 기록한 『시』와 『서』를 고사(故事)의 전승자인 사(史)나 악사가 전했기 때문에 사상으로 발전할 수 있는 기회를 갖지 못한 점은 부득이한 일이었다. 그들은 본디부터 신비주의자였던 것이다. 사(史)·사(師)뿐 아니라 그들의 학문을 이어받은 공자에게서도 천 사상은 충분히 전개되지 못했다. 백성을 매개로 하늘의 뜻을 나타낸다는 정치사상으로서의 천 사상을 맹자가 회복시켰는데, 이것은 그의 민본 사상의 근거가 되었다.

공자도 종종 하늘을 언급하고 있다.

"하늘을 원망하지 않고, 남을 탓하지도 아니하며, 아래로부터 인간의 일을 배워 위로 천리에 통달해 나아가노니, 나를 알아줄 이는 하늘뿐일 것이다"(「헌문」), "하늘에 죄를 지으면 빌 곳조차 없느니라"(「팔일」), 또 때로는 "하늘이 덕을 나에게 주셨다"(「술이」)라고 말하듯이, 덕의 근원을 하늘에 의거해서 말할 때도 있었지만, 이것을 정치사상으로 조직하지는 않았다. 거기에 무사(巫史)의 학문에서 출발한 공자의 사상가로서의 한계가 있었다. 당시까지는 『시』·『서』 등 고전학이 아직 미성숙 단계에 머물러 있었다.

주공으로 회귀하다

공자가 주공을 이상으로 삼았던 것은 주공이 본래 서주의 예교 문화의 창시자로 일컬어졌기 때문이다. "주나라는 하나라와 은나라 2대를 보아 절충했으므로, 그 문화가 찬란하도다! 나는 주나라를 따르겠다"(「팔일」)고 하듯이, 주나라의 예악 문화는 중국에서 참으로 고대적인 의미를 지닌다. 그러나 주공이 창시했다는 것이 반드시 역사적인 사실은 아니며, 근대에도 왕국유(王國維)[20]와 같이 열렬한 주공의 신봉자가 있기는 하지만 고전에 보이는 주공은 상당히 제한된 장면에서만 나타나고 있다.

『논어』에는 주공에 관한 기술이 네 군데 보인다. 그 가운데서도 주공의 말을 기록한 경우는 「미자」편의 다음 한 대목뿐이다.

주공이 노공(魯公)에게 일러 말씀하시기를, "군자는 자기 피붙이를 버리지 않으며, 대신들로 하여금 써주지 않

---

20) 왕국유(王國維, 1877~1927)는 청 대 말·민국(民國) 초기의 학자로 호는 관당(觀堂)이다. 초기에는 「홍루몽(紅樓夢) 평론」 등의 문학평론을 썼지만 이후 역사학으로 전환했다. 일찍부터 갑골문이나 금문 등을 활용해 고대사 연구에 획기적 업적을 남겼다. 특히 은·주 혁명론을 주장했으며 주공의 역할을 매우 강조했다.

는다고 원망하지 않게 하며, 오랜 친구를 큰 까닭 없이 버리지 않으며, 한 사람에게 다 갖추어지기를 요구하지 않는다"고 했다.

주나라 초기의 문장으로는 생각되지 않는다. 가령 주공이 아들인 백금(伯禽)을 노나라에 봉했을 때의 임명장으로 전해진 일서(逸書)「백금(伯禽)」편의 유문(遺文)이라 하더라도 원문과는 상당히 거리가 먼 듯하다. 『논어』에 나오는 『서』에 관한 지식은 그다지 풍부하지 못한 편으로, 『서』를 인용한 곳도 「위정」과 「헌문」 편 두 대목에 지나지 않고, 그 밖에 요(堯)·순(舜)·우(禹)·탕(湯)의 설화를 언급한 대목이 몇 군데 있다. 어느 경우나 「태백(泰伯)」과 「요왈(堯曰)」 편 등 『논어』 가운데서도 비교적 새로운 부분에 해당되는데, 「미자」 편의 주공 이야기 등도 아마 본래의 『서』 원문은 아닐 것이다. "공자께서 올바른 발음으로 읽으신 것은 『시』와 『서』였다"(「술이」)고 하는데, 공자는 이들 고전을 표준음[아음(雅音)]으로 읽었다고 한다. 그렇다면 공자는 어떤 『서』를 읽었던 것일까. 「위정」 편에 보이는 "효도로구나, (어버이에게) 효도하고(孝乎惟孝)"라는 구절은 『서』「군진(君陳)」 편에 나오는데, 「군진」 편은 『예기』에서 처음으로 인용된 문헌으로 후대의 위서다. 앞서 인용한 「헌문」 편의 "고종이 상제 노릇을 했다(高宗諒闇)"는 구절도 후대의 위서인 「열명」 편에 보인다. 더구나 그 대목이 유가가 가장 힘주어 주장한 3년 상복설의 근거가 되는 것이라면 『논어』에 보이는 고전학에 대해서 다시금 검토해보지 않으면 안 될 것이다.

고종은 은나라 무정(武丁) 임금이다. 백부뻘이 되는 반경(般庚)이라는 왕이 지금의 하남(河南)성 안양(安陽)에 도읍을 정했다. 그곳은 옛날부터 은허(殷墟)라고 불렸는데, 『좌전』이나 『사기』에도 은허라는 명칭이 나온다. 유적이 발견된 것은 20세기에 들어서인데, 조사 결과 수십 기의 지하 능묘와 엄청난 양의 갑골문이 출토되었다. 갑골문은 무정(武丁) 시기의 것이 분량도 많고 내용도 다채롭고 풍부한 편이다. 그 가운데 무정의 언질(言疾)에 대해 혀와 귀의 질병에 대해 점친 내용 등이 있는 것으로 보아 무정 임금에게 실제로 언어장애가 있었음을 알 수 있다. 실어 증세로 볼 때 무정에게 다발성뇌척수경화증(多發性腦脊髓硬化症)과 같은 질병이 있었던 것이 아닐까 추측한 사람도 있다. 이러한 언어장애는 주나라 초기에 이미 질병으로 알려져 있었던 듯하고, 주공이 정치적인 훈계를 기술해놓은 『서』 「무일(無逸)」 편에는 은나라의 역대 철왕(哲王),

곧 뛰어난 임금들의 사적에 대해 언급하면서 다음과 같이 기록되어 있다.

　고종의 경우에는 실로 오래도록 궁궐 밖에서 백성과 함께 수고하셨고, 임금의 지위에 나아가서는 양음(亮陰)에 있기를 3년이나 하면서 말하지 않았다. 이렇듯 보통 사람과 달리 말을 하지 않았으나 말을 하면 매우 평온했다.

　양음(亮陰)은 양암(諒闇)이나 그 밖에 다른 여러 가지 표현[21]으로 쓰였는데, 옛날부터 부친상에 복상한다는 의미로 쓰여왔다. 그러나 모든 왕이 양암을 행한 것이므로 고종에게만 유독 그런 표현을 썼다는 것은 매우 기이하게 여겨진다. 그래서 주자(朱子)는 자신의『논어』주석에서 "그 뜻이 자세하지 않다"며 해석을 유보하고 있다.『논어』의 '양암삼년(諒闇三年)' 조는 오늘날 「열명(兌命)」이라 부르는『서』의 한 편에서도 찾을 수 있는데, 이 경우『서』쪽이『논어』의 구절 등을 자료로 해서 후대에 위작한 것으로 보인다. 만일 공자가 자신의 삼년상의 근거를『서』

---

21)『논어』의 '양음(諒陰)',『예기』의 '양암(諒闇)',『사기』의 '양암(亮闇)',『상서』의 '양암(梁闇)',『한서』의 '양음(亮陰)' 등이 있다.

에서 찾았다면 아마도 「무일」편과 같은 문장에 의거했을 것이다. 그러나 그 문장은 갑골문을 자료로 추정해보면 복상에 대한 언급이 아니라 단지 고종이 언어장애였다는 사실을 말한 것에 지나지 않는다. 그 문장을 임금이 죽었을 때 3년 동안 총재(冢宰)에게 국정을 맡긴다고 해석한 것은 공자의 오해다. 그리고 이런 오해에 근거해 중대한 복상(服喪)의 규정이 만들어지고 주장되고, 유가가 주장한 예악설도 이로 인해 이루어진 것이 많지 않을까 하는 생각이 든다. 천자는 칠묘(七廟), 제후는 오묘(五廟)와 태묘(太廟)를 중심으로 그 앞에 소목(昭穆)의 묘를 좌우로 서로 각각 배차(排次)한다는 것도 유가의 중요한 주장이지만, 금문 자료에 근거해 고찰해보면 이것은 사실이 아니다. 사왕(嗣王)이 삼년상을 치른다는 사실도 마찬가지다. 서주 시대의 금문 가운데 기년명(紀年銘)을 지닌 것들 가운데는 특히 원년명(元年銘)의 것이 많고, 신하에 대한 친임식(親任式) 등이 행해지고 있다. 예를 들면 사유궤(師酉殷)에는 "왕의 원년 정월(正月)", 왕이 사유(師酉)에 장군직을 친히 임명한 책명(策命)이 기록되어 있다. 이른바 '양음삼년'이라는 것이 서주 시대에는 없었던 일이다.

이렇듯 고전에 대해서 자의적으로 해석했을 뿐만 아니

라, 자신들의 예설(禮說)을 위해 고전을 위작하는 일도 행했다. 예를 들면 천자는 칠묘(七廟), 제후는 오묘(五廟), 대부는 삼묘(三廟), 사(士)는 일묘(一廟)로 한다는 내용의 묘제설(廟制說)도 그렇다. 『서』의 「함유일덕(咸有一德)」 편에는 "아아! 천자의 칠묘에 언제까지 제사를 지내는가를 봄으로써 왕의 덕이 어떠했는가를 알 수 있다"는 구절이 있다. 「함유일덕」 편은 은나라의 이윤(伊尹)에게 가탁한 것으로 문장이 『서』 가운데 가장 새로운데, 그것의 원편(原篇)으로 추정되는 『예기』 「치의(緇衣)」 편에 인용된 「윤고(尹誥)」의 문장조차 모두 포함하지 않는다. 『논어』에는 "계씨가 자기 집 뜰에서 팔일무(八佾舞)를 행하니, 이런 짓을 차마 할 수 있다면 무엇인들 못하겠느냐?"(「팔일」)는, 계씨의 비례(非禮)에 대한 격렬한 비난의 언사가 실려 있다. 팔일(八佾)은 8열의 무악(舞樂)으로 본래 천자의 묘정(廟廷)에서나 행할 수 있는 것이었다. 노나라 임금은 주공의 후예이므로 특별히 팔일무를 행하여도 되었으나, 경(卿)의 신분인 계씨에게는 그러한 예가 허용될 수 없다는 것이다.

이상에서 보듯이 삼년상과 칠묘설의 경우만 보아도 고전인 『서』에 의거했다는 이들 유가의 주장이 실은 아무런 근거가 없다는 것을 알 수 있다. 유가가 주장하는 예설은 대부분 이와 같이 그들의 창작에 따른 것이다. 만일 계씨가 팔일무를 행한 일에 대해 공자가 논란한 것이 사실이라면, 공자 시대에 그와 같은 예설이 이미 성립되어 있었어야 한다. 왜냐 하면 '천자팔일(天子八佾)'·'제후육일(諸侯六佾)'과 같은 위계적인 예제(禮制)는 삼년상을 정점으로 한 복상 제도나 천자 칠묘설 등과 상호 관련을 맺으면서 예악의 체계를 형성했을 것이기 때문이다.

고전에 대한 위작은 그 후에도 계속 행해졌다. 예를 들면 『서』의 첫 번째 편인 「요전(堯典)」은 요(堯)·순(舜)과 같은 고대 성왕의 설화에 신화 등을 고쳐서 덧붙였던 것으로 의고체 문장도 새로운 것이라고 할 수 있다. 하지만 『맹자』「만장 상」편에 동일한 의고체로 순 임금의 설화를 기록한 예가 있는 것으로 보아 요·순의 이야기는 맹자 시대에 이르러 문헌화가 시도되었던 것 같다. 주지하는 바와 같이 홍수 설화에 등장하는 우(禹)를 고대의 성왕으로 삼고 자기 학설의 근거로 삼는 것이 묵가였다. 그래서 유가는 다시 우 임금보다 이전에 존재했던 고대 성왕 이야기를 만들어 묵가를 능가하려고 했던 것이다. 공자가 주공을 일컫고 묵가가 우 임금을 받들고, 그런 뒤에 유가가 다시 요·순을 만들었다. 도가는 더욱이 그 위에 황제 (黃帝)를 내세웠다. 이것이 이른바 가상설(加上說)[22]이라는 것인데, 그것은 또한 고대 사상이 전개되는 실상을 알 수 있게 해준 하나의 열쇠가 된다. 서주 시기에 성립된 것이 확실한 어떤 문헌에도 요·순이나 우 임금은 보이지 않는다. 우 임금은 춘추시대 중엽의 금문과 시편 등에 보이지만, 여전히 완전한 홍수신(洪水神) 신화 형태를 유지하고 있다.

삼년상이나 칠묘설과 팔일설 등 진짜 고전에는 언급되지도 않는 예악설을 유가는 왜 그렇게 떠들썩하게 논한 것일까. 그것은 그들이 이렇듯 눈앞에 존재하는 세계보다 마땅히 존재해야 할 세계의 질서를 생각하고 있었기 때문이 아닐까 하고 생각한다. 눈앞에 존재하는 세계를 묵수하는 것이 무사(巫史)의 학문이다. 그러나 앞으로 존재해야 할 세계는 이상을 지니는 세계가 아니면 안 되는 것이다. 현실의 혼란은 질서의 붕괴에서 비롯된다. 질서는 회복되지 않으면 안 된다. 질서의 창시자인 주공의 시

---

22) 자신의 이론이나 학파의 우월성을 주장하기 위해 후대에 다른 학파보다 앞선 시기의 성왕(聖王)을 만들어낸다는 설이다. 묵가가 우임금, 맹자가 속한 유가가 요·순 임금, 도가가 황제를 내세우는 식의 가상설이 성립된다.

대를, 아울러 주공이 창시한 예악을 재현하지 않으면 안된다. 그리하여 주공은 공자에게 지상의 명령자가 된 것이다. 공자에게 사문의 실현자가 되기를 명한 것이다. 공자는 늘 주공을 꿈에서 보았던 사람이다.

주공과의 확실한 관련이 있는 문헌으로는 『서』 중에서도 『주서(周書)』에 속한 몇 편이 있을 뿐이다. 주나라 초기에 『시』는 아직 성립해 있지 않았다. 공자가 주공을 이상으로 삼았다면 주나라 문헌에 대한 연구에서 출발했을 것인데, 문헌적으로 어떠한 연구가 행해졌던가는 분명치 않다. 『주서』에는 「고명(顧命)」 편과 같이 고대에서 군위(君位)의 즉위와 계체(繼體) 의례를 기록한 것, 당시의 정치 이념을 시정식(施政式)으로 가르쳐 타이르는 형태로 기술한 「대고(大誥)」, 「소고(召誥)」 편 등, 오고(五誥)와 그 밖의 기사가 있다. 그러나 『논어』에는 이들 문헌을 연구한 것 같은 흔적은 보이지 않는다. 이들 문헌은 같은 시대 자료인 금문에 대한 연구가 상당히 진척된 오늘날에도 아직 완전히 해독되지 않은 곳이 있을 만큼 난해하다. 아마도 좌사 의상(倚相)처럼 특정한 전승을 담당한 사관이 전했다고 볼 수 있다.

유가가 자신들의 주장을 주공의 이름에 가탁한 것은

주공의 이름을 빌려 권위를 세우려는 것으로, 주공의 시대에는 복상이나 묘제에 관한 예설이 아직 존재하지 않았다. 그러한 예제가 생겨난 시기라면 아마도 춘추시대 무렵이었을 것이다. 주 왕조는 멸망했으나 주나라 왕은 여전히 명목상의 종주권을 유지하고 있었다. 열국은 주나라의 종주권 아래서 정치 질서와 국가 간의 의례를 정돈할 필요가 있었다. 이른바 오등(五等)의 작제(爵制)에 의거해 열국의 궁중 석차(席次)를 정한다든가, 외교사절의 왕래에도 경(卿)·대부(大夫) 등의 신분 규정이 없는 경우에는 온갖 의례에도 지장이 발생한다. 이와 같은 계층의 질서는 내부적인 문제보다는 외적인 필요성에서 생겨난다. 현대 외교 의전 양식으로 미루어보아도 대체로 유추해낼 수 있다. 서주 시대의 금문에는 경·대부·사(士)와 같은 신분 계층을 생각할 수 있게 한 자료가 존재하지 않는다.

이런 점에서 본다면 유가의 주장은 당시에 실제로 존재했던 관행의 질서를, 고대의 성왕이 규정한 질서로 고정화하려는 데 목적이 있었다고 해야 할 것이다. 게다가 그러한 관행적 질서는 춘추 말기에 이르러 두드러지게 어지럽혀졌고, 예악도 계속 붕괴했다. 이것을 '본디 이상적 상태로 회복시키지 않으면 안 된다. 이것은 주공이 정한 예약으로 복귀하는 것과 같다'는 것이 유가의 생각이었다. 고전을 바로 그러한 목적에 이용하는 것을 탁고개제(託古改制)라고 한다. 공자의 입장은 바로 탁고개제였던 것이다. '탁고'란 과거에 규범을 두는 것이며, '개제'란 개혁이자 혁신이며 때로는 변혁이기도 한 것이다. 공자는 한편으로 주공의 열렬한 찬미자이자 복고주의자였으며, 다른 한편으로는 각지에서 등장한 반란자의 부름에 기꺼이 응하고자 했던 모반자이기도 했다. 다만 공자가 여느 모반자와 다른 점은 그는 언제나 이상주의의 깃발을 높다랗게 내걸었고 '주공으로 돌아가자'는 주장을 표방했다는 점이다. 이상과 현실의 거리가 어느 정도인가는 별문제가 아니었다. "만약 나를 등용해주는 사람이 있다면, 1년 안에 뭔가를 해내겠다"(「자로」)라든가, "만일 나를 써주는 이가 있다면 나는 그 나라를 장차 동쪽의 주나라로 만들 것이다"(「양화」)라고 공자는 목청을 높였지만, 그의 전 생애를 통해서 그 말이 실현된 적은 없었다. 제자인 자유(子游)가 읍재를 맡고 있는 무성(武城) 땅에 갔을 때 거리에서 들려오는 현가(絃歌) 소리를 듣고 공자는 멈춰 서서 즐거운 듯이 웃었다(「양화」). 공자에게는 그 소리가 주공이 창시한 예악의 유음(遺音)처럼 들려왔을 것이다. 공자가 꿈속에서 계속 들어왔던 것이 현실의 소리가 된 것은 다만 그때뿐이었는지도 모른다.

유교의 성립

공자가 무성의 길거리에서 들었다는 현가 소리는 아마도 옛날 시편으로 연주되던 아가(雅歌)였을 것이다. 만약 그것이 속곡(俗曲)의 일종이었다면 "정나라의 음란한 소리가 아악(雅樂)을 어지럽힌 것을 미워한다"(「양화」)던 공자가 빙그레 웃을 리 없기 때문이다. "『시』와 『서』 그리고 예를 집행하는 것"(「술이」)이 공자 문하에서 고전으로 삼은 교과목이었다.

『시』는 공자 시대에 지금처럼 305편이 그대로 전승되었다고 생각해도 좋을 것이다. 이를 전승한 이들은 악사였다. 공자는 주공을 예악의 창시자로 여기고 규범으로 삼았지만, 예악의 실제는 대부분 『시』의 학문에서 받아들였던 것으로 보인다. 악사에 대한 공자의 존경은 이상할 정도였다. 악사는 모두 소경이었다. 「위령공」 편의 끝

부분에 다음과 같은 대목이 있다.

　소경인 악사 면(冕)이 공자를 뵈러 와 계단에 이르자, 공자가 말씀하시기를 "계단이오"라고 하셨다. 자리에 이르자 공자께서 말씀하시기를 "자리요"라고 하셨으며, 모두 자리에 앉자 공자는 그에게 "아무개는 여기에 있고, 아무개는 여기에 있소"라고 알려주셨다. 악사 면이 물러갔다. 자장이 묻기를 "이렇게 하는 것이 악사와 더불어 말하는 방식입니까?"라고 했다. 공자는 말씀하시기를 "그렇다. 이것이 본래 악사를 돕는 방식이니라"고 하셨다.

　공자는 소경을 보면 상대방이 연하일지라도 반드시 일어나 예의를 표했다고 한다(「자한」). 무사(巫史)와 악사 가운데는 소경이 많았다. 그들은 가타리베로서 옛이야기나 옛날 성인들의 언행을 전했고, 악사로서 예악을 전승했다. 그들이 지녔던 전승은 당시 지식이 모두 모여드는 연수(淵藪)였다.

　서주 중엽 아마도 소왕(昭王)·목왕(穆王)[23] 무렵부터 묘

---

23) 주나라의 제4·5대 왕으로 기원전 10세기 후반에 통치하면서 주 왕조의 정치 의례, 특히 종묘(宗廟)의 예악 등을 정비했다.

가(廟歌)로서「주송(周頌)」의 오랜 부분이 생겨났고, 이어 후기에 접어들어서「소아(小雅)」와「대아(大雅)」의 시편이 많이 지어졌다.「국풍(國風)」의 여러 편도 비슷한 시기에 만들어졌던 것으로 보인다. 이들 시편은 왕실의 의례 때나 귀족의 향연 자리 등에서 각기 연주되었던 것인데, 춘추시대에 접어들자 관례적으로 갖가지 의식 때에 불려야 할 시편이 정해진다. 제후가 왕을 알현할 때, 제후끼리 회견할 때, 사향(賜饗)이나 향연 또는 사의(射儀)가 행해질 때 치러진 의례에 따라 연주되는 시가 고정되어갔다. 이런 경우를 입악(入樂)의 시라고 한다. 또한 향연 중에는 자유로이 시편을 골라 악인(樂人)에게 연주시킬 수 있었는데, 이런 경우를 무산악(無算樂)이라고 한다.『좌전』에는 무산악으로 연석에서 시를 읊었다는 이야기가 많이 기록되어 있다. 시에는 장편이 많기 때문에 참가자는 전체 작품 가운데 자기의 감정이나 의견을 표현하기에 가장 알맞은 부분만을 골라서 노래 부르게 했다. 이른바 단장부시(斷章賦詩)라는 것이다. 사람들은 그렇게 선택된 시의 장구(章句)를 듣고 그 사람이 어진지 아닌지를 논하기도 했다.『시』의 학문은 외교적인 장에서 필수 교양이 되었던 것이다.

공자가 『시』를 교과로 선택했던 목적에 대해서는 『논어』에 여러 가지로 설명해두었다.

　공자가 말씀하시기를, "시 300편을 다 암송하더라도 정사를 맡겼을 때 잘 처리하지 못하고, 다른 나라에 사신으로 가 혼자서 응대하지 못한다면, 비록 많이 암송한들 또한 무엇에다 쓰겠느냐?"고 하셨다.

「자로」

『시』를 배우는 것은 무엇보다도 우선 정사에 숙달되는 길이었다. 공자가 무성의 현가를 듣고 즐거워한 것도 그런 까닭에서였다. 또한 타국에 외교사절로 가서 충분히 응대할 수 있는 능력을 기르는 일도 『시』를 배우는 중요한 목적이었다. 그것은 단장부시 등을 통해 외교상의 성과를 거두는 데에 필요한 교양이 되었다. 공자가 아들인 백어(伯魚)에게 "『시』를 배우지 않으면 남과 말을 할 수 없느니라"(「계씨」)고 가르쳤던 것도 그런 뜻으로 보아야 할 것이다. 제자들에게 한 말로 다음과 같은 한 구절이 있다.

공자가 말씀하시기를 "얘들아! 어찌하여 시를 배우지 않느냐. 시는 순수한 감정을 흥기시키며, 사물을 이해할 수 있게 하며, 사람들과 어울리게 하며, 원망하되 성내지 않게 하며, 가까이로는 어버이를 섬기고 멀리 임금을 섬기며, 새와 짐승과 초목의 이름을 많이 알게 한다"고 하셨다.

「양화」

흥(興)이란 "시(詩)에서 흥기하며, 예(禮)에서 서며, 악(樂)에서 이룬다"(「태백」)고 할 때의 흥이다. 느낀다는 정도의 의미로, 마음이 열리는 것을 일컫는다. 마음이 열려야 비로소 남을 이해할 수 있다. 남을 이해한다는 것은 공동적인 행위의 기초다. 이와 같은 피아(彼我)의 이해 위에 성립한 세계에서만 감정을 호소하고 영탄할 수가 있다. 영탄은 '원(怨)', 곧 감정의 경사에서 발생한다는 것이 공자의 시에 대한 이해였다. 이와 같은 시에 대한 이해와 감정의 공감이야말로, 가정의 부모나 나라의 임금에게 봉사하는 인륜의 도리와 연결되는 것이다.

"새와 짐승과 초목의 이름을 많이 알게 한다"는 것은 박물학적인 지식을 즐겼던 당시 학문의 한 경향을 나타내준다. 공자가 박식함으로 칭송받은 일은 많은 설화로도 전해지지만 여기서 주의해야 할 것은 공자가 고전으로서 『시』를 "시(詩)에서 흥기한다", 곧 인간 성정(性情)의 자연스러움에 호소해서 서로 간의 이해를 확인하는 것으로 규정한다는 사실이다. 공자는 더욱 나아가 "『시』 300편을 한 마디로 요약한다면 '생각함에 비뚤어짐이 없는 것이다'"(「위정」)라면서 시의 본질을 순수한 감정의 세계로 제고시키고 있다. "생각함에 비뚤어짐이 없다〔思無邪〕"는 구절은 『시』의 「노송(魯頌)」에 보이는 표현으로, "여기에 비뚤어짐이 없다"고 읽어야 할 구절이지만, 공자는 '생각함에'라고 풀이해 이 구절을 사용한 듯하다.[24] 공자는 또한 음악을 구극의 것이라면서 모든 표상(表象)의 매개를 초월한 순수히 미적인 형상으로서 악장을 들고 있다. 옛 음악인 소(韶)를 듣고, "석 달 동안 고기 맛을 몰랐고"(「술이」), "소는 아름다움을 다하였고 또한 선을 다하였구나!"(「팔일」)고 평한다. 인간 형성의 최종 단계를 "음악에서 이룬다"고 말한 것은 미와 선이 결합된 최고의 형식을 거기서 찾아내기 때문이다. 그러나 이러한 시나 음악에 대한 이해가 아마도 악사가 전승한 데서 얻었던 것임

---

24) '사(思)'를 조사(助辭)로 보느냐, 실사(實辭)로 보느냐의 차이다.

은 의심할 여지가 없다. 다만 의미를 파악하는 데에 있어 공자가 도달한 이해는 아마도 악사의 전승을 초월했다고 할 수 있다. 공자는 모든 일에서 궁극적인 의미를 끝없이 추구한 이였다.

　유학의 성립을 촉진한 여러 가지 조건에 대해서 지금까지 대강의 줄거리를 고찰해봤다. 유는 본래 무축을 의미하는 말이었다. 그들은 고대의 주술 의례나 상장(喪葬) 따위의 일에 종사하는 밑바닥 계층의 사람들이었다. 공자는 아마도 그러한 계층에서 태어난 사람일 것이다. 그러나 무류의 호학자였던 공자는 의례의 본래적 의미를 탐구하면서 고전을 배웠다. 『시』와 『서』를 배우고 이것을 전승하는 사(史)나 사(師)에 나아가서 널리 식견을 구했다. 그리하여 무릇 선왕의 예악으로 전해지는 것을 거의 빠짐없이 익힐 수 있었다. 유학이 지닌 지식적 측면은 이로써 이미 준비를 마쳤다. 이를 현실 사회에 어떻게 적용해갈 것인가 하는 것은 다음 문제였다. 이 시대에는 이미 상당히 일반화되었지만, 공자도 제자를 거느렸다. 정치적으로 발언할 수 있는 입장이었고, 지식인 사회에 미친 영향력도 결코 미약하지 않았다. 그러나 그와 같은 종류의 교단은 당시에 반드시 없었다고 할 수 없거니와, 그것만으로는 진정한 의미의 군자다운 유라고 할 수 없었다.

　돌이켜보면 그러한 지식이나 덕목이나 교과는 각각의 직능자들의 전승으로 이미 존재했던 것이다. 문제는 그러한 의식 형태들을 어떻게 통일해서 전체적인 연관성을 부여하고 어떻게 구체화시켜서 유기적으로 기능케 하느냐, 요컨대 어떻게 전통으로 수립하느냐 하는 점에 있었다. 여기에 공자의 과제가 있었다.

　앞서 언급했듯이 맹자는 공자의 사업을 음악의 악장에 빗대어 설명한다.

　　집대성이란 종소리로 또렷이 시작했다가 경쇠의 옥(玉) 소리로 끝맺는 것이다. 종소리로 또렷이 시작한 것은 음악을 조리 있게 시작한 것이고, 경쇠의 옥 소리로 끝맺는 것은 조리 있게 끝맺는다는 것이다. 조리 있게 시작한 것은 지(智)의 작용이고, 조리 있게 끝맺는 것은 성(聖)의 힘이다.

　　　　　　　　　　　　　　　　　　　「만장 하」

　참으로 맹자다운 표현 방법이지만, 공자는 어떻게 '조

리 있게 끝맺었던' 것일까. '성(聖)의 힘'은 어떻게 성취되었을까.

공자가 어떤 식으로 문제를 심화시켜갔는가를 앞서 언급한『시』에 대한 이해를 따라서 되짚어보기로 하자. 교과목으로서『시』는 우선 수많은 새와 짐승과 초목의 이름을 알게 하는 박물학의 교본이었다. 또한 시는 '(그것으로써) 말하는' 것, 곧 표현을 위한 수사학이었다. 따라서 그것은 "다른 나라에 사신으로 가 혼자서 응대하는" 능력을 기르는 것이었다. 그러나 시편의 내용에 대한 이해는 그것을 통해 인간의 성정을 심화시켜가는 것이 되지 않으면 안 된다. 시는 "순수한 감정을 흥기시키며, 사물을 이해할 수 있게 하며, 사람들과 어울리게 하고, 원망하되 성내지 않게 하는"(「양화」) 것이며, 사회생활의 본연의 자세, 즉 인륜의 기본에 관련된 내용을 가르치는 것이다. 그것은 위정자로서도 필요한 교양이다. 그러나 시의 가르침은 여기서 끝나는 것이 아니다. 시는 사람을 생각함에 비뚤어짐이 없는 '사무사(思無邪)'라는 순수한 사유의 세계로 이끈다. 고대 성왕의 악장이 아름다움과 선을 다했던 것과 마찬가지로, 시도 그러한 극치의 세계로 통하는 것이다.

예악의 전통에 대해서도 공자가 무조건 예악의 전통을 받아들였던 것은 아니다.

"예절, 예절이라 이르는 것이 옥과 비단을 말하는 것이겠느냐? 음악, 음악이라 이르는 것이 종과 북을 이르는 것이겠느냐?"(「양화」)면서 예의 본질이 형식에 있지 않음을 주의시킨다. 예는 뜻을 존중한 것이다. "제사 지낼 때는 조상이 계신 것같이"(「팔일」) 하는 성실함이 없으면 안 되는 것이다. 3대 예제(禮制)의 추이 등은 세상의 변천에 따르는 것이기 때문에 손익이 많든 적든 있게 마련이다. 그러나 예의 형식은 될 수 있는 대로 남겨두지 않으면 안 된다. 자공이 매월 초하루에 지내는 곡삭(告朔)이라는 제사에 희생으로 양을 바치는 것을 그만두자고 제의했을 때, 공자는 "너는 양을 아끼느냐? 나는 예를 아낀다"(「팔일」)고 말한다. "예를 아낀다"는 것은 간신히 형식에 따라 전해지는 예의 정신을 잃어버리게 될 것을 두려워했기 때문이다.

예의 본질이 현재의 질서를 유지하려는 사회적인 합의에 있다면, 그러한 합의의 밑바탕에 있는 것은 인간의 덕성이 가능하게 하는 원동력인 인(仁)이 아니면 안 된다. 더욱이 인간은 예의 실천을 통해서 그러한 인에 도달할

수 있다. 『논어』에는 인을 언급한 대목이 많지만, 안연에
게 다음과 같이 답하는 공자의 말은 아마도 자신의 깊은
뜻을 드러낸 것이리라.

안연이 인에 대해 물으니, 공자께서 말씀하시기를 "자
기를 이겨 예로 돌아가는 것이 인이다. 단 하루라도 자
기를 이겨 예로 돌아간다면 온 천하가 인을 따르게 될
것이다. 인을 행하는 것은 자기에게서 말미암는 것이지,
어찌 남에게서 말미암겠는가?"라고 하셨다.

「안연」

인(仁)이란 말은 공자가 발명한 듯하다. 공자 이전의 용
례로는 『시』에 두 가지 예가 있을 뿐이다. 「정풍(鄭風)」의
「숙우전(叔于田)」 편에 "숙(叔)이 사냥을 나가니, 골목에 사
는 사람이 없도다. 어찌 사는 사람이 없으리오마는, 숙과
같이 진실로 아름답고 인하지 못하기 때문이니라"고 했
고, 「제풍(齊風)」의 「노령(盧令)」 편에 "사냥개의 방울이 딸
랑딸랑〔令令〕하니 그 사람 아름답고 인자〔仁〕하도다"라고
노래한다. 숙(叔)은 둘째라는 정도의 의미이고, 노(盧)는
사냥개, 영령(令令)은 방울 소리가 울려퍼지는 것이다. 사

냥을 노래한 시로, 여기서 인이란 사냥꾼 복장을 한 늠름한 젊은이의 듬직함을 일컫는 말이다.

인(仁)이 두 사람〔二人〕을 나타낸 회의 문자라는 것은 속설이다. 이 글자 모양은 사람이 깔개를 깔고 앉아 있는 모습에 지나지 않는다. 『시』「패풍(邶風)」「연연(燕燕)」편에 "중씨(仲氏)가 미더우니〔任〕, 그 마음 진실하고 깊도다"라고 사람을 칭찬하는 구절이 있다. 이 구절에서 '임(任)'이란 마음이 관대함을 가리키므로, 인의 본래 뜻도 임(任)과 같은 뜻인 듯하다. 임은 또한 물건을 짊어진다는 뜻을 나타내는 글자이며, 어느 쪽이나 가차(假借) 문자다. 수많은 덕목의 명칭을 사용한 서주 시대의 금문에서도 인(仁)이라는 글자는 아직 보이지 않는 글자다.

공자가 종래 그러한 의미로 쓰인 적이 없는 인(仁)이라는 글자를 최고 덕목의 명칭으로 삼은 것은, "인(仁)은 인(人)이다"(『맹자』「진심 하」)라고 하듯이 소리가 같아서 이를테면 전(全) 인간적인 존재 방식을 나타내기에 적합한 말이라 생각했기 때문일 것이다. 이렇게 함으로써 전통적인 것과 가치 있는 것과의 전체적인 통일을 성취하려 했다. 자기를 이겨 예로 돌아간 것이 인(仁)이라는 말은, 사회적인 합의로서 예의 전통을 자신의 주체적인 실천 속에서 확인한다는 의미로 생각된다. 인은 단순히 정서적인 것이 아니다. '동정심'과 같은 감정이 아니라 준엄한 실천에서 얻어진 것이다. 더욱이 실천은 행위규범으로서 예의 전통에 따른 것이어야 한다.

공자의 사상, 즉 유교 사상의 중심을 이루는 것은 인(仁)이라고 일컬어져왔다. 사실 『논어』에는 인을 논한 대목이 매우 많아서 대략 전체 400장 가운데 58장 정도에 이른다. 그 가운데 직접 공자의 말로 기술된 것이 55장에 달하지만, 공자 스스로 인을 규정한 경우는 한 곳도 없다. 인을 규정하는 일은 공자에게도 불가능했을 것이다. 어쩌면 규정하는 것이 한정하는 일과 다름없기 때문에 일부러 그것을 회피했을 것으로 여겨진다. "인이 어찌 멀리 있겠는가. 내가 인을 행하려고 하면 인은 (거기에) 이르는 것이다"(「술이」)라는 말은 쉬움을 말하고자 한 것이 아니라, 우선 인을 실천하려는 의지를 가지는 것이 선결조건임을 말한 것이다. "인을 행하는 데에는 스승에게도 양보하지 않는다", "목숨을 바쳐서 인을 이루는 일이 있다"(「위령공」)고 할 만큼 인은 엄숙한 것이었다.

공자의 고제 중에서 인으로 인정받았던 이는 안회뿐이었다. 앞에서 인의 의미에 대해 공자와 안회가 주고받은 대화에서 예를 찾은 것도 그 때문이다. 그러나 그것도 "안회는 마음가짐이 석 달 동안이나 인을 떠나지 않았다"(「옹야」)는 식의 한정된 것이었다. 인에는 잠시도 소홀할 수 없는 엄격한 실천이 요구된다. "사람과 인의 관계는 물과 불보다 더 간절하다. 물과 불을 쓰다가 죽은 사람은 보았으나, 인을 실천하다가 죽은 사람은 보지 못했다"(「위령공」).

그런데 이 정도로 중요한 문제에 대해 공자가 어떤 구체적 규정도 제시하지 않았던 까닭은 무엇일까. 추측하자면 유명한 하이쿠 시인인 마쓰오 바쇼(松尾芭蕉)[25]가 변치 않는 불역(不易)과 변화무쌍한 유행(流行)의 주체적인 통일의 장으로 "성심(誠心)을 책(責)한다"고 할 수밖에 없었듯이, 그러한 전통 수립의 장으로서 인을 생각해낸 것이다. 거기서는 온갖 행위나 존재가 모두 인의 매개자에 지나지 않는다. 매개자의 장으로서 존재한 것, 그것이 공자가 말한 인이 아니었을까 생각한다. 앞서 공자가 안회에게 한 대답 중에서 "단 하루라도 자기를 이겨 예로 돌아간다면, 온 천하가 인을 따르게 될 것이다"(「안연」)라고

---

25) 마쓰오 바쇼(松尾芭蕉, 1644~94)는 에도(江戶)시대 전기의 대표적인 하이쿠(俳句) 시인이다. 그는 불후의 명작인 『오쿠로 가는 작은 길(奧の細道)』에서 불역유행론(不易流行論)을 전개한 것으로 유명하다.

말하고 있는데, '하루'라고 특별히 한정지은 것은 역사적 시간으로서의 장을 가리키는 것이리라. 또한 "인을 행하는 것은 자기에서 말미암는 것이지, 어찌 남에게서 말미암겠는가?"라고 말한 것은 물론 행위 주체로서 자신을 가리킨다. 이 말이 아마도 공자가 인에 부여한 유일한 규정이 아닐까 생각한다. 만일 전통과 가치의 동시적 통일 또는 모든 것이 거기에 있다고 하는 장으로서, 그것이 다름 아닌 인이라면 참으로 탁월한 전통 수립의 방법이라고 말할 수 있겠다. 유교는 바로 여기서 성립한다. 유교가 공자의 인(仁)을 바탕으로 성립한다고 하는 것은 바로 이러한 의미다.

유교는 중국에서 고대적 의식 형태의 모든 것을 포함하고는 바로 그 위에서 성립했다. 전통은 과거의 모든 것을 감싸안고 새로운 역사의 가능성을 낳는 장이므로, 그것은 말하자면 수많은 통일 위에 성립된 것이다. 유의 원류로 추정되는 고대의 전승은 실로 잡다하다. 정신적 계보는 아마도 과거의 모든 민족 체험과 연결되어 있다고 할 수 있다. 공자는 여러 전승이 지닌 의미를 극한까지 추구하려고 했다. 시에서, 음악에서 또한 예에서 그러한 추구가 시도되었다는 것은 앞서 본 그대로다. 통일의 장으로서 인을 발견해낸 것이다. 과거의 모든 정신적 유산은 이 지점에서 규범적인 것까지 승화된다. 그런데도 공자는 모든 것을 전통의 창시자인 주공에게 되돌린다. 그리고 자기 자신을 "옛것을 조술할 뿐이지 창작하지 않는" 사람으로 규정한다. 공자는 전통의 가치 체계인 '문(文)'의 조술자로서 만족해한다. 그러나 실은 이러한 무(無)주체적인 주체의 자각 속에서야말로 창조의 비밀이 존재하는 것이다. 전통은 운동성을 지니지 않으면 안 된다. 운동은 원점으로 회귀함으로써 역사적인 가능성을 확인한다. 회귀와 창조의 끝없는 운동 위에 전통은 명맥을 이어가는 것이다. 유교는 이후 이천 몇백 년 이상에 걸쳐 이 나라의 전통을 형성해왔다. 그리고 몇 차례인가 새로운 자기 운동을 전개했는데, 그러한 운동 방식은 이미 공자에게 설정되었던 것이다. 공자가 불멸의 존재일 수 있는 것은 다름 아닌 그러한 전통의 수립자였기 때문이다.

제 3 장

공자의 자리

체제 밖의 인간

인간은 모두 주어진 조건 속에서 산다. 누구라도 주어진 조건을 넘어설 수는 없다. 그렇듯 주어진 조건을 만일 체제라고 부른다면 인간은 그러한 체제 속에서 살아가는 것이다. 체제에 순응해 살아감으로써 충족이 얻어진다면 인간은 행복할지도 모른다. 그러나 체제가 인간의 가능성을 억압하는 힘으로 작용할 때, 인간은 그러한 체제를 뛰어넘으려고 한다. 거기서 변혁을 추구하게 되는 것이다. 사상은 어떤 의미에서 변혁을 꾀하는 곳에서 생겨나는 것이므로, 변혁자는 반드시 사상가여야 하고 행위자여야 한다. 그러나 그러한 사상이나 행동이 체제 속에 있는 사람들에게 받아들여질 리 없다. 그래서 사상가는 흔히 반(反)체제자가 되며, 적어도 반체제자로 취급받는 것이다. 공자는 이러한 의미에서 반체제자였다. 공자가 그 자신의 생애 가운데 가장 중요한 시기를 망명과 표박(漂泊) 속에서 보냈던 것은 바로 그 때문이다. 공자는 그러한 의미에서 권외(圈外)의 인간이었다.

그러나 춘추시대 말엽에는 망명이 거의 일상사처럼 빈번하게 일어났다. 체제 내의 권력투쟁에서 패한 사람은 대개 타국으로 망명했기 때문이다. 이미 열국 간의 이해가 뒤얽혔던 당시에 나라 안의 권력투쟁은 나라 밖의 외부 세력과 결탁하여 이루어지는 경우가 많았다. 열국의 이해가 복잡하게 얽힌 국제 관계 속에서 소국은 끊임없이 외부의 힘에 의해 나라가 갈가리 찢길 위험을 안고 있었다. 노나라도 그러한 소국 가운데 하나였다. 양호의 반란 때에도 그가 택한 첫 번째 망명지가 노나라와 적대 관계인 제나라였던 점으로 미루어보아 제나라와 사전에 결탁했을 것으로 추정된다.

　다만 공자의 경우는 양호와 상당히 달랐다. 공자는 지배계급에 속하지 않았던 인물이다. 정치권력이나 지위를 바라고 한 행동이 아니었음은 공자가 시도한 개혁이 대부분 정치적인 배려를 하지 않았다는 사실에서도 잘 알 수 있다. 공자에게 변혁이란 무성에서 현가(絃歌) 듣기를 즐기는 일(「양화」)과 같은 이상주의자의 그것이었다. 그런 까닭에 공자는 자신이 처한 현실에서 패배하자 도의 문제와 인간 문제로 회귀한다. 원래 공자의 변혁 논리였던 "제나라가 한번 변하면 노나라에 이를 것이요, 노나라가 한번 변하면 선왕(先王)의 도에 이를 것이다"(「옹야」)라는 출발점이 도의 문제이자 전통 문제였기 때문이다.

그러나 현실에서 체제는 경색되었고 인간의 존엄성은 상실되어 있었다. 소국인 노나라의 정세는 끊임없이 불안한 상태였다. 진(晉)나라와 연대해 간신히 국제적 지위를 지탱해갈 뿐인 조국의 현실을 바라보면서, 공자는 조국을 구제해보려는 뜻을 품는다. 하지만 뜻을 이루지 못한 채 십수 년의 망명 생활 끝에 결국 계씨의 권력 아래 굴하고 만다. 나는 그와 같은 공자의 입장을 가능한 한 사회사적 관점에서 접근해가면서 다루어보고자 한다. 그를 위해 우선 당시의 일반적 상황부터 고찰하겠다.

공자가 활동할 당시 노나라는 "정권이 계씨의 손아귀에 있었던 것이 3대[1]에 걸쳤고, 노나라 임금이 실권하였던 것이 네 임금[2]에 이른다"(『좌전』 소공 25년)고 일컬어지듯이 계씨가 정권을 쥐고 있었는데, 그러한 상태는 반드시 노나라에만 국한된 일이 아니었다. 춘추 말기의 열국은 대체로 비슷한 상태로 이들 공족(公族) 가문이 권력을 독점해 전횡을 일삼았고, 대국인 진(晉)나라와 제나라의 경우는 이성(異姓) 신하가 권력을 휘두르다가 얼마 안 있어

---

1) 문자(文子)·무자(武子)·평자(平子) 등의 세 사람을 가리킨다.
2) 선공(宣公)·성공(成公)·양공(襄公)·소공(昭公)의 네 임금을 가리킨다.

나라가 분할되거나 군후(君侯)의 자리를 빼앗기고 말았던 것이다. 동성(同姓) 공족의 전제 아래 있던 여러 다른 나라에서도 내부적으로는 정권 쟁탈전이 벌어졌다. 임금은 정쟁의 와중에 이용당할 뿐이었다. 『춘추』에는 임금의 시해를 기록한 대목이 25건에 이르는데, 그 가운데 자식이 아버지를 죽인 경우가 6건이고, 나머지는 모두 신하에게 시해당한 것이다. 그런데 그 가운데는 채후(蔡侯)(『좌전』애공 4년)와 같이 도(盜)[3]에게 암살당한 경우도 있었다. 두말할 것도 없이 정치적인 암살이었다.

계씨의 전제정치에 대항해서 노나라 소공이 군권을 회복하고자 쿠데타를 일으켰지만 이내 실패해 제나라로 망명했다(소공 25년). 그러나 임금의 망명이라는 사태는 권력을 쥔 계씨의 입장에서도 바람직한 일이 아니었다. 계씨는 소공과 화해할 기회를 얻으려 했고, 노나라 안에서도 종종 임금을 복위시키려는 복벽(復辟) 운동이 일어나곤 했다. 그러나 그때마다 복벽을 추진했던 이들은 번번이 의문의 죽음을 당했다(소공 26년). 아마도 복벽을 반대했던 양호가 그들을 죽인 장본인이었을 것이다. 양호는 소공의 망명지였던 운 땅까지 가서 직접 공격을 가하는 일도

---

3) 채나라의 소후(昭侯)로 공손편(公孫翩)에게 암살당했다.

서습지 않았다(소공 28년). 계씨가 정권을 잡고 있었다고는 하지만 실상은 배후에 있는 양호가 실력자였다. 계평자(季平子)가 죽자 양호는 후계자인 계환자(季桓子)를 볼모로 잡아 맹약을 시키고는 자신의 전제 정권을 확립했다. 이른바 하극상(下剋上) 시대였다.

양호는 공자를 반체제자로 여겼기 때문에 일찍이 공자를 자기 휘하로 초빙하려 했다. 그가 사유(師儒)의 일면을 지닌 당대 개혁자의 한 사람으로, 훗날 오래도록 공자와 적대적인 관계에 있었던 인물이라는 점은 앞서 언급했다. 양호가 정치적으로 무언가 자신의 주장을 지녔던 인물이었다는 사실은 "양호가 정치를 하니 노나라가 전부 그를 따랐다"[4]는 『좌전』 정공(定公) 8년의 기술에서도 알 수 있다. 아마도 계씨의 전횡을 배제하려는 정치개혁이 노나라 백성들의 공감을 얻었던 것으로 보인다.

그러나 양호는 자신의 전횡에 한계를 느끼고 있었던 것 같다. 앞서 언급했듯이 3대와 네 임금에 걸쳐 이룩된 계씨의 세력은 쉽사리 타파하기 어려운 데가 있었을 것이다. 양호가 권력을 잡은 다음 해(정공 6년) 봄, 노나라는 정(鄭)나라로부터 사로잡은 포로를 진(晉)나라에 바치고

---

4) 원문은 "陽虎爲政 魯國服焉"이라고 되어 있다.

환심을 사기 위해 계환자를 파견했다. 이때 양호는 삼환의 한 사람인 맹의자(孟懿子)를 억지로 동행시켰다. 그것은 진나라 임금 부인과 미리 개인적인 교제를 맺어둠으로써 만일 훗날 노나라를 버리고 진나라로 망명하게 되면 중군사마(中軍司馬)의 직책으로 자신의 망명을 받아들이겠다는 약속을 받아내기 위함이었다. 후에 양호는 실각하고 노나라를 떠나 진나라에서 최후의 망명지를 구했다. 망명은 대체로 사전에 계획된 것이었다.

권력을 잡은 지 3년 후, 양호는 자신이 맹손씨(孟孫氏)의 지위를 대신하려다가 실패하자 노나라 임금의 보기(寶器)를 훔쳐 달아났다. 그것은 노공(魯公) 백금(伯禽)이 노나라에 봉해질 때 아버지인 주공에게서 받았다는 전세(傳世)의 보물이었다. 『춘추』 정공 8년에 "도(盜)가 보옥과 대궁을 훔치다"라고 기록된 것이 그것인데, 이 같은 정치적 망명자를 도(盜)라고 불렀던 것이다.

양호는 제나라로 달아나서 곧장 제후(齊侯)에게 청해 노나라에 보복성 토벌을 가하려고 했으나, 포숙(鮑叔)의 자손이자 제나라의 실력자인 포문자(鮑文子)의 반대로 실행하지 못했다. 당시 세족(世族) 세력을 대표한 이들이 양호의 이런 행동을 인정할 리 없었다. 이때 포문자는 양호에 대해 "부를 중시하고 인을 무시한다"고 비난했다. 이 말은 『맹자』 「등문공 상」 편에 양호의 말로 인용된 "부를 얻으려고 하면 인을 이루지 못한다"는 대목과 비슷하다. 그러나 맹자의 문장을 액면 그대로 믿는다면 인을 주장하는 것은 오히려 양호 쪽인 듯하다. 양호는 진(晋)나라에 가서 『주역』에 의거해 정나라와 벌일 전쟁의 길흉을 점치는데(정공 9년), 이것으로 미루어보아 그가 무사(巫史)의 학문에도 통달했음을 알 수 있다.

공자가 망명을 하지 않을 수 없게 된 사정도 양호의 경우와 비슷한 데가 있다. 계씨의 재(宰)였던 공산불요가 계씨의 사읍인 비 땅을 근거지로 모반을 꾀했을 때, 공자는 그의 초빙에 응하려 했지만 자로의 반대에 부딪쳤다. 아마도 반란은 실행되지 않았던 것 같으나 공자가 이에 가담하려는 태도를 보였던 것만은 사실이다. 공산불요는 한때 양호에게 협력했던 인물이다. 후에 자로가 계씨의 재(宰)가 되자 공자는 삼가의 사읍을 무장해제시키려는 대담한 정책을 자로에게 강행케 한다. 그런데 그 계책이 마지막 단계에서 실패로 돌아가고 그로 말미암아 계씨와 불화가 생기자, 공자는 기나긴 망명 길에 오른 것이다. 공자도 무사(巫史)의 학문에서 출발하여 인(仁)을 설파했다. 그의 학문의 연원과 행동거지는 양호와 거의 다를 바가 없었다. 양호가 공자에게 협력을 구했던 것도 공자가 자기와 같은 입장이라고 생각했기 때문일 것이다. 공자도 반체제 인사였던 것이다.

공자에 대한 그러한 인식이 공자와 가까운 시대에는 아마도 일반적이지 않았나 싶다. 예를 들면 『묵자』「비유」편에는 공자에 대해 반역자라고 하면서 다음과 같이 공격한다.

지금 공구(孔丘)는 깊이 생각하고 이리저리 헤아려서 결국은 도적을 돕고, 사려와 지혜를 다해서 결국은 사악한 행위를 하고, 아랫사람들에게 윗사람에 대한 반란을 부추기고, 신하를 사주해 임금을 시해토록 했다. 이는 현인의 행위라고 할 수 없다. 다른 나라에 가서 반란을 일으킨 도적과 한편이 된 것이니 이를 의로운 행위라고는 할 수 없다.

일족과 제자들은 공구의 모든 행동과 마음가짐을 보고 배웠다. 제자인 자공과 자로는 위(衛)나라 신하인 공회(孔悝)를 도와 위나라를 어지럽혔고, 양화는 제(齊)나라를 어지럽혔고, 필힐은 중모(中牟)에서 반란을 일으켰고, 칠조(漆雕)는 처형을 당했다. ……지금 공구의 행동이 이와 같다. 그러므로 제자와 후배인 유사(儒士)의 언행도 신용할 수가 없다.

여기서는 양화, 곧 양호를 공자의 문하 또는 유가의 일파에 속한 인물로 본다. '제(齊)나라'라는 것은 『공총자(孔叢子)』「힐묵(詰墨)」편에서 지적하듯이 노(魯)나라의 잘못일 것이다. 이 밖에도 「비유」편에는 공자를 공격한 대목이 많다. 예를 들면 「비유」편은 공자의 몰년(沒年)에 일어난 초나라 백공승(白公勝) 난의 원인이 공자가 초나라에 갔을 때 사주했기 때문이라고 주장한다. 또 『논어』의 "옛것을 조술할 뿐이지 창작하지 않는다"는 공자의 말을 인용하면서 제작은 오히려 군자가 해야 할 일이라고 주장하고, 활·갑옷·수레·배 등의 기원을 설명하기도 한다. 이처럼 여러 곳에 사실의 오해나 논지의 왜곡 등이 있는 것은 묵자 후학의 주장이 아닌가 추정된다. 그런데 공자를 정면으로 반역자 또는 반역을 사주한 인물로 취급한 묵자 일파의 주장에 대해서 유학의 정통으로 자임한 맹자가 이를 묵인할 리 없었다. 공자가 노나라의 『춘추』를 편찬해 대의명분을 바로잡았으며, "공자가 『춘추』를 지으니, 나라를 어지럽히는 신하와 부모를 거역한 자식이 두려워했다"(「등문공 하」)고 하면서 공자가 춘추학(春秋學)을 창시했다고 하는 맹자의 주장은 아마도 그 같은 묵자 일파의 공격을 분쇄하기 위해 맹자가 처음으로 했던 말인 듯하다. 『춘추』는 사관이 관장하는 것으로 공적인 기록이다. 사관이 그 기록을 위해 얼마나 치열한 사명감에 살았는가 하는 사실에 대해서도 이미 언급했다. 명분을 기록한 책으로 『춘추』를 공자와 결부시킨 것은 『맹자』에 이르러 처음 생긴 일이다. 그러나 어쨌든 맹자가 춘추학을 제창했던 배후에는 공자를 반역자로 공격한 일부 논자에 대비하려는 의도가 있었다는 점은 의심할 나위가 없다.

그러나 객관적으로 보면 공자가 아무리 고매한 이상으로 살았다 해도 공자가 걸었던 생애는 겉보기에 양호와 퍽 닮은 것이었다. 묵자 학파의 인식은 오히려 당시에 일반적인 것이었다고 보아야 한다. 뿐만 아니라 역사적으로 보면 공자도 당시 사회에서는 권외의 부류로 취급받던 망명자·외도(外盜)·무사(巫史)·백공(百工) 등, 때로는 '불평분자들(群不逞之徒)'(『좌전』 애공 10년)로 불리던 무리에 속한 인간이었다.

성인 공자를 '불평분자들'의 범주 안에 두려는 이러한

시도에 대해서는 공감하기 어렵다고 여기는 사람들이 많을 것이다. 나 역시 이러한 틀 안에 언제까지나 공자를 머물러 있게 할 생각은 없다. 공자가 인격으로서, 사상가로서, 특히 철인으로서 얼마나 위대했던가에 대해서는 이미 제1장과 2장에서 서술해왔던 그대로다. 그러나 그러한 위대함은 위대하다고 말하는 것만으로는 증명되지 않는다. 그러한 위대함이 어떻게 성취되었는지가 좀 더 본질적인 문제다. 십자가에 매달리거나 처형된 일조차 오히려 그러한 삶의 방식에 의미를 부여해줄 수도 있다. 정치범이나 사상범으로 취급되는 일 따위는 두말할 나위도 없다.

다만 철인은 끊임없이 그 삶의 방식이 문제가 되는 것이다. 특히 자기 시대의 체제 안에서의 삶의 방식이 문제가 되는 것이다. 아니 그가 살았던 시대뿐 아니라 어느 시대에나 역사적으로 그러한 물음이 끊임없이 제기되어온 것이다. 또한 그러한 물음을 던지는 것이 우리 자신의 과제이기도 하다.

불평분자의 무리

양호는 망명에 즈음해 『춘추』 정공 8년 조의 경문에 '도(盗)'라고 기록되었는데, 공자 역시 망명 기간에는 "선생을 죽이려던 자에게도 죄를 주지 않았다"고 취급되던 신분이었다. 당시의 용어로 말하자면 '외도(外盗)'(양공 21년)다. '도'는 당시의 눈에 띄는 사회적 사실이었다.

춘추시대 말기는 사회질서의 붕괴가 급속하게 진행되던 시기다. 내부적으로는 씨족제도의 이완 현상이 두드러졌다. 양호가 손쉽게 삼가를 제압했던 것도 삼가 내부의 반목, 더욱이 계손·숙손 등의 내부에 분열이 일어나 양호 쪽으로 가담한 이가 있었기 때문이다(정공 8년). 국내 항쟁에서 승리하기 위해서 외부의 세력과 손을 잡고 이를 끌어들인 경우도 있었다. 그리고 작은 나라일수록 그러한 경향이 두드러졌다. 오늘날 우리가 경험한 바를 미루어보면 2,000년 이전의 고대국가들의 실상도 쉽사리 이해할 수 있을 것이다.

당시 열국 내의 정세를 이해하기 위해 한 가지 예를 들어보자. 정나라는 지금의 하남(河南) 중앙부였는데, 당시의 중원 지역을 원으로 표시해보면 그 원 한가운데 위치한 나라다. 주변에 각각 강대국들이 버티고 있어서 외교에 가장 고심한 나라였는데, 남쪽 초나라의 침략에 대비해서 북쪽의 진나라를 섬겼다. 훗날 진나라가 패업을 성취하지만, 문공(文公)이 일찍이 왕자의 신분으로 망명해 와서 몸을 의탁했을 때 실례를 범했던 일로 인하여 문공이 즉위한 후로는 양국의 우호 관계가 단절되어버렸고, 할 수 없이 정백(鄭伯) 문공(文公, 기원전 672~628)은 남쪽 초나라와 화친 정책을 취했다. 그 결과 정나라 내부는 친진파(親晉派)와 친초파(親楚派)로 분열하고 만다.

정백(鄭伯)은 일찍이 세 부인에게서 다섯 공자(公子)를 얻었다. 그 가운데 셋은 독살되는 등 불행하게 죽었고, 하나는 일찍 죽었고, 유일하게 남은 자란(子蘭)은 진(晉)나라로 달아나 진나라 문공(文公)의 총애를 받고 있었다. 진나라 문공은 언젠가는 자란을 정나라로 보내 즉위케 함으로써 정나라를 자기 세력 아래 두고자 했다. 그런데 정백이 초나라와 우호 관계를 맺자 진(晉)나라는 진(秦)나라와 연합해 정나라의 도읍을 포위하고 마침내 자란을 태자로 정한다는 확약을 받은 후에야 군대를 철수시켰다(희공 30년).

이보다 앞서 정백의 세자였던 자화(子華)는 제나라와 결탁해 자신의 지위를 확보하려고 계책을 썼다가 실패하고 살해되었다(희공 16년). 그의 동생 자장(子臧)도 신변의 위험을 느껴 이웃한 송나라로 달아났다(희공 24년). 자장의 생모가 진(陳)나라 사람이었으니 만일 어머니의 고국에서 원조를 받고자 했다면 진나라로 달아나야 마땅할 것이다. 하지만 당시 진나라는 초나라의 동맹국이었고 정나라도 초나라와 우호 관계를 맺고 있었다. 가까운 주변 나라에는 달리 안전한 곳이 없었다. 송나라는 이때 초나라와 대립 관계였다. 이렇듯 왕자들이 망명한 배후에는 각각 외부 세력과 결탁한 국내의 옹립 세력이 있었음이 분명하다.

자장은 송나라에 있으면서 수많은 휼관(鷸冠)[5]을 모았다고 한다. 휼관이란 앞쪽을 둥글게 하고 긴 깃털을 장식으로 세운 관으로 일명 환관(圜冠)이라고도 했다. 『좌전』 희공 24년에 따르면, 정백이 그러한 자장의 행위를 탐탁지 않게 여겨 도(盜)에게 명해 그를 살해했다고 한다. "8월에 도(盜)가 진(陳)나라와 송나라의 국경 근처에서 그를 죽였다"고 기록되어 있다.

『좌전』에서는 이 사건에 대해 복장이 바르지 않으면 화를 부르게 된다면서 시구를 인용했고, "자장의 옷차림은

---

5) 물총새 깃털로 꾸민 관을 말한다.

참으로 어울리지 않았다"는 군자의 평을 실었다. 복장이 화려했기 때문에 망명 기간에 근신하지 않았다고 하여 암살되었다는 것이다. 그러나 그의 죽음이 과연 단순히 복장 때문이었을까 하는 문제는 여전히 남아 있다.

이 사건 직후에 송나라는 초나라와 국교를 회복하고 화친 관계를 맺었다. 송나라의 성공(成公)은 초나라를 방문하고 또다시 정나라도 방문했다. 송나라는 은 왕조의 후손이므로 정나라에서 선왕의 예로 이를 대우했다. 이러한 일련의 사실들이 자장의 암살과 관련이 있음은 분명하다. 요컨대 정나라의 현 정권에 반대하는 망명자를 제거한 것이 송나라가 초나라 그리고 정나라와 화친을 맺기 위해 필요한 전제 조건이었던 것이다. "도(盜)가 진나라와 송나라의 국경 근처에서 그를 죽였다"고 한 것은 아마도 송나라가 자장을 유인해내서 죽였다는 말인 듯하다. 어쩌면 위험을 느낀 자장이 어머니 나라인 진나라로 달아나려다가 살해된 것인지도 모른다. 어느 쪽이든 자장의 죽음은 당시 국제정치의 희생물이었다.

그러나 자장의 죽음에 대해서는 여전히 휼관의 문제가 남아 있다. 자장이 휼관을 모은다는 소문을 듣고 정백이 암살을 명령했다면, 휼관을 모은다는 행위가 정백에게 위험한 일로 인식되었다는 이야기가 된다.

『장자』「전자방(田子方)」편에 "유자(儒者)로서 환관을 쓴 이는 천문과 역수(曆數)에 밝다"는 말이 있다. 또「천지」편에 "흰 사슴가죽으로 된 관과 비췻빛 물총새 깃털로 장식한 관(피변휼관〔皮弁鷸冠〕)"이라는 말이 있으며, 『설문해자』권4상 휼(鷸) 자 조에는 "『예기』에 이르기를 '천문 현상을 아는 이는 휼관을 쓴다'고 했다"는 글이 인용된다. 휼(鷸)은 하늘에서 비가 내릴지를 잘 아는 새라고 한다. 지금의 물총새를 일컫는 말이다.

유자가 유관(儒冠)이니 유복(儒服)이니 하면서 즐겨 특이한 복장을 했던 것은 후세에도 두드러진 사실인데, 유관은 환관(圜冠) 곧 휼관을 가리킨다. 춘추 중기 무렵이므로 당시에 유자가 있었을 리는 만무하고, 만약 이 같은 휼관을 쓴 자가 있었다면 아마도 무축의 무리였을 것이다. 송나라는 은나라의 후예이고 진(陳)나라는 무풍(巫風)이 성행했던 곳으로 무축들이 많이 있었다. 『시』의 「진풍(陳風)」은 대부분이 가원(歌垣)[6]에서 불렸던 노래로, 「완구(宛丘)」편에서는[7] 여름겨울 할 것 없이 백로 깃을 꽂고 춤췄

---

6) 옛날 남녀가 한데 모여서 시를 읊고 춤추며 즐기는 행사를 가리킨다.
7) 완구(宛丘)는 본디 사방이 높고 가운데가 움푹 들어간 언덕인데, 뒤에는 지명으로 쓰였다. 그런데 완구에 이르는 곳은 모두가 가무(歌舞)의 장소였다고 한다.

다는 내용이 불려지고 있다. 남아 있는 휼관의 풍습은 잘 알 수가 없으나, 지금도 공자묘에 지내는 제사에서는 환관에 긴 깃털을 세우고 군무(群舞)를 행한다. 어쩌면 휼관의 유풍일지도 모른다.

자장이 망명지에 있으면서 휼관을 모았다는 것은 어쩌면 이들 무축의 무리를 모아서 세력의 결집을 꾀했던 것일 수도 있다. 이 같은 고대의 제사 집단은 의외로 강고한 조직을 지니고 있었다. 만약 그러한 조직력이 자장에게 이용되었다면 사태는 간단치 않았을 것이다. 정백은 그러한 사태를 미연에 방지하기 위해 송나라를 압박했을 것이고, 송나라도 초나라·정나라와 화해하는 수단으로 자장을 암살했을 것이다. 사후에 책임을 회피하기 위해 암살은 도(盜)에게 맡겼을 것이다.

정나라의 후계자 문제를 둘러싸고 열국은 각자의 이해 관계에 따라 다양한 움직임을 보였으며 사태는 천파만파를 일으켰다. 망명자 쪽에서는 휼관의 무리를 모음으로써 무축 세력을 이용하려 했고, 이를 저지하는 쪽에서는 도(盜)를 이용했다. 휼관 무리는 어쩌면 훗날 유(儒)의 조형(祖型)을 이루었는지도 모른다. 공자의 교단이 성립된 것은 이보다 150년 정도 뒤의 일이다.

이 사건에서 도(盜)의 이름은 기록되어 있지 않다. 노나라의 보기를 훔친 양호처럼 이름이 분명해도 공식적으로 그것을 기록하지 않는 것이 당시의 관례였다. 대부 이하의 경우도 마찬가지였다. 그냥 도(盜)라고 하면 대개 외도(外盜)를 가리킨다. 본향(本鄕)을 떠난 망명자나 도망자를 가리킨 경우가 많았다. 망명 중이라고는 하지만 일정 정도 세력을 거느리고서 왕자를 암살할 정도였으니, 그들 역시 상당한 세력을 지녔다고 보아야 할 것이다. 이렇다 할 목적도 없이 물건이나 훔치는 따위의 도둑 무리는 분명히 아니다. 당시의 사회 실정은 오히려 그들을 통해 특징적인 일면을 드러낸다. 다시 정나라의 도(盜)의 예를 들어보자. 이미 공자 시대에 접어들고 나서의 일이다.

『춘추』 경문 양공 10년(기원전 532)에 "겨울에 도(盜)가 정나라의 공자 비(騑)·공자 발(發)·공손 첩(輒)을 죽였다"는 기사가 있다. 정나라에서 일어난 사건이지만 집정(執政)을 암살한 사건이라 노나라에도 정식으로 통보되어 국사(國史)에 기재되었다. 국제적인 중대 사건으로 취급되었던 것이다. 살해된 두 공자는 정나라의 칠목(七穆)이라 불렸던 목공(穆公)의 공자들 가운데 유력자였는데, 공자 발은 훗날 명재상으로 이름을 떨친 자산(子産)의 아버지였다.

사건은 공자 비가 자신의 영지를 넓히기 위해 후씨(侯氏)·도씨(堵氏) 등 다섯 씨족의 경지를 강제로 몰수한 일에서 비롯되었다. 토지 수탈에 분노한 다섯 씨족 사람들이 '불평분자들'(양공 10년)을 모아 당시 재상이던 공자 비, (군대를 통솔하는) 사마(司馬) 벼슬의 공자 발, (토목 건설을 담당하는) 사공(司空) 직책의 공손 첩을 습격해 죽였던 것이다. 이 일로 정나라의 집정부가 붕괴되었고, 정백도 일시 구금되는 사태가 벌어졌다. 이때 자산은 변란 소식을 듣고 기민하게 행동함으로써 반란을 진압했다. 진압에 동원된 병력은 병거(兵車) 17승(乘)으로 대략 1,300명 정도였고, 이들이 군도(群盜)를 섬멸했다. 주모자 후씨는 진(晉)나라로, 도씨 등은 남은 무리와 함께 송나라로 달아났다. 『좌전』 양공 10년 조에는 "경문(經文)에 도(盜)라고 쓴 것은 도적의 무리 가운데 대부(大夫)가 없다는 뜻이다"라고 되어 있다. 반란자를 도(盜)라고 불렀던 것이다.

이 사건이 있은 지 5년 뒤(양공 15년)에 아버지가 피살된 정나라 자산의 요청으로 송나라로 달아난 망명자들이 정나라에 인도되었다. 정나라는 망명자들을 인도해준 대가로 전차 40승과 말 160필 등을 송나라에 주었다. 망명자들은 송나라에서 5년 동안 유유히 살고 있었다. 망명이 그다지 어렵지는 않았던 듯하나 정치적인 흥정거리가 될 가능성은 얼마든지 있었다. 정나라에 인도된 주모자 세 명은 곧장 소금에 절이는 염장을 당했다.

노나라에도 도(盜)라고 불리는 망명자가 많았다. 『논어』에 "계강자(季康子)가 도둑 떼를 근심하여 공자에게 물었다"로 시작하는 대화가 있다. 공자는 이에 "진실로 그대부터 탐욕을 부리지 않는다면 비록 상을 준다 해도 도둑질하지 않을 것이외다"(「안연」)라고 대답한다. "진실로 그대부터 탐욕을 부리지 않는다면"이라는 공자의 말투로 미루어보아 당시의 정치가들 가운데 남몰래 군도(群盜)를 이용하는 이들이 있었던 듯하다.

계강자의 윗대에 계무자(季武子)라는 이가 있었는데, 공자가 어릴 때 노나라의 집정이었다. 그 무렵 주(邾)나라에서 온 망명자가 있었는데, 무자는 그를 보호해주었을 뿐만 아니라 친족 여인을 그에게 시집보내는 등의 예우를 해주었다. 무언가 정치적으로 이용할 속셈이 있었던 것이다. 당시 노나라에는 도(盜)가 많아 계씨가 (법 집행을 맡은) 사구(司寇) 장무중(臧武仲)에게 그들을 소탕할 것을 명했으나, 장무중은 "나리가 타국에서 온 외도(外盜)를 그렇듯 극진히 예우하니 나쁜 선례가 되었습니다"(양공 21년)라고 대답했다. 공자와 계강자의 문답도 같은 의미로 볼 수 있으므로, 여전히 외도(外盜)를 우대하는 일이 성행했던 것 같다. 당시에는 어느 나라에나 도(盜)가 많았고 진(晉)나라에서는 도적이 공공연히 횡행했기 때문에 외국사절의 거관(居館)조차 경비가 쉽지 않은 상황이었다고 한다(양공 21년). 그와 같은 무리 3,000명을 이끌고 천하를 횡행했다는 도척(盜跖)은 전설적인 인물인데, 노나라의 뛰어난 대부였던 유하혜(柳下惠)의 동생이었다고 한다. 공자가 살았던 시대를 이해하는 데 모두 중요한 사실을 알려주는 인물들이다.

이상의 여러 예를 통해서 도(盜)가 대부분 반란자이거나 망명자이며, 더욱이 상당한 조직과 행동력을 갖춘 집단이었음을 이해할 수 있을 것이다. 게다가 그들은 망명지에서 위아래로 폭넓게 교제했으니 정나라 오족(五族)의 잔당은 정나라에서 집정부를 전복한 대사건을 일으켰는데도 송나라에 망명해서 5년이나 아무 일 없이 지냈다. 정나라에서의 인도 요청이 없었다면 집단으로 이주해 사는 것과 다를 바 없는 상태였다.

이러한 일들을 생각하면 공자가 무리를 이끌고 14년에 걸친 망명 생활을 영위했다는 사실도 비슷한 사례라고 할 수 있겠다. 송나라에서 포위당했던 것은 위나라 후계 문제와 관련이 있었던 것 같고, 진(陳)나라와 채나라의 국경에서 겪었던 재난도 무언가 배후에 숨은 사정이 있었을지도 모른다. 흉관의 무리를 거느리지 않았다 하더라도 공자 교단은 원래 무축 집단에서 발전한 것이라 할 수 있다. 도처에서 예(禮)의 실수(實修)를 행했다는 사실은 공자 교단의 원질(原質)을 보여준다. 또한 망명 기간에 진(晉)나라 필힐의 반란에 호응하려 했고, 초나라 백공승(白公勝)의 난에 이를 사주한 일이 있다면 정치 활동도 꾀했다고 볼 수 있다.

『설문해자』권8하를 보면 도(盜)는 선(羨)의 아랫부분을 포함해 '탐내어 부러워한다〔貪羨〕'는 뜻을 가진 글자라고 설명되어 있다. 그릇 속의 물건을 탐내어 부러워하고 훔치는 행위를 도라 하지만, 이상에서 든 예들만 보아도 그릇 속의 물건을 탐내는 좀도둑의 부류는 아닌 것이다. 조간자(趙簡子)는 양호가 제나라로 갔다가 다시 진(晉)나라로 달아났을 때 그를 받아들였는데, 양호에 대해 "양호는 남의 나라 정권을 잘 빼앗는다"(『한비자』「외저설 좌하」)고 평한다. 당시의 도(盜)의 실체를 잘 나타내는 말이라 할 수 있다. 진(秦)나라 진공박(秦公鎛)의 명문에도 도(盜)라는 글자 모양이 보이는데, 수(水)의 모양 둘과 사람이 입을 벌린 모양인 흠(欠)을 그릇 명(皿) 위에 더하고 있다. 명(皿)은 맹세할 때 쓰는 그릇으로 고대에는 이것을 이용해 피를 마시고 맹세했던 것이다. 거기에다 물을 탄 상태나 모멸적인 상태를 나타내는 흠(欠)을 덧붙인 것은 맹세를 더럽히고 파기한 주저(呪詛) 행위를 뜻하는 것이다.

『좌전』에는 맹세에 관련된 내용이 대단히 많다. 도(盜)는 맹세의 파기자이며, 맹세로 성립된 공동체로부터 이탈한 자이기도 하다. 이와 같은 이탈이 빈번하게 행해진 것은 당시의 귀족사회가 이미 붕괴 직전의 상태였음을 보여주는 가장 단적인 징조라 할 수 있다.

도(盜)가 반드시 춘추시대에 발생하기 시작된 것은 아니다. 주(周)나라 무왕이 은나라 주(紂)왕을 토벌할 때 발한 선언문으로 일컬어지는『서』「태서(泰誓)」편은, 무왕이 주왕을 토벌한 까닭 가운데 하나를 주(紂)왕이 자신의 종족을 내치고 사방의 망명자를 거두어들여 그들을 기용한 점을 든다. 서주 후기의 시편인 「소아」와 「대아」에는 당시에 지어진 사회 시(社會詩) 또는 정치 시(政治詩)라고 할 만한 작품이 많다. 「소아」의 「교언(巧言)」편에 당대 정치

혼란의 원인이 다름 아닌 도(盜)의 정치 참여에 있었음을
다음과 같이 노래한다.

임금님이 맹약을 자주 바꾸시니 어지러움이 그래서 더
해지며,
임금님이 도(盜)를 믿으니 어지러움이 그래서 더 심해
지며
도(盜)의 말은 매우 달콤하여 어지러움이 그래서 늘어
만 가네.

족외의 망명자, 이른바 이객(異客)은 씨족적 형태를 취
한 당시의 귀족사회에 출현하여 도(盜)라고 불렸다. 혈연
공동체로서 강한 전통을 지닌 귀족사회에 이미 해체 현
상이 일어난 것이다. 대토지 소유의 진행, 영읍(領邑)의
확대와 확산 때문에 공동체의 실질이 사라져버리고 군
소 씨족이나 고대 형태의 씨족 소국은 잇달아 멸망했다.
정나라 오족(五族) 따위도 바로 그런 예다. 본향을 벗어나
씨족의 유대를 잃어버리고, 종래의 질서에서 탈락한 자
들이 외도(外盜)가 되고 '불평분자의 무리'가 되었다. 이들
은 사회불안의 주요한 원인을 이루게 되었다.

새로운 사회적 계급으로서 공상(工商)의 무리가 나타난 것도 주목할 만한 일이다. 사물의 제작이나 특정한 물품의 생산을 고대에는 주로 직능적 씨족이 행했고, 그들은 대개 왕실·제후·귀족에게 집단으로 예속되어 있었다. 『주례』에 전하는 고대의 관제 가운데는 토방씨(土方氏: 토목)·야씨(冶氏)와 단씨(段氏: 금속 세공인)·종씨(鍾氏: 염색)와 같이 씨(氏)라는 이름으로 불린 자가 많다. 그들은 고대 일본의 시나베(品部)[8]처럼 의제적(擬制的)이기는 하나 여전히 씨족 형태를 취하며 직능적이었다. 또한 「고공기(考工記)」에 보이는 병기나 용기의 제작자들은 시인(矢人)·함인(函人)과 같이 대체로 인(人)이라고 불렀다. 이들도 아마 제작자의 집단이었을 것이다.

서주의 멸망으로 왕실에 속한 백공(百工)들은 유력 귀족에게 의탁하거나 자립해 자유로운 경제활동을 꾸려나갔다. 열국이 폐쇄 상태에서 벗어나 국제 규모의 활동이 이루어지자 수요의 증대, 특히 전쟁 규모의 확대 등으로 사회적 지위도 높아져갔다. 아울러 특정한 생산물을 독점한 직능자 집단의 부강함은 세족 세력을 압도하는 경우까지 나타나게 되었다. 제나라 환공의 패업을 도왔고,

---

8) 고대 일본에서 645년 대화개신(大化改新) 이전의 부민제(部民制) 계보를 잇는 율령제(律令制) 아래서 존재했던 생산자 조직을 가리킨다.

'관포지교(管鮑之交)'로 알려진 포숙(鮑叔)은 아마도 『주례』에 보이는 포인(鮑人), 곧 피혁업자였던 것으로 추정된다. 춘추 중엽에 그 자손 숙이(叔夷)가 만든 대종(大鐘) 숙이박(叔夷鎛)에서 포(鮑)는 도(陶) 자 아래 혁(革) 자를 덧붙인 글자로 씌어져 있다. 명(銘)에 따르면 포자(鮑子)는 제후(齊侯)에게서 299곳의 읍과, 그 땅의 민인(民人)과 도비(都鄙)[9]까지 하사받았다는 사실이 기록되어 있다. 아마도 백공(百工) 출신의 세족이었던 것으로 보인다.

또한 사인(士人)으로서 상업상의 이익을 추구하는 자도 나타났다. 강남(江南)의 오(吳)나라와 월(越)나라의 패권 다툼에서 월나라 쪽의 모장(謀將)이었던 범려(范蠡)는 오나라를 멸망시킨 뒤, 바다를 통해서 북방의 제나라로 망명했다. 공을 이루고 나서 자신은 물러난다는 현자의 도를 실천했던 것이다. 훗날 도(陶) 땅에서 교역을 통해 거둔 엄청난 이익으로 거부가 된 도주공(陶朱公)이 바로 범려의 후신이었다. 공자 문하에도 자공(子貢)과 같이 투기에 뛰어난 인물이 있었다(「선진」). 사농공상(士農工商)의 구별은 있었지만 이미 절대적으로 구분되는 신분이 아니었다.

국가가 성립되는 단계부터 상공인(商工人)과 협력하는

9) 왕의 자제와 공경(公卿), 대부(大夫)의 식읍을 말한다.

특이한 형태도 있었다. 앞서도 망명자와 관련된 사례로 들었던 정나라는 상공업이 성행한 나라였다. 정나라는 옛날에 은 왕조가 잠시 도읍을 두었던 지역으로, 정주(鄭州) 지역의 당시와 관련된 유지(遺址)에서는 초기 청동기가 제작되었던 공방(工房)의 흔적이 많이 발견된다. 은나라가 멸망한 뒤 기술자나 장인들은 한때 섬서(陝西)의 왕기(王畿) 지역으로 옮겨졌으나, 주나라가 동천할 때 주나라 왕족인 환공(桓公)이 정인(鄭人)들을 이끌고 와서 다시 이곳에 나라를 세웠다. 그것은 환공이 섬서의 정인(鄭人)들을 잘 다스려 대단한 인망을 얻고 있었기 때문이다. 정나라를 건국할 때 환공은 정인들과 상호계약을 맺고, 정인이 정치에 참여하지 않겠다는 조건으로 경제활동의 자유를 인정했다(『좌전』 소공 16년). 말하자면 일종의 계약 국가라 할 수 있는 형태다.

경제활동의 자유를 얻은 정나라 상인들은 국제적으로 진출해서 강대한 경제력을 지니게 되었다. 정나라 상인 현고(弦高)가 대상(隊商)을 이끌고 도읍인 낙양(洛陽)으로 가는 도중에 정나라를 기습하려고 진군하던 진(秦)나라 군대와 만났다. 현고가 진(秦)나라의 밀모(密謀)를 알아차리고는 이미 그러한 작전을 정나라가 예상했다는 듯이 행동하면서 선물을 주어 진나라 군대를 퇴각시켰다(희공 33년). 또한 같은 정나라 상인이 초나라에 잡혀 있는 진(晉)나라 대신들을 몰래 도망시켰다는 이야기(성공 3년) 등도 있다. 이 상인의 이름은 전해지지 않지만 춘추 중엽에 그들의 활동이 이미 국제정치 무대에서 실력을 나타내고 있었다.

왕실이나 귀족에게 예속된 제작자들, 곧 백공(百工)은 고대의 관행에 따라 오랫동안 정치의 바깥 영역에 있었다. 하지만 그들이 사회적 계층으로서 지위를 획득하자 그들의 집단성은 무시할 수 없는 힘을 발휘한다. 공자가 서른세 살이 되던 해인 소공 22년, 주(周)나라에서는 왕자 조(朝)의 난이 일어났다. 이것은 왕위 계승을 다투던 왕자 조가 "옛날 관인(官人)과 백공(百工)으로 직록(職祿)을 잃은 자", 곧 왕실의 보호를 잃은 백공이나 그 밖의 불평분자들을 규합해서 반대파를 일소하기 위해 일으킨 쿠데타였다. 백공들에게서 지지를 받은 왕자 조의 난은 그 뒤 수년 동안 계속되었으나 왕자 조는 결국 패배하고 초나라로 망명했다.

공상(工商)은 이미 국가 생활의 주요한 부분을 차지하고 있었다. 국가로서도 그들의 입장을 고려해 정책을 펼

칠 필요가 있었다. 노나라의 양호가 망명한 정공 8년, 위(衛)나라에서는 위후(衛侯)가 진(晉)나라와 맹약에 임해 모욕을 당하고 퇴위를 선언한 소동이 벌어졌다. 사실은 진나라에서 인질로 진(晉)으로 들어오라는 요구를 피하기 위해서였다. 위나라 현인으로 일컬어졌던 왕손가(王孫賈)는 이때 온 나라가 일치단결해서 진나라에 항쟁할 것을 주장하면서, "만일 위나라에 국난이 일어나면 공장(工匠)이나 상인(商人)들도 반드시 근심하지 않을 수 없게 된다"(정공 8년)고 지적했다. 씨족적 고대의 신분제도 따위는 이미 질서의 원리로 작동할 수 없게 된 것이다.

춘추 말기, 공자 시대의 중국 사회는 고대적인 유제가 급속히 붕괴되어가는 격렬한 변동의 시대이자 변혁의 시대이기도 했다. 우리는 이미 도(盜)의 계보를 통해 씨족제가 해체되어가는 과정을 보았다. 종래에는 사회적 계층으로 거의 표면에 나타나는 법이 없었던 무축의 무리나 백공 집단이 집단성에 의거해 각각 무시하기 힘든 세력을 보여주기 시작했다는 사실에도 주목했다. 유교는 아마도 그와 같은 무축 집단을 모태로 생겨났을 것이다. 또한 뒤에서 다루겠지만 백공 집단으로부터 묵자 사상이 형성되어갔다고 생각된다. 모든 사상은 사회적 계층의 이념으로 생겨나는 것이다.

본디부터 사상의 형성은 이미 하나의 변혁이다. 유가가 무축 사회에서 생겨났다 하더라도 전통을 지키는 한 새로운 사상은 태어나지 않는다. 거기에는 전통의 변혁이 필요했다. 말하자면 탈피가 요청되었던 것이다. 그리하여 그 같은 탈피는 '불평분자들'이 발생하는 사회에서 이루어졌다. 그 시대가 가진 모든 조건이 전통의 껍질을 깼고, 내부의 인자로 작용했다. 이미 공자 시대에 유가는 "공자의 문하에는 어찌 그리도 다양한 사람들이 있는가?"(『순자』「법행〔法行〕」)라는 비판을 받고 있었다.

확실히 공자 문하에는 다양한 인물들이 있었다. 특히 공자와 기거를 함께했던 제자 가운데는 이른바 '불평분자의 무리'에 속하는 이들이 많다. 아마도 묵자 집단에서도 그러한 현상은 두드러졌을 것이다. 세상에서 유협(儒俠)·묵협(墨俠)으로 불린 성격의 사람들이 많이 포함되어 있었음은 의심할 나위가 없다. 맹자의 유세는 "뒤를 따르는 수레 수십 대와 수행하는 종자 수백 명"(「등문공 하」)을 거느리고 이 제후 저 제후에게 옮겨 다니면서 봉록을 얻어먹었다고 한다. 마른 포 한 묶음으로 배움을 청하는 속

수(束脩)의 제자라고는 도저히 생각할 수 없는 규모다.

당시의 교단이 그러했다면 그들의 사회적 기능은 당연히 문제시된다. 그러나 그런 문제에 대해서 정면으로 고찰을 시도했던 이는 매우 드물다. 따라서 현대 중국의 대표적 역사학자 곽말약(郭沫若)[10]이 공자의 사상 활동을, 당시에 노예제 해방 투쟁이었다고 규정한 것은 또한 주목할 만한 견해라고 하지 않을 수 없다.

공자, 노예해방의 지도자인가

『묵자』「비유」편에는 앞에서 말한 것처럼 공자에게 "아랫사람들에게 윗사람에 대한 반란을 부추기고, 신하를 사주해서 임금을 시해토록 한" 반역자라는 비난을 덧붙이고 있다. 그래서 양화·필힐·백공승(白公勝)의 난 등도 모두 공자의 지도 또는 사주에 의해 일어났다고 보는 것이다. 유가가 만일 그 같은 변혁을 주도적으로 꾀했다면, 단순한 반란이 아니라 사상적 집단행동인 이상 거기에는

---

10) 현대 중국의 문학자·역사가·정치가로 중국 고대사 연구에 획기적인 업적을 남겼다. 특히 사적유물론을 중국 고대사 연구에 적용했던 『중국 고대사회 연구』와 『십비판서』 등은 저명하며, 『굴원(屈原) 연구』 등의 문학 관련 연구도 유명하다.

명확한 목적의식이 있었을 것이라고 보는 것이 곽말약의 생각이다. 그래서 그는 이러한 일련의 행동을 모두 노예제 말기의 노예해방 운동으로서의 의미를 지닌 것으로 이해하려 했다.

곽말약의 노예제설은 우선 진·한 무렵을 하한선으로 상정했다. 그리고 그 지도 이론이 되었던 것을 당시 유가의 인(仁) 사상이라고 본다. 이제 곽말약의 『십비판서〔十批判書〕』(1945년판)에서 주장하는 견해를 들어보기로 하자.

공자 사상의 핵심을 이루는 것은 말할 것도 없이 인(仁)인데, 인이란 '사람을 사랑하는'(「안연」) 것이고, "백성에게 은덕을 널리 베풀어서 많은 사람을 구제하는"(「옹야」) 일이다. 지사(志士)와 인인(仁人)은 '목숨을 바쳐서 인을 이루는'(「위령공」) 인간이 되지 않으면 안 된다. 인(人)이란 인민 대중이다. 인도(仁道)란 대중을 위해 헌신하는 것이나 다름없다.

이렇듯 대중에 대한 헌신이라는 희생정신을 기르기 위해서 사람은 자기 본위의 입장이나 이기적 욕구를 버리지 않으면 안 된다. 이것이 예(禮)다. "자기를 이겨 예로 돌아간다"(「안연」)는 것은 고차원의 인도주의적 입장에 서기 위한 자기 억제를 의미한다. 백이와 숙제는 '인을 구해 인을 얻었던'(「술이」) 사람이라고 일컬어지는데, 스스로를 희생하여 대중을 위해 봉사하는 정신이야말로 지극한 선(善)인 것이다. "인자는 근심하지 않는다"(「자한」), "인자는 반드시 용기가 있다"(「헌문」), "인을 행하는 데는 스승에게도 양보하지 않는다"(「위령공」)는 것은 모두 그 같은 대중을 위한 자기희생정신을 말한다. 그래서 "이러한 이른바 인도(仁道)는 명백히 노예해방의 흐름에 순응하고 있는 것"이며, "이것은 또한 곧바로 인간의 발견"(『십비판서』)이라고 한다. 해방 전사의 교조(敎條)로 그런대로 쓸모가 있을 법한 이해다.

곽말약의 저서는 진승(陳勝)·오광(吳廣)의 거병을 해방전쟁으로 상정하고 이를 바탕으로 노예제를 논한 것이다. 요컨대 진·한 무렵을 노예제의 하한선으로 삼았기 때문에 공자의 사상이나 행동을 곧바로 해방운동으로 부르는 것을 피하고, '노예해방의 흐름에 순응하고 있는' 것이라는 상당히 조심스런 표현을 쓰고 있다. 그러나 이후의 저서인 『노예제시대』(1952)에서는 노예제의 하한선으로 공자 시대를 포함하는 것으로 고치고 있다. 당연히 공자는 노예해방의 지도자가 되고 기수가 되었다. 『묵자』「비유」편의 해석에 가까워진 것이다.

「비유」편에는 공자가 죽던 해에 일어난 백공승의 난을 공자의 사주에 따른 것이었다고 비난한다. 백공에 관한 일은 공자와의 관계가 문제된 것으로 선진의 여러 문헌에도 보이는데, 곽말약은 『회남자』「인간훈」편의 글을 인용하면서 반란이 노예해방을 위한 싸움이었다고 논한다. 「인간훈」편에 있는 내용은 다음과 같다.

초나라의 대부인 굴건(屈建)이 백공을 섬기는 용사인 석걸(石乞)에게 말하기를 "백공승이 장차 난을 일으키려고 한다"고 했다. 석걸이 말했다. "그런 일은 없다. 백공승 나리는 사(士)에 대해서는 몸을 낮추고, 현자에 대해서도 결코 교만하게 굴지 않는다. 또한 그분의 집에서는 자물쇠를 믿는다거나, 집 안을 자물쇠로 채워둔다거나 하는 짓을 하지는 않는다. 큰 말로 사람들에게 꾸어주고 작은 저울로 되돌려받는다. 그런데도 그분을 좋지 않은 사람이라고 말할 수 있겠는가?" 굴건이 말했다. "이야말로 바로 반역하려는 것이다"라고 했다. 3년이 지난 뒤에 백공승은 과연 반란을 일으켜서 영윤(令尹) 자서(子西)와 사마(司馬)인 자기(子期)를 죽이고 말았다.

곽말약은 위의 인용에 이어 백공이 신분의 차별을 두지 않았고, 자신의 집을 개방했고, 빌려준 곡식을 되받을 때에는 곡식의 양을 줄여주기도 했는데, 이것은 인자의 행위이며 노예해방자다운 행위라고 찬양한다. 그리고 훗날 제나라를 빼앗은 전성자(田成子)는 "소 한 마리를 잡으면 제사 그릇 하나 채울 정도의 고기만 취하고 나머지는 모두 사(士)에게 먹였다"고 한 『한비자』「외저설 우상」의 기사를 인용하면서, 춘추 말기의 혁명적 정치가가 모두 이런 방법을 썼다는 사실을 논한다.

  그러나 이같이 개인적인 은혜를 베풀면서 사사(私士)를 기르는 행위는 노예제 자체를 사회악으로 인식하고 배격한 사람의 입장에서 보자면 있을 수 없는 일이다. 위의 문답에서 굴건이 지적하듯이 사사로운 은혜를 베푸는 방식은 당시의 야심가들이 일이 있을 때마다 인심을 얻기 위한 술책으로 베풀어왔던 것이다. 옛날에 제나라 공자(公子)인 상인(商人)이란 자가 시역을 꾀했을 때도 "기회가 있을 때마다 사람들에게 은혜를 베풀어 많은 사(士)를 거느렸으며, 자신의 가산을 모두 써버렸다"(『좌전』 문공 14년)고 일컬어졌고, 노나라 계씨(季氏)나 제나라 전씨(田氏)가 민심을 얻어 정권을 장악하게 된 것도 모두 그런 방법을 통해서였다.

정나라 칠목의 한 사람인 자피(子皮)가 막 집정이 됐을 즈음의 일이다. 정나라는 그해 기근에 시달렸다. 자피는 한 집당 한 종(鍾) 정도의 곡식을 배급하고 인심을 얻었다. 송나라 자한(子罕)이 소식을 듣고는 송나라에 기근이 들자 정부미를 꺼내서 나누어주고, 영지 내의 백성에게 나누어줄 곡식이 부족한 귀족들에게는 자신이 가지고 있던 곡식을 증서도 없이 꾸어주었다(『좌전』 양공 29년). 이러한 일은 본래 구황책으로 정부가 당연히 취할 시책이지만, 당시의 정치가들이 모두 자신의 야망을 이루기 위한 방법으로 이용했던 것이다. 곽말약의 논법으로 말한다면 모두 존경할 만한 혁명 정치가라 할 수 있다. 그렇다면 혁명은 공자의 시대를 기다릴 것도 없이 훨씬 일찍 성취되었을 것이다.

『회남자』보다 성립 시기가 빠른 『여씨춘추』「정유(精諭)」편에 백공과 공자의 문답을 싣고 있다. 백공은 넌지시 미언(微言)을 통해 자신의 반란 의도를 말하지만, 공자는 이에 대답하지 않는다. 어쩌면 공자와 백공이 대면한다는 사실은 생각조차 하기 어려운 일이다. 백공의 아버지인 태자 건(建)은 참소를 입어 송나라로 달아났다가(소공 20년)

뒤에 정나라로 갔다. 백공은 초나라 영윤인 자서(子西)에게 소환되어 오나라에 가까운 변경으로 옮겨져 있었다. 공자의 유력 기간 중에 백공과 만날 기회는 거의 없었다 하겠다.

백공의 소환에 대해서는 초나라 섭공이 강력하게 반대했다. 백공이 자신을 위해 기꺼이 목숨을 바칠 사사(死士)를 구하며, 무언가 불온한 낌새가 있다는 것이다(『좌전』애공 16년). 공자가 망명 기간에 남유하다가 섭 땅에 이르러 섭공과 나누었던 문답이 『논어』「자로」편 두 군데에 기록되어 있다. 문답에 따르면 섭공은 법치주의자였던 것 같다. 섭공은 자기 고을에는 정직한 사람이 있으니, 아버지가 범한 나쁜 짓을 아들이 고발했다고 자랑한다. 공자는 아버지와 자식이 서로 감싸주는 것, 바로 그것이 정직한 것이라고 대답하고 있다. 또한 섭공은 공자에 관한 일을 자로에게 물었지만 자로는 대답하지 않았다(「술이」). 이 사제는 섭공이 마음에 들지 않았던 모양이다. 백공의 난이 실패하고 그가 살해되자 섭공은 자서의 뒤를 이어 초나라 영윤이 되었다.

공자와 섭공의 이 같은 대립 관계에서, 섭공의 대립자인 백공을 공자 측으로 보려는 견해가 생겨났을 것이다.

만일 공자와 백공 사이에 어떤 연관성이 있다면, 백공의 휘하에서 유례없는 무용을 과시한 석걸(石乞)이었을 것이다. 석걸은 백공이 죽은 장소를 숨기고 말하지 않는다 하여 삶아 죽이는 팽형(烹刑)을 당했는데, 그러한 모습은 자로와 닮은 데가 있다.

공자와 백공은 어느 정도 관련이 있었을까. 난이 공자가 노나라로 돌아온 지 5년이 지나 그가 죽은 해에 일어났던 사실로 미루어보면 곽말약이 거론하는 자료는 극히 불확실한 것이다. 더욱이 노예해방을 위해 싸웠다는 증거는 아무것도 없다. 공자의 학설은 주로 예교·명분·덕치를 중시할 것을 주장한다. 공자의 개혁은 그것을 실현하기 위한 수단에 지나지 않는다. 공자 사상이란 노예해방과 같은 사회변혁과는 쉽사리 결합되는 것이 아니다.

사상의 성격에서 보자면 상동(尚同)과 상현(尚賢)을 말하고, 절장(節葬)·절용(節用)·비악(非樂)을 주장한 묵자 쪽이 오히려 비전통적이고 반체제적이며 때로는 유물적이기조차 하다. 백공(百工) 집단의 사상운동이었기 때문에 결사(結社)적 성격과 과감한 행동력에서는 유가를 훨씬 능가했다. 『묵자』에는 종종 '농업 및 공업과 상업에 종사하는 사람들'(「상현 상〔尚賢上〕」)을 기용하라는 주장이 보이는

데, 공자는 농업과 공업에 대해서는 거의 아무런 관심도 나타내지 않았다. 제자인 번지(樊遲)가 농사에 관한 일을 물으니 공자는 약간 불쾌한 듯이 "나는 늙은 농부만 못하다"(「자로」)라는 식으로 대답하지 않으려 했고, 딴사람들에게 번지를 '소인배로다'라고 나무란다. 곽말약의 공묵(孔墨) 비판에서는 묵가를 구제하기 어려운 반동사상가로 보고 있으나, 그러한 비판이 반드시 정확한 것은 아니다. 특히 공자를 노예해방의 기수로 내세운다 하더라도 도대체 노예제가 중국 고대에 존재했는지, 만약 존재했다고 하더라도 어떠한 형태로 존재했는지 하는 의문들이 아직 대부분 증명되지 않은 것이다.

고대의 선진 지역에서는 종종 장대한 규모를 지닌 고대 왕조가 건설되었다. 거대한 에너지로 보더라도 여타 종족을 정복·지배함으로써 성립된 노예적 형태가 존재했으리라는 점은 쉽게 추측된다. 그러나 그러한 지역은 대부분 온난한 지대에 국한되어 있다. 더욱이 경제적 조건에도 제한이 있어서 높은 수확률을 올릴 수 있어야 하고, 노예 생산물의 상품화가 쉬워야 하고, 주변부에 노예를 공급해주는 여타 종족이 존재해야 한다는 등의 필요

조건이 존재했다. 노예는 주로 이민족이었다.

고대 은 왕조에는 그러한 조건이 거의 갖추어지지 않았다. 다른 부족은 제사의 희생물로는 쓰였으나 생산 노예로 부린 흔적이 거의 없다. 지배는 주로 씨족을 통해 행해졌다. 곧 씨족이 기초사회를 구성했던 것이다. 『좌전』 정공 4년에 은·주 혁명 이후에 은나라 유민을 어떻게 다루었는지에 대한 사실이 기록되어 있다. 주공의 아들 백금(伯禽)이 노나라에 봉해질 때에는 앞서 양호가 망명하면서 훔쳤다는 보옥(寶玉)·대궁(大弓), 대축(大祝)·종인(宗人)·태복(大卜)·태사(大史) 등 제사를 담당하는 사관(四官)과 함께 조씨(條氏)·서씨(徐氏)·소씨(蕭氏) 등 은나라 유민 여섯 종족이 하사되었다. 또한 위(衛)나라에 강숙(康叔)을 봉할 때도 거기(車旗)류와 함께 도씨(陶氏)·시씨(施氏) 등 은나라 유민 일곱 종족이 시여되었다. 산서(山西)로 들어간 당숙(唐叔)에게 시여된 것 역시 회성(懷姓)의 아홉 종족이었다. 어느 경우나 씨족을 단위로 하고 있다. 그 가운데는 직능적인 씨족도 포함되어 있었을 것이다.

이들 여러 씨족은 "각각 본가(本家)를 잇는 종씨(宗氏)를 이끌고, 분가한 분족(分族)을 모으고, 혈통이 멀어진 속민(屬民)들까지 거느리고", 요컨대 본래의 씨족 질서를 그대로 유지한 채 이주당했던 것이다. 그런 다음에 "은 대의 정치로 백성을 다스리고, 주나라의 법도로 토지의 경계를 정했던 것이다." 요컨대 은나라의 관행을 그대로 씨족 내부의 일에 적용했고, 주나라의 지배 원칙에 근거해 외부에서 이들을 다스렸다는 것이다. 이른바 총체적인 지배라고 불러야 할 체제였다. 이 같은 지배 형태가 씨족 내부의 자율성을 약화시키고 해체를 촉진시켜갔을 것이라는 점은 자명한 일이다. 그러나 여전히 노예는 아니었다.

혁명이나 전쟁 등으로 인해 일시적으로 노예 상태에 속하는 사람들이 대량으로 생겨나는 경우가 있다. 주나라 초기의 금문인 「의후측궤(宜侯夨殷)」는 의후를 봉건한 일에 대해 기록한 것인데, 1,000명 이상의 인력(人鬲)이라 불리는 부자유민(不自由民)이 하사되고 있다. 이들에게 150명에 1명꼴로 관리자가 붙어 있었고, 이들을 정백(鄭伯)이라고 부른 점 등으로 보아서 대체로 정나라에서 이주당한 사람들로 추정된다. 대우정(大盂鼎)에도 2,000명에 가까운 인력이 분배되었는데, 이들은 '천우오십부(千又五十夫)'와 같은 식으로 불렸다. '신오가(臣五家)' 등과 달리 가족을 거느리지 않은 노예였다. 이후에는 이런 종류의 기사는 보이지 않는데, 일시적인 발생이었다고 보아야 할 것이다.

춘추시대 열국이 역사 위에 모습을 드러냈을 때에는 이미 영토 국가로서의 발전을 보였으며, 그 후에도 약간 남아 있던 고대 씨족국가는 잇달아 정복·겸병당해 현(縣)·읍(邑) 등의 직할령(直轄領)으로 바뀌었다. 춘추 중기의 제나라 포씨(鮑氏)가 만든 대종(大鐘)에는 299곳의 읍과 민인(民人)과 도비(都鄙)가 하사되었다는 사실이 기록되어 있고, 숙이종(叔夷鐘)에 따르면 현(縣) 300곳이 시여되었다. 초나라와 진(晉)나라에서도 직할령으로 변화가 추진되었다.

그러나 직할령으로 변화한다는 것이 반드시 본디 거주하는 이들을 노예로 만들었다는 것을 의미하지는 않는다. 본래 거주자를 다른 곳에 강제로 이주시켜서 새로운 땅을 개척케 하는 경우도 있었으나, 일반적으로 관리자를 파견하는 방식을 취했다. 춘추 초기의 일로써 제나라가 수(遂)를 멸망시키고, 그곳의 관리를 위해 군대를 파견한 적이 있었다(『좌전』 장공 13년). 장공 17년 여름에 수의 구족(舊族)인 인씨(因氏)·합씨(頜氏)·공루씨(工婁氏)·수수씨(須遂氏) 등 네 씨족 집안이 이들 관리자를 대접해 술을 먹이고는 제나라 사람들을 모두 죽임으로써 제나라의 지배에 반항했다. 반란은 해당 지역의 오랜 씨족들에 의해 일어나고 있었다. 영토 국가로 발전하는 것이 반드시 해당 지배 지역의 노예화를 의미하는 것은 아니었다.

곽말약의 노예제설과 함께 춘추시대를 도시국가 시대로 보려는 견해가 있다. 일본에서도 그러한 입장을 취하는 사람이 많다. 당시의 지배자는 무장한 성읍(城邑)에 살았고, 귀족은 제사 공동체로서 대체로 합의제를 채택하고 있었다. 그러나 도시국가는 사회사적 면에서는 노예제와 극히 친근한 관계에 있다. 따라서 도시국가라고 하면 으레 노예제의 존재를 떠올릴 염려가 있다. 또한 국가 규모로 보아도 진(晉)·초(楚)·제(齊)나라 등을 도시국가라는 개념 속에 포함시킬 수 있을지는 매우 의문이다.

앞서 보았듯이 제나라에서는 299곳의 읍, 또는 300곳의 현에 달하는 규모의 사여(賜與)가 이루어졌다. 본령(本領)과 합치면 그러한 사읍(私邑)은 광대한 영역에 걸쳐 있었다 할 수 있다. 또한 진(晉)나라의 유력한 씨족의 영읍(領邑)은 분수(汾水)의 전 유역에 걸쳐 있었고, 더 나아가 하내(河內)·하북(河北)까지 걸친 경우도 있었다. 진나라가 강성함을 자랑하던 시기의 영토는 거의 그리스 본토 전체와 맞먹을 정도였다.

노예제설, 또 그것과 연관된 도시국가설이 반드시 당시의 실상에 기인하는 것이 아니라면 공자의 반체제적 운동은 무엇을 향했던 것일까. 그것은 당시 반란자의 행동을 보면 저절로 이해될 것이다. 『춘추』소공 31년에 "겨울, 주(邾)의 흑굉(黑肱)이 남(濫)의 영지를 바치고 노나라에 도망쳐 왔다"는 기사가 있다. 노나라와 이웃한 주(邾)나라 대부 흑굉이 남(濫) 땅에 근거해서 주나라에 반란을 일으켰고, 자기 영지를 가지고 노나라로 망명해 왔던 것이다. 『좌전』에는 일을 논해서 "토지를 가지고 반란을 일으키는 경우에는 신분이 낮은 자일지라도 반드시 그 땅의 이름과 모반한 사람의 이름을 기록한다. …… 그 행위가 의롭지 않으므로 경문(經文)에 도(盜)라고 기록한 것이다"라고 했고, '성읍(城邑)을 훔쳐서 임금을 배신하는' 것과 같은 행위를 하면 "탐욕한 백성은 반드시 그러한 일에 힘을 쏟을 것이다"라고도 썼다. 거꾸로 말하면 반란이 거주민의 동의 아래 이루어졌다는 것이다. 노나라에서는 이보다 앞서 주(邾)나라의 서기(庶其)가 칠(漆)과 여구(閭丘) 두 성읍을 가지고 망명했고(양공 21년), 거(莒)나라의 모이(牟夷)가 모루(牟婁)와 방자(防玆) 두 성읍을 가지고 노나라로 망명한 것이다(소공 5년). 어느 쪽이나 국외로 망명한 사람이었다.

또한 국내에서 정권을 다투는 와중에 모반이 일어난 경우도 많이 있다. 양호가 모반했을 때도 제나라 국경에 가까운 환(讙)·양관(陽關) 두 지역을 차지하고 그곳에 근거해서 반란을 일으켰던 것이다. 공산불요가 계씨의 읍인 비 땅에, 필힐이 중모 땅에 근거해서 모반을 일으켰던 경우처럼 읍재(邑宰)로 자신이 지배하는 곳에 근거해 반란을 일으키는 경우도 있었다. 이들의 반란은 어느 경우나 정치적인 이유로 인한 것이었지 사회적인 목적을 지녔던 것이 아니다. 더욱이 공자는 공산불요나 필힐의 모반에 기꺼이 참여하려고 했다. 이들 모반도 노예해방을 위한 것이 아니라는 사실은 분명하다.

주(邾)나라나 거(莒)나라 대부의 망명은 군소 국가의 자괴 현상으로 보아도 좋지만, 양호나 필힐의 반란은 다분히 정치투쟁의 성격을 띠고 있었다. 그리고 어느 경우나 이들이 배신(陪臣)이라는 사실이 주목을 끈다. 그들은 세습 귀족에 의한 지배에 저항하고 이를 타도함으로써 새로운 정치체제의 수립을 꾀했다. 적어도 공자는 그러한 기대를 가지고 공산불요나 필힐의 거사를 지원하려 했을 것이다. 공자는 만년에 계씨의 재가 된 제자 염구의 주선으로 기나긴 망명 생활에서 되돌아올 수 있었다. 그러나 염구는 "계씨가 주공보다도 넉넉하다"(「선진」)고 불리는 상태인데도 여전히 많은 세금을 거두어 계씨의 부를 더 해주는 것을 보고, "그는 우리 무리가 아니니, 너희는 북을 울려 죄를 성토함이 옳다"(「선진」)면서 격렬한 분노를 나타내었다. 공자가 철저하게 공격하고자 했던 것은 이와 같은 세족 정치에 대해서였다.

공자를 노예해방자로 만들려는 시도가 반드시 성공했다고 할 수는 없다. 사회사적으로 실증이 곤란할 뿐만 아니라, 공자 교단의 성격과 사상의 중심 과제에서 벗어난 것이다. 역사 연구가 현실의 과제에서도 출발한다는 점은 물론 존중해야 할 태도이지만, 역사적인 사실을 현실에 봉사케 하는 방향으로 이루어져서는 안 될 것이다. 그것은 역사를 더럽히고 옛사람들을 모독하는 일이라고 할 수 있다. 역사 연구는 말하자면 추체험의 방법이다. 추체험을 통해 과거는 비로소 과거가 되고 역사가 되며, 곧 역사로서 의미를 지닐 수 있는 것이다. 그러나 어디까지나 개인적이거나 주체적인 영위를 통해서 이루어지지 않으면 안 된다. 그러한 추체험의 장을 가지기 위해 우리는 역사학의 방법을 채택하는 것이다.

공자의 제자들

공자 교단이 언제부터 형성되어왔는지는 분명치 않다. 공자의 이름이 세상에 드러난 것은 양호나 공산불요가 계씨에 대한 모반을 꾀했을 때부터였을 것이다. 양호가 실각한 뒤에 자로가 계씨의 재가 된 사실로 미루어보면, 그 당시 자로는 이미 계씨 밑에서 벼슬을 하고 있었던 것일지도 모른다. 공자가 공산불요의 초청에 응하려 했을 때 자로가 강경하게 반대했던 것도 그 때문일 것이다. 양호가 전횡을 일삼을 때 공자의 나이는 마흔여덟 살이었다. 양호가 열심히 공자를 초빙하고자 했던 것은 공자의 교단이 이미 형성되어 주목받고 있었기 때문일 것이다.

그러나 그 당시의 제자로는 자로나 칠조개(漆雕開) 정도밖에 알려져 있지 않다. 안회는 아직 스무 살이 채 안 된 나이였다. 공자 교단은 자로나 칠조개가 참여함으로써 비로소 면목을 일신하게 된다. 두 사람 모두 무협(武俠)으로 이름이 난 인물이었다. 삶의 방식으로 보면 이른바 불평분자의 무리에 속한다. 공자 교단이 불평분자의 무리가 참여함으로써 유력해졌다면, 초기 교단의 성격은 훗날과는 매우 이질적이었음을 알 수 있다. 공자 문하의 최

연장자인 자로는 『논어』에서 충분히 존경받고 있지 못하다. 또한 자로에 대한 기술이 40조 가까이나 되지만 '유자 왈(有子曰)', '증자 왈(曾子曰)'처럼 자신의 말로 전해진 경우는 한 대목도 없다. 그렇지만 유자나 증자의 이름이 드러나 있는 것은 모두 어록체다.

자로는 본래 무협의 무리였다. 수탉 깃털로 장식하고 장검을 차고 공자를 능욕하려고 한 일조차 있었다. 변(卞) 땅 출신이라고 하므로 일찍이 고향을 떠나온 인물이었다. 『공자가어』는 후대의 책이지만 「자로초견(子路初見)」편에 그가 공자 문하에 입문할 때의 일들이 씌어 있다. "그대는 무엇을 좋아하는가?"라는 공자의 물음에 "장검을 좋아하오"라고 답하고, 공자가 학문하기를 권하자 "학문에 어찌 유익함이 있겠소?"라 하고는, "남산(南山)에 대나무가 있소. 쉽게 휘지 않고 저절로 곧으니 이를 잘라 사용하면 무소 가죽도 꿰뚫는다고 들었소"라며 큰소리를 치고 있다. 공자가 "그 남산 대나무를 묶어서 살깃과 살촉을 달고 잘 갈면 단지 무소 가죽을 꿰뚫을 수 있을 뿐만이 아니라네"라고 가르치자, 솔직한 자로는 "삼가 가르침을 받겠습니다" 하고 입문했다.

『장자』「도척」편의 도척이 공자를 비난하는 우언(寓言)

속에 "공자는 달콤한 말로 자로를 꾀어서 자신의 무리를 따르도록 했고, 그로 하여금 용자의 자랑이었던 높은 관을 벗고 장검을 풀어버리게 하고는 자신의 가르침을 받도록 했다. 그때 세상 사람들이 모두 '공구는 자로의 난폭함을 억누르고 비행을 저지르지 못하도록 했다'고 일컬었다"고 기록되었다. 그런데 우언이지만 자로가 공자 문하에 들어갔다는 사실은 역시 상당히 평가될 만한 일이었음이 틀림없다. 머지않아 계씨의 재가 될 정도의 인물이었으므로 공자 문하에 당장 무게를 더해줄 수 있었을 것이다.

칠조개에 대해서는 잘 알려져 있지 않다. 노나라 사람(『사기』「제자열전」의 집해〔集解〕에 인용된 정현〔鄭玄〕의 설)[11]이라고도 하고, 채나라 사람(『공자가어』권72 제자해〔弟子解〕)이라고도 한다. 후대의 유가에 칠조씨(漆雕氏)의 유(儒)로 불리는 일파가 있는데, 무협으로도 이름이 났다(『한비자』「현학」). 『논어』에서 공자가 칠조개에게 벼슬을 하라고 권하니, 칠조개가 "저는 아직 벼슬하는 일에 자신할 수 없습니다"(「공야장」)라고 대답했는데 공자가 그 대답에 기뻐했

---

11) 『사기』에서는 정식으로 「중니제자열전(仲尼弟子烈傳)」으로 되어 있으나, 이하 「제자열전」으로 인용한다.

다고 기록되어 있다. 본래 이들이 공자 문하에 와서 배우는 까닭은 벼슬을 하기 위해서였던 것이다. 공문은 순수한 수양 단체가 아니었다. 그러므로 칠조개가 벼슬하지 않았던 것은 "자신의 행동이 곧으면 제후에게도 화를 내니, 세상의 임금들이 이를 염직(廉直)하다고 여겼다"(『한비자』「현학」)는 칠조씨 유(儒)의 입장이었을 것이다. 유가에게 무협에 가까운 일면이 있었다는 것은 『맹자』「공손추 상」편의 부동심(不動心) 장에서 북궁유(北宮黝)·맹시사(孟施舍)·증자의 용기를 들어 논하고 있는데, 그 가운데 "살을 찔린다 해도 몸 하나 움찔하지 않고, 눈을 찔린다 해도 눈 하나 깜빡이지 않고", "겁나는 제후라는 것도 없다"는 평을 듣는 북궁유의 용기는 『한비자』에서 이야기하는 칠조씨 유(儒)와 완전히 같다. 초기의 공자 문하에 이러한 무협의 무리가 많았던 것은 교단의 모태가 되었던 집단의 성격에서 연유한 바가 있었을 것이다.

두 사람이 교단에 참가하기 이전의 공자의 정확한 동정에 대해서는 알려진 바가 거의 없다. 어머니 안씨가 세상을 떠난 것은 아마도 공자가 스물넷에서 스물다섯 살 때의 일일 것이다. 방(防) 땅에 부모를 합장할 때의 일이 『예기』「단궁 상」편에 기록되어 있는데, 공자는 그 당시에 이미 문인을 거느리고 있었다. 그때 공자는 스스로 "지금 나는 동서남북을 떠도는 사람이다"라고 말했으니, 곳곳을 돌아다니는 생활을 했던 듯하다. 아마도 이곳저곳에서 장사 지내는 일 따위에 종사하면서 생활했을 것이다. 문인이라 해도 그런 부류의 무리였다. 『묵자』「비유」편에서 "부잣집에 장례식이라도 있을라치면 크게 기뻐하며 말하기를 '이로써 먹거나 입거나 할 수 있게 되었다'고 했다"는 이야기는 훗날 유가의 일면을 지칭하는 것이지만, 따지고 보면 유가란 본래 그런 출신의 사람들이었다. 공자는 "내가 젊었을 적에 미천했다"(「자한」)고 하고, 고족제자(高足弟子)인 염옹(冉雍) 같은 이도 "아비는 미천한 신분이었다"(『사기』「제자열전」)고 기록한다. 염유(冉有)와 염경(冉耕)도 그러한 족인(族人) 출신이었다.

공자는 곳곳을 돌아다니는 동안 고례(古禮)와 고속(古俗)을 묻고, 서적을 구해서 자신의 지견을 넓혀갔던 것 같다. 공자가 스물일곱 살 때, 노나라의 부용국 담(郯)나라의 임금 담자(郯子)가 노나라에 내조(來朝)했다. 그 나라에는 오랜 신화가 전승되고 있었고, 관제도 모두 새의 이름으로 되어 있었다. 봉조씨(鳳鳥氏)는 역정(曆正), 축구씨(祝

鳩氏)는 사도(司徒), 상구씨(爽鳩氏)는 사구(司寇) 등 새의 토
테미즘을 연상케 하는 오랜 풍속을 가진 나라였다. 공자
는 담자를 만나 옛 전승에 대해 묻고는 "천자가 관제(官
制)를 어지럽히자 그에 관한 학문이 사방 오랑캐에 남아
있게 되었다는 이야기를 들었는데, 역시 진실이었다"(『좌
전』소공 17년)며 감탄했다. 이런 식으로 공자는 고금의 예
악에 관해 역사적으로 파악하고 확인해갔을 것이다. 역
사적인 이해 없이는 학문의 체계가 태어날 수 없다. 그래
서 마흔 살이 될 무렵 "마흔이 되어서는 모든 사리 판단
에 의혹을 가지지 않게 되었다"(「위정」)는 확신을 가지기
에 이르렀다. "열다섯 살이 되어 학문에 뜻을 두었던"이
래 이제 사유(師儒)로서 자립해야 할 시기가 왔던 것이다.

공자의 학문은 주로 실제에 나아가서 익히는 것이었
다. 이른바 예(禮)·악(樂)·사(射)·어(御)·서(書)·수(數)의 6
예(六藝)다. 무사(巫史) 등이 전승한 바를 학문적으로 정리
하고 이론화를 꾀한 것이 초기 유가의 과업이었다. 공자
의 사승 관계에 대해서는 『사기』「제자열전」에 주나라 노
자·위(衛)나라 거백옥·제나라 안평중(晏平仲)·초나라 노
래자(老萊子)·정나라 자산·노나라 맹공작(孟公綽)을 들고
있으나 하나도 믿을 만한 것이 없다. 맹공작의 이름은

『논어』「헌문」편에 두 번 보인다. 자로가 공자에게 완전한 인간으로 어떤 사람들이 있냐고 묻자, 공자는 "장무중(臧武仲)의 지혜와 맹공작(孟公綽)의 담백함과 변장자(卞莊子)의 용감함과 염구의 기예를 예악으로 꾸민다면 또한 완전한 인간이라고 할 수 있다"고 일러준다. 이렇게 염구를 여러 사람과 나란히 거론하는 것을 보면 아마도 공문 초기의 일인 듯하다. 염구가 『사기』「제자열전」에 "공자보다 스물아홉 살 어리다"고 하지만 『논어』 본문에서 자로와 나란히 언급되는 것이 일곱 차례에 달하는 것으로 보아 연배도 자로와 비슷했을 것으로 보인다. 자로는 공자보다 아홉 살 아래다. 염구의 기예에 대해서는 『논어』에 별다른 언급이 없다. 자로는 변읍(卞邑) 출신이므로 변읍 대부인 변장자의 용기를 배웠던 것으로 여겨진다.

지혜〔知〕·담백함〔不欲〕·용감함〔勇〕·재주〔藝〕는 그 자체로 모두 미덕이지만, 예악으로 장식해야만 비로소 완성된다는 것이 당시 공자의 생각이었다. 그러자 자로는 "이로움을 보고 의를 생각하고, (국가의) 위태로움을 당해서는 목숨을 바친다"는 그런 경우도 완전한 인간이 아니냐고 묻는다. 자로의 응대에는 언제나 이런 대목이 등장하는데, 이는 어쩌면 염구의 재주를 언급하면서 자기의 용감함에 대해서는 무관심을 보이는 공자에 대한 일종의 반항이었는지도 모른다.

공문의 초기 교학이 예악과 같이 실천적 성향이 강했다는 점은, 예를 들면 사과십철(四科十哲)(「선진」)에 이어 덕행·언어·문학에는 만년의 제자들이 많고, 정사에는 염유와 계로(季路) 두 사람만 거론한 것으로도 알 수 있다. 제자들의 출신 성분도 잡다해서 "마른 포 한 묶음 이상을 사례로 바치는"(「술이」) 사람은 누구나 입문할 수가 있었다. "부자의 문하, 어찌 그리 잡스러운가?"(『순자』「법행」)라는 비판도 있었으나, 뒤에 가서도 공자 문하에는 각지의 망명자나 천인이라 불린 이가 많았다. 벼슬을 구하고자 하는 불안정한 신분의 사람들이 공자 문하에서 배웠다.

벼슬길에 나아가자면 역시 권문세가에 접근해야만 한다. 노나라의 삼가 중에는 계씨가 권력이 가장 강했는데, 자로가 그의 아래에서 벼슬하게 되고 나서 특히 친근한 관계가 되었다. 맹손씨에게서 존경을 받아 그 자제의 교육을 부탁받을 정도였으나 숙손씨로부터는 별로 호감을 사지 못한 것 같다.

당시 양호는 계씨의 재(宰)로서 위세가 대단했는데, 수많은 문인을 거느린 공자는 양호에게 상당히 눈에 거슬리는 존재였다. 이를테면 경쟁자로서 라이벌 의식이 있었다. 그래서 공자가 양호의 초빙을 거부하고 얼마 뒤에 양호가 삼가를 제압해 전권을 휘두르자 공자는 잠시 제나라로 도망쳤다. 『묵자』나 『안자춘추』에 따르면 공자는 제나라에서 벼슬을 하기 위해 엽관 운동을 열심히 벌였다고 한다. 그러나 결국 사관(仕官)에 실패했고 실력자인 전씨(田氏)의 집 대문에 주저(呪詛)를 하고 떠났다는 이야기가 『묵자』「비유」편에 기록되어 있다. 반면 『논어』「술이」편에서는 옛 음악을 듣고 석 달 동안이나 고기 맛을 잊을 만큼 음악에 열중했다고 되어 있다.

양호가 실각하고 제나라로 망명하자 공자는 서로 엇갈리게 귀국했다. 자로가 계씨의 재가 되고, 공자가 양호를 대신하는 지위에 선다. 공자는 사구(司寇)로 정공의 측근에 있었으므로 삼가의 사읍(私邑)을 무장해제시키려는 정책은 공자가 입안했을 것으로 보인다. 그러나 그러한 계책의 강행은 실패하고 공자는 기나긴 망명 길에 올랐다. 교단으로서는 커다란 발전이 약속된 시점에서 이내 좌절하고 만 것이다.

이러한 좌절은 그러나 공자에게 차라리 다행한 일이 아니었을까 하고 나는 생각한다. 공자 교단이 벼슬길로 이어진다고 하니 각지에서 입문하는 이가 잇달았다. 본래부터 녹봉이 없었던 이른바 불평분자의 무리에 가까운 자들이 많았다. 이대로라면 오늘날의 대학처럼 지방에서 젊은이들을 모아서 대도시로 토해내는 집진 장치와 비슷한 가까운 기관으로 변해버리고 말았을 것이다. 공자는 문하의 제자 몇몇만 거느리고 망명한다. 이제는 집진기가 될 위험이 없었다. 생사의 갈림길에서 목숨까지 내건 교학의 실천화와 순수화가 이루어졌다. 현실의 장에서 벗어나 절대의 장에 선 인간만이 행할 수 있는 이상향으로의 추구가 가능해진 것이다. 공자가 사상적인 지도자로서 설 수 있었던 조건은 차라리 이 같은 일들을 통해서 비로소 준비되었다고 하겠다.

공자는 우선 첫 번째 망명지를 위(衛)나라로 정했다. 교단 내부를 통해서 무언가 연락을 취할 수 있었을 것이다. 또한 "노나라와 위나라 정치는 형제로다"(「자로」)라는 친근감도 있었을지 모른다. 위나라 국경에 가까운 의(儀)라는 읍에서 관수(關守)가 회견을 청했다. "군자들이 여기에 오실 때마다 제가 일찍이 뵙지 못한 적이 없었습니다"라고 인사했다. 회견하고 난 뒤 이 관리는 문인들에게 "하늘이 장차 선생님을 목탁으로 삼으려는 것이로다!"(「팔일」)라며 감탄의 말을 발했다. 기운이 빠져 있던 문인들과는 반대로 공자의 뜻을 헌앙(軒昻)하는 바가 있었던 듯하다.

위나라에서는 영공이 대체로 예우를 해주었으나, 실제 공자가 정사에 참여할 기회는 없었다. 공문자(孔文子)가 외교, 축타(祝鮀)가 제사 관계, 왕손가(王孫賈)가 군사를 다스리고 있었다. 영공은 무도한 사람이었으나 국정이 파탄 날 지경은 아니었다. 공문자는 배신(陪臣)인 가신을 자기와 같은 지위인 경으로 천거했다. 공자가 그 일에 대해 '문(文)'이라는 시호를 줄 만하다고 칭찬한다(「헌문」). 축타는 변재(辯才)가 있었고(「옹야」), 공자(公子) 형(荆)도 인물이었다(「자로」). 위나라는 공자가 희망을 걸 만한 나라였다. 백성도 많아서 이들을 부유하게 만들고 잘 가르치면, 이상의 실현도 가능하리라고 여겼다(「자로」). 그러나 후계자 문제 등으로 얽혀 있어서 망명자에 대한 경계심이 강한 편이었다. 왕손가가 "안방 아랫목 신에게 아첨하는 것보다는 차라리 부뚜막 신에게 아첨하는 것이 낫다"는 속담을 인용하면서, 장수를 쏘려면 먼저 말을 쏘라고 꾀어왔으나 공자는 "그렇지 않다. 하늘에 죄를 지으면 빌 곳조차 없느니라"(「팔일」)고 대답하며 응하지 않았다.

위나라에서 5년 가까이 체류하던 중 딱 한 번 부름을 받은 적이 있었다. 영공이 죽고 손자인 출공 첩(出公輒)이 후계자가 되었을 때다. "자로가 '위나라 임금이 선생님을 기다려서 정치를 맡기려 하는데 선생님은 장차 무엇을 먼저 행하시겠습니까?'라고 했다." 마침내 찾아온 기회에 자로의 목소리도 활기를 띠었다. 그러자 공자는 "반드시 이름을 바로잡을 것이다"라고 대답했다. 출공은 실제로 손자인데도 영공을 아버지로 제사 지내는 의례를 행했으므로 그것을 비난한 것이다. 모처럼의 기회를 내버리는 것과 다를 바가 없었다. "그럴 필요가 있을까요? 선생님의 세상 물정에 덩둘하심이여"(「자로」)라고, 현실과 너무 동떨어진 스승의 대답에 자로는 자신도 모르게 기가 막히다는 듯이 소리쳤다. 그러나 공자는 차근차근 이름을 바로잡는 일의 중요성을 끈기 있게 설명해주었다. '정사에는 자로'라고 일컬어지듯이 형식에 구애됨이 없이 실정에 맞게 일을 처리하는 수완가였던 자로와 그 스승 사이에는 현실에 임하는 태도에 커다란 차이가 있었다.

얼마 지나지 않아 진(晉)나라에 망명해 있던 양호가 송나라에 망명 중인 위나라 태자 장공(莊公)을 받들고 잠입해 오자, 공자는 황망하게 남방으로 달아났다. 송나라에서 포위되어 일행이 위험에 빠지게 된 것도 위나라 후계자 문제로 인한 여파였다. 다시 진(陳)나라와 채나라 국경에서 유랑하다 초나라로 가서 난을 피하려 하지만 초나라 섭공이 이들 일행을 받아들이려 하지 않는다. 초광(楚狂) 접여(接輿)의 "봉황새여! 봉황새여! 어찌 그리도 덕(德)이 쇠했는가"(「미자」) 하며 비아냥거리는 소리를 들으며 하릴없이 북으로 되돌아오는 도중에 공자는 노나라로부터 소환 소식을 듣게 된다. 앞서 노나라로 되돌아가 계씨의 재가 되었던 염유가 분주하게 주선한 결과였다.

여기서 우리는 14년에 걸친 망명 생활의 의미를 생각해보지 않으면 안 된다. 망명이 공자에게 무엇을 의미했고 공자 교단에 어떠한 변혁을 가져왔는가 하는 점이다. 교단이라고는 해도 공자를 수행했던 이는 소수였다. 『논어』에 보이는 범위 안에서는 자로·염유·안회·자공 네 사람뿐이다. 게다가 염유·자공 두 사람은 망명하던 도중에 일행에서 이탈했다. 위나라 땅에 오래 머물렀으므로 그 지역에 제자도 있고 거기서 벼슬한 자도 있었지만, 공자와 시종 행동을 같이했던 이는 고제를 중심으로 한 소수의 문인들이었다. 그들은 때때로 생명의 위협까지 받으면서 공자와 고난을 함께했다. 극한 상황 속에서 초기 교단의 경우와 다른 뭔가가 나타나게 되었던 것은 당연한 일이다.

인간은 주어진 세계에 살지만 주어진 세계는 권외의 세계로 나감으로써 바뀔 수 있는 것이다. 동시에 주체로서 주어진 세계에 관여한 방법에 따라서도 변화할 수 있다. 오히려 엄밀히 말하면 주어진 세계를 규정하는 것은 주체나 다름없다고 할 수 있다. 특히 망명 생활과 같이 체제의 테두리 밖에 있는 경우, 주체는 오히려 자신의 자유를 회복한다. 체제 안에서는 반체제로서 조정(措正)될 수 있는 가능성이 체제 밖에서는 자유가 된다. 가능성은 한없이 고양되고 순화된다. 공자가 주공을 꿈에 볼 수 있었던 것은 아마도 그때였을 것이다. 주어진 세계의 한계성을 깨뜨릴 수 있는 것은 하늘이었다. 공자가 천명을 자각한 것도 아마 그때였을 것이다. "오십이 되어 천명을 알았다"(「위정」)고 한 말은 반드시 연령적인 한정을 뜻하는 것이 아니다. 곽말약은 그것을 노예해방자로서의 자각을 가리킨다고 했으나 나는 역시 '사문(斯文)'(「자한」)에 대한 자각이었다고 생각한다. 현실의 틀 속에서 반체제자로 출발했던 공자는 여기서 현실을 뛰어넘는다. 공자의 망명 생활은 공자를 반체제적인 주박(呪縛)에서 해방시켰던 것이다.

이 같은 입장에서 가능성은 무한했다. 공자의 내면적 변화를 영민한 제자들이 느끼지 않았을 리 없다. 공자는 억누를 길이 없는 자기 추구에 몸을 내던진다. 그것을 따르는 것이 제자들로는 쉽지 않았다. 마침내 염유가 비명을 지르며 말한다. "선생님의 도를 좋아하지 않는 것은 아니나, 힘에 부칩니다"라고 하니 공자가 심하게 이를 질책한다. "힘이 부치는 자는 도중에서 그만두고 되돌아서는 법이다. 지금 너는 스스로 마음속에 선을 긋고 있는 것이다"(「옹야」). 가능성을 스스로 한정해서는 안 된다. "지금 너는 스스로 마음속에 선을 긋고 있는 것이다"라는 말 속에서 나는 공자의 치열한 자기 추구의 모습을 본다.

안회는 역시 탁월했다. 그는 이와 같은 공자의 모습을 추적해 마지않는다.

안연이 깊이 탄식하여 말하기를 "선생님의 도는 우러러볼수록 더욱 높고, 뚫을수록 더욱 굳으며, 앞에 있는가 하여 바라보면 홀연히 뒤에 있도다! 선생님께서는 차근차근 사람을 잘 이끄시니, 문으로써 나의 지식을 넓

혀주시고 예로써 나의 행위를 이끌어주시니라. 공부를 그만두려 해도 그만둘 수 없어, 이미 나의 재능을 다 쏟아부었는데도 선생님은 더욱 우뚝하게 서 계신지라, 비록 좇고자 하나 따라갈 방도가 없구나!"라고 했다.

「자한」

공자는 이미 안회의 시야로는 포착하기 어려운 사람이었다. 그러나 안회는 필사적으로 추적한다. 공자의 모습을 보며 그것에 좇아가 매달리려고 한다. 공자도 그의 그러한 노력을 인정하고 있다. "말을 해주면 게을리하지 않는 이는 안회일 것이다", "안타깝구나! 나는 그가 앞으로 나아가는 것은 보았으나 멈추는 것을 보지 못했다"(「자한」). 필사적으로 따라와 매달리는 안회의 모습이 공자에게는 사랑스러우면서도 듬직하게도 보였을 것이다. 안회는 공자가 도로써 허락했던 단 한 명의 제자였다. 아마도 공자가 말하는 인을 이해했던 사람도 안회뿐일 것이다. 후에 노나라로 되돌아가서 안회를 여의었을 때 공자는 "아! 하늘이 나를 망쳤구나! 하늘이 나를 망쳤구나!"(「선진」) 하면서 장탄식을 했다. 안회는 이미 공자의 분신이었다.

자공(子貢)은 "언어에는 재아·자공"(「선진」)이라고 일컬어진 인물이었기 때문에 안회와 같은 실천파가 아니었다. 그러나 공자의 위대함을 자신의 눈으로 보고 있었다. 후에 공자를 비난하는 사람에게 "다른 사람이 잘난 것은 언덕과 같아서 오히려 넘을 수 있지만, 중니는 해와 달 같아서 넘을 수가 없다" 하고, "사람들이 비록 해와 달의 빛을 무시하려 한들 어찌 해와 달을 흠집 내리오? 해와 달은 의연히 하늘에서 빛나는 것이다"(「자장」)라고 대답하고 있다.

생각하면 망명도 천명이었을지 모른다. 공자는 망명에 의해 인간의 가능성을 끝까지 추구하는 기회를 얻었던 것이다. 만일 공자가 노나라의 일개 정치가로서 지위를 지킬 수 있었다면, 정나라 자산과 제나라 안자 같은 현인 정치가로서 명성을 남길 수는 있었을 것이다. 그러나 주공을 꿈꾸는 일이 과연 있을 수 있었을까. 사문(斯文)으로서 스스로 자임하는 일이 과연 가능했을까. 무엇보다도 공자는 이 망명 기간의 세월을 '꿈과 그림자' 속에서 보냈다. 이상과 현실의 상극 속에 몸을 두었지만, 모든 것은 그 같은 엄혹한 모순 극복을 해야만 성취될 수 있다.

도가 행해지지 않는구나

망명은 공자를 대성시켰다. 그의 인격과 사상은 망명 생활을 통해 실천적으로 획득되었던 것이다. 그것은 단적으로 "천명을 안다"(「위정」)는 말로 집약된다. "나는 말을 아니하고자 한다"(「양화」)는 것도 모든 것을 위대한 이법 그대로 따르려고 한다는 의미일 것이다. 이법은 언어를 초월한 곳에 있다.

공자가 후계자 문제와 관련되어 위나라를 떠난 것은 예순 살 무렵일 것이다. 『논어』「헌문」 편에는 위나라 현인으로 이름난 거백옥이 공자에게 사자를 보낸 일이 기록되어 있다. 거백옥은 『좌전』에 보이는 경력으로 미루어보면 공자보다 쉰 살가량 연장자로 추정되고, 실제로 있었던 일인지는 의문이지만 공자가 거백옥이라는 인물에게 깊은 관심을 지녔다는 사실은 다른 기록을 통해서도 알 수 있다. 「위령공」 편에 공자가 거백옥을 평해서 "군자답도다. 거백옥이여! 나라에 도가 있으면 벼슬을 하고, 나라에 도가 없으면 재능을 거두어〔卷〕 감출〔懷〕 줄 알았도다"라고 한 말이 수록되어 있다. '(재능을) 거두어 감추어둔다〔卷懷〕'는 말은 그때까지 공자에게서 보이지 않

앗던 말이다. 공자의 회심(回心)에 거백옥의 삶의 태도가
작용하고 있었을지도 모른다.

또한 「술이」편에 그 시기를 알 수 없지만 공자와 안회·
자로의 문답이 기록되어 있다.

　공자가 안연에게 말씀하시기를 "나라에 등용되면 나아
　가 도를 행하고, 버려지면 물러나 은거할 수 있는 자는
　오직 나와 너뿐일 것이로다"고 하셨다.

안회에게 그 행장(行藏)을 스승과 같이 행하는 것을 허
용하고 있으므로 아마도 망명 생활이 종반에 이른 무렵
의 일이었을 것이다. 이 말은 앞서 거백옥에 대해서 공자
가 했던 비평과 동일한 취지다.

이때 자로 자신에 대한 스승의 평가를 확인하고 싶어
서 재빨리 묻는다.

"선생님께서 삼군(三軍)을 거느리고 출정하신다면 누구
와 함께하시겠습니까?"

처음부터 자기 이름이 거론될 것을 기대하고 한 말이
다. 그러나 공자는 정답게 말을 건네지 않았다. "맨손으
로 범을 때려잡으려 하고, 맨발로 배 없이 황하를 건너려

다 죽어도 후회하지 않는 자와는 함께하지 않을 것이다. 반드시 일에 임해 두려워하고 꾀를 잘 내어 일을 성취하는 자와 함께하겠다"고 했다. 공자에게 가장 충실했던 이 제자는 가엾게도 언제나 남만 돋보이게 하는 보조 역할로 끝나고 만 것이다.

거백옥에 관한 언급은 『장자』에서도 여기저기 보인다. 「칙양(則陽)」편에 "거백옥은 나이 예순 살이 될 때까지 60번이나 새롭게 변화했다"고 하고, 예순 살이 되어서야 쉰아홉 살까지 살았던 삶의 방식이 잘못된 것을 알았다고 일컬어졌던 인물이다. 「우언(寓言)」편에는 이것을 공자에 관한 언급이라고 하지만, "59년의 잘못을 안다"고 한 말은 『회남자』「원도(原道)」편에서 거백옥에 관한 일로 자주 등장하기 때문에 공자에 관한 말이라고 본 것은 잘못이다. 『장자』「인간세(人間世)」편에는 거백옥을 득도한 사람으로 이야기하는 장편의 문장이 있는데, 거백옥과 안합(顔闔)의 문답이라는 형식을 취한다. 또한 공자와 안회, 공자와 섭공, 공자와 초광의 이야기 등이 실려 있다. 장주가 유학에 밝았다고 하는데 그의 학통은 어쩌면 안씨의 유(儒)에서 비롯된 것인지 모른다. 아마도 공자 망명중의 학문이 그 땅에 전해진 듯하다.

『논어』의 첫머리인「학이」편 제1장은 일반적으로 공자 교단의 강령을 나타낸 것이라고 이해된다.

배우고 제때에 그것을 익히면 또한 기쁘지 않겠는가. 벗이 먼 데서 찾아오는 일이 있으면 또한 즐겁지 않겠는가. 사람들이 알아주지 않더라도 노여움을 품지 않으면 또한 군자가 아니겠느냐.

전체가 동일한 어법으로 다듬어져 있다. '배운다〔學〕'는 말의 분명한 목적어가 붙어 있지 않으며, '익힌다〔習〕'는 것은 예를 익힌다는 것을 의미한다. 공자는 송나라에서 재난을 당했을 때에도 제자와 큰 나무 아래서 예를 익히고 있었다. 또한 도를 통해 서로 만난 친구가 먼 데서 찾아온다는 것은 일상적인 일이 아니므로 이 경우에 '있다〔有〕'란 한정의 뜻이다. 공자 문하 제자들의 출신과 연령으로 미루어보아 먼 지역에서도 사람들이 찾아오게 된 것은 공자 만년의 일일 것이다. 더욱이 맨 마지막 장은 권회(卷懷)에 관한 것을 말한다. 이 같은 강령은 결코 체제 비판에서 출발했던 초기 교단의 성격을 보여준 것이 아니다. 오히려 만년 교단의 모습을 보여준 것이다.「학이」

편에는 공자 최만년의 제자들의 어록이 중심을 이룬다.

공자는 예순아홉 살이 되어 겨우 고국의 땅을 밟았다. "위태로운 나라에는 들어가지 말고, 어지러운 나라에는 살지 아니하며, 천하에 도가 있으면 벼슬하고, 도가 없으면 숨을 것이니라"(「태백」)는 그 숨어야 할 때가 다가왔던 것 같다. 말하자면 처음부터 도가 없는 세상이었다. 어느 나라라고 할 것 없이 위태로운 나라이며 어지러운 나라였다. "도가 행해지지 않음을 나는 안다", "도가 행해지지 않는구나"(『예기』 「중용」)라는 절망을 안고도 공자는 방황을 계속했던 것이다.

귀국하고 얼마 지나지 않아 자리를 비운 동안 교단을 돌보았던 아들 백어(伯魚)를 여의고 애제자인 안회까지 잃는다. 게다가 공자 자신도 큰 병을 앓았다. 공자는 완전히 늙어버렸던 것 같다. 주공도 꿈에 나타나지 않게 되었다. 공자는 『시』와 『예』·『악』의 정리를 서둘렀다. "내가 위나라에서 노나라로 돌아온 후에야 악(樂)이 바르게 되어, 아(雅)와 송(頌)이 각각 제자리를 얻게 되었다"(「자한」)는 것은 그 성과 가운데 하나다. 자신이 찾아낸 문화의 전통을 구체적인 형태로 후세에 남기려 했던 것이다.

『논어』에는 지족안분(知足安分), 천명을 즐기고 빈천(貧

賤)에 안분하는 삶을 설파하는 대목이 많다. 이러고 보니 유교는 본디 개인주의 입장에 선 것이라고 주장하는 사람도 있다. 그러나 그것은 초기 교단의 존재 양상을 보더라도 본래의 성격은 아니다. 공자가 권회의 마음을 지니게 된 것은 위나라에서 거백옥의 유풍을 접하고 난 다음의 일이다. 진(陳)나라와 채나라 국경에서 재난을 당했을 때 "나의 도가 잘못된 것인가?"(『사기』「공자세가」) 하는 회의를 품게 되기까지 공자는 '동주(東周)를 만드는'(「양화」) 일을 이상으로 삼았다.

만년의 공자는 도를 즐기며 회의할 것이 없는 생활을 했다. "예순에는 귀가 순해졌다" 하고, "일흔에는 마음이 하고자 하는 대로 좇아도 법도를 넘지 아니했다"(「위정」)는 자재(自在)의 경지에 도달했는데, 그것은 주객을 초월한 세계였다. 거기에는 은거의 즐거움이 있었다.

거친 밥을 먹고 물을 마시며 팔베개를 하고 누웠어도 즐거움은 또한 그 가운데 있다네. 의롭지 않은데 돈 많고 벼슬 높은 것은 내게 뜬구름과 같은 것이다.

「술이」

자공이 말하기를 "가난하지만 아첨하지 않고, 부유하
면서도 교만하지 않으면 어떻습니까?" 공자가 말씀하시
기를 "그것도 괜찮으나 가난하면서도 도를 즐기고, 부유
하면서도 예를 좋아하는 것만 같지 못하다"고 하셨다.

「학이」

　"숨어 살면서 자기 뜻을 구하고, 벼슬하면서 정의를 행
하면서 자기 이상을 달성한다"고 했는데, 나는 그런 말
을 들어보기는 했으나 그런 사람을 보지는 못했다.

「계씨」

　여기서는 은거낙지(隱居樂志)의 지극한 경지를 노래한
다. 세상일은 뜬구름과 같고, 존재하는 것은 단지 주체적
인 생활인으로서의 자아뿐이다. 그것은 누추한 골목길
에 살며 찢어지게 가난한 삶 속에서야 비로소 얻을 수 있
었다. 부와 권력을 거부한 곳에서만 그러한 기쁨이 존재
한다. 만약 지극한 경지를 위협하는 것이 있다면, 다시
큰 걸음으로 그곳을 벗어나는 길밖에 없다.

　공자께서 구이(九夷)에 가서 살고자 하셨다. 어떤 사람

이 말하기를 "누추할 텐데 어찌 사시겠습니까?"라고 하자, 공자께서 "군자가 사는 곳에 무슨 누추함이 있겠는가"라고 하셨다.

「자한」

이제야말로 주어진 세계와 주체의 전환이 이루어진다. 체제는 완전히 거부된다. 군자가 있는 곳이야말로 인(仁)인 것이다. 중원의 혼란과 부패를 생각하면 아득한 변경의 땅이야말로 도리어 지순한 생활이 있을 것이다. 투쟁의 장소는 군자가 거처할 세계가 아니다. 거기서는 순수한 자아를 지켜낼 수가 없다. "도가 행해지지 않는다면 뗏목을 엮어 타고서 바다로 나아가련다"(「공야장」)라고까지 말한다. 일찍이 체제를 부정했던 개혁자의 격정적인 모습은 보이지 않는다. 사문(斯文)을 자부하는 사람의 모습도 없다. 그러나 실은 좀 더 주체적인 입장이 존재하는 것이다. 그러한 경지를 이해할 수 있는 이는 공자 문하 가운데서도 아마 안회뿐이었을 것이다. 망명자의 체험을 가진 사람만이 알 수 있는 것이다.

대부분의 고제들은 각자 녹봉을 구해 벼슬길에 오르면서 차례로 떠나갔다. "진(陳)·채에서 나를 따르던 제자는 모두 문하에 있지 않구나!"(「선진」)라고 공자는 탄식하는데, 진정한 정신적인 공동체로서 공자 교단은 안회의 죽음과 함께 사실상 사라져버렸다 해도 좋을 것이다. "아아! 하늘이 나를 망쳤구나!"(「선진」) 하고 공자는 통곡했는데 사라진 것은 교단과 교단의 지도 이념이었다.

공자가 죽었을 때, 제자들은 삼년상을 입었다. 공자의 전기 자료와 언행을 기록하고 정리하는 데는 충분한 시간이었을 것이다. 그러나 실제로 그런 사업들이 추진되었던 자취가 없다. 『논어』의 가장 오래된 부분이라고 하더라도 손(孫)제자 이하의 기록이다. 아마도 공자 교단은 더 이상 존재하지 않았을 것이다. 그것은 진정한 정신의 계승자로 지목되던 안회가 공자보다 먼저 세상을 떠났기 때문이다.

공자가 죽은 뒤에 제자들은 사방으로 뿔뿔이 흩어졌고 유파상으로도 분열했다. 유학의 정통으로 자임한 맹자조차 "나는 공자의 직접적인 문도가 되지 못했다"(「이루하」)며, 사숙에 만족한다는 뜻을 밝힌다. 유파의 사정은 복잡했던 듯하다. 다만 공자와 시기적으로 가장 가까운 무자 학파의 「비유」 편에 공자 문하의 제자 가운데 이름을 들어 공격을 가한 것은 초기 문인인 자로와 칠조개다.

자로는 위나라의 변란에서 죽은 무협이다. 칠조개는 처형당했다고 하나 사실 여부를 알 길이 없다. 『한서』「예문지(藝文志)」에 『칠조자(漆雕子)』 13편이 수록되어 있어 유력한 일파였을 것으로 생각된다. 앞서 언급한 것처럼 『맹자』(「공손추 상」)에서 말하는 북궁유는 『한비자』(「현학」)에 나오는 칠조씨의 용감성과 매우 비슷하다. 『논어』(「공야장」)에 보면 공자가 벼슬을 권유하는 것을 칠조개가 사양하는 이야기가 나오는데 어쩌면 그도 유협(儒俠)의 무리였을 것이다.

『사기』「유협열전」에는 원헌(原憲)이 유협(遊俠)의 사(士)로 등장한다. 원헌은 공자의 가재(家宰)가 된 일(「옹야」)도 있는 인물로, 흔히 안회·원헌[顔原]으로 나란히 일컬어진 인물이다. "나라에 도가 없을 때 녹을 먹는 것은 부끄러운 일이다"(「헌문」)라는 스승의 가르침을 지켜, 공자가 죽고 난 뒤에 초야로 달아나 지독하게 궁핍한 생활을 했다는 사실이 『사기』「제자열전」에 보인다. 또한 「유협열전」에는 "계차(季次)·원헌 같은 사람은 여항에 사는 촌사람이 되었다. 그들은 학문에 힘쓰면서 고고한 군자의 덕을 쌓았으며, 정의를 지키며 당대 현실에 구차하게 영합하지 않았으니, 당시 사람들도 그들을 비웃었다. 그래서 일생

쑥으로 지붕을 이은 문이 달린 초라한 집에 살면서 남루한 의복을 입고 조악한 음식도 배불리 먹지 못했으나, 그들이 죽은 뒤 400년의 세월이 흘러도 제자들이 우러르며 존경해 마지않았다"라고 했다. 여기에 유가 전통의 한 흐름이 있었다. 또한 노나라 주가(朱家)의 전기를 실었는데, 고조(高祖)와 같은 시대에 노나라 사람은 모두 유학을 배우기에 힘썼고, 주가(朱家)라는 사람이 의협(義俠)으로 이름났으며 그의 집에 의탁하는 호사(豪士)가 수백 명이었다고 말한다. 『한비자』「오두」편에서는 "유(儒)는 문(文)의 지식을 가지고 법을 어지럽히고, 협(俠)은 무(武)의 폭력으로 금령(禁令)을 깨뜨린다"고 유와 협으로 나란히 불렀고, 「유협열전」에서는 그 말을 앞머리에 인용하고 있다. 『한비자』「문변(問辯)」편에는 또한 "유자의 복장에 칼을 찬 무리가 많다"고 하니, 당시 유협의 무리가 천하에 횡행했던 듯하다. 공자 문하에 맨 처음 입문했던 자로의 전통이 후세까지 계속 이어지고 있었다. 말하자면 유가의 주변부에 불평분자 무리가 존재했다는 사실은 사회사적으로 주목할 만하다.

공자 문하에는 광간(狂簡)의 무리가 많았다. 공자는 진(陳)나라에 있으면서 "돌아가야겠다"고 탄식을 내뱉었을 때 "내 고향 젊은이들은 뜻은 원대하나 일에는 서툴고, 문장은 이루었으되 마름질할 줄 모르는구나!"(「공야장」)라고 말했다. 광간의 사(士)란 '진취적이고', '하지 않는 바가 있는'(「자로」) 사람을 가리킨다. 공자는 그래서 광간의 무리를 깊이 사랑했다.

공자는 다른 무엇보다 "고집쟁이를 미워했고"(「헌문」), 교조주의자를 구제하기 어려운 사람으로 보았다. 다음으로 향원(鄕原)을 미워했다. "향원은 덕을 해치는 도적이다"(「양화」)라고도 했다. 향원이란 겉모양만을 꾸미는 형식주의자다. 이런 종류의 인간보다는 광간의 무리 쪽이 훨씬 높은 등급이다. 그러나 광(狂)에도 옛날과 지금의 차이가 있어 "옛날의 뜻 높은 이〔狂〕는 작은 예절에 얽매이지 않고 거리낌이 없었는데〔肆〕, 지금은 방탕하기만 하다〔蕩〕"(「양화」)고 한다. 사(肆)란 자유롭고 활달하다는 뜻이고, 탕(蕩)은 자기 억제가 없음을 뜻하는 말이다. 공자 문인 가운데서 예를 든다면 자로 같은 사람은 옛날의 광(狂)이었다. 그러나 광간의 무리는 공자가 죽은 뒤에 "마름질할 줄을 모르게 되었고", 차츰 협(俠)으로 변해갔다. 그것은 묵자 무리가 뒤에 묵협(墨俠)이 되는 것과 마찬가지다. 불평분자의 무리는 바야흐로 사회의 일대 풍조가 되었다. 맹자는 "뒤를 따르는 수레 수십 대에, 수행하는 종자 수백 명을 거느리고, 이 제후 저 제후에게 옮겨 다니면서 봉록을 얻어먹었다"(「등문공 하」)고 일컬어졌는데, 맹자를 따르는 추종자는 공자 교단의 제자와는 서로 이질적인 존재였을 것이다.

춘추 말기는 고대적 유제가 붕괴하면서 격렬한 유동(流動)을 보인 시대였다. 구래적 질서에서 벗어난 새로운 사회계층이 출현했고, 유가와 묵가도 그러한 와중에서 성립하게 된다. 따라서 사상운동이 교단 조직 또는 결사 성격이 강한 집단의 형태로 이루어졌다.

공자 교단의 성격은 그와 같은 출발로 미루어보면 당연히 반체제적이었다. 공자가 지도하는 교단은 처음에 현실의 장에서 정치를 다투었다. 그러나 현실의 장에서 다툰다는 것은 대립자와 동일한 차원에 선다는 것이다. 그런 의미에서 공자의 망명은 교단이 새롭게 태어날 기회를 부여하는 것이었다. 무엇보다 그것은 공자의 위대한 인격, 그의 사색과 실천에 따라 생사를 넘나들며 얻어진 것이지만, 사정을 아는 이는 안회 등 두세 명의 고제들에 지나지 않았다. 천명·덕·인 등과 같은 유교의 근본 사상은 그러한 구체적인 실천을 통해서만 획득된다. 이 것을 체험적으로 파악하기란 실제로 거의 불가능하다 하겠다. '사람들이 알아주지 않는'(「학이」) 세계인 것이다. 거기서 권회의 도가 생겨난다.

권회란 주어진 조건을 초월하는 일이다. 주체가 주어진 조건을 규정한다. 단순한 퇴은(退隱)이 아니며 패배가 아니다. 하물며 개인주의적 독선은 더더욱 아니다. 뒤에 장주(莊周)가 그 사상을 심원한 철리로 조직화한다. 또한 유묵이 유협(儒俠)·묵협(墨俠)으로 타락해가는 가운데 권회자의 계보는 사상적으로 커다란 역할을 행하게 되는 것이다.

제 4 장

유교의 비판자

묵가, 동일한 차원의 경쟁자

비판이란 자타를 구별하는 일이다. 그것은 타자를 매개로 해서 자신을 드러내는 일인데, 자타의 구별이 처음부터 분명한 경우에는 비판이란 행위가 생겨나지 않는다. 비판이란 자타를 포괄하는 전체 속에서 자기를 구별하는 일이다. 따라서 그것은 타자를 매개로 하여 끊임없이 자신의 비판 근거를 묻고, 스스로를 비판하고 형성된다. 사상은 그렇게 형성되는 것이다. 유가의 비판자로 생겨난 묵가(墨家), 그러한 묵가의 대립자로 일어난 양주(楊朱), 또한 양묵(楊墨)의 비판자로 등장한 맹자, 맹자를 유가의 정통이 아니라고 주장하는 순자 등, 제자백가로 불리는 전국시대의 다채로운 사상가들의 활동은 이 같은 비판과 재비판을 통해서 전개되었다.

공자 사상은 대부분의 경우 사상의 전개 속에서 비판의 대상인 동시에 재비판의 근거가 되었다. 권외의 사상으로 일컬어진 장자 철학에 대해서도 공자는 명백히 매개 역할을 떠맡고 있다. 오히려 장자 사상을 권회자의 계보 속에서 파악한다면, 그것은 공자의 만년 사상의 정통적인 계승이며 전개였다고까지 말할 수 있다. 사상적인 동란기에 공자는 이미 위대한 사상가로 확고부동한 지위를 차지했다. 『논어』도 아직 완성된 책으로 통용되지 않았던 시기의 일이다. 공자가 죽은 후에도 끊임없이 시대의 비판 속에 놓였다는 사실은 그의 역사적 역할이 여전히 살아 있으며, 그의 역사적인 인격이 새로이 성장해간다는 사실의 반영이다. 공자전(孔子傳)은 언행록의 결집으로서 『논어』가 출현할 때까지 계속되지 않으면 안 되었다. 적어도 『논어』의 결집에 이르기까지 공자상(孔子像)은 계속 고쳐 씌어져야만 했을 것이다.

비판은 이질적인 세계에서 일어나는 것이 아니다. 공동의 연대 위에 자리 잡고도 서로 입장과 목적을 달리하는 데에서 자신만이 이해하는 독자성의 주장으로 생겨나는 것이다. 그런 의미에서 묵가가 처음 유가적 입장에서 출발했다는 전승은 아마도 옳을 것이다.

묵자는 경력이 분명치 않은 인물이다. 활동 시기는 공자가 죽고 난 뒤인 기원전 5세기 후반이 주된 무대였다. 학통의 기원에 대해서는 『여씨춘추』「당염(當染)」편에 묵자 후학이 전한 듯한 설화가 수록되어 있다. 일찍이 노나라 혜공(惠公, 기원전 768~723)이 노나라에서 천지와 조상에 지내는 제사인 교묘(郊廟)의 예를 행할 것을 천자에게 간

청했을 때, 주나라 환왕(桓王, 기원전 719~697)이 사각(史角)이란 인물을 노나라에 파견했다. 사각의 자손은 그대로 노나라에 정착했는데, 묵자는 사각의 자손에게 나아가 배웠다고 한다. 그렇다면 묵가는 사(史)의 학통에서 비롯된 것으로 유가가 무사(巫史)의 학문에서 일어난 것과 기원을 같이한다. 『한서』「예문지」에는 묵가의 문헌으로 「윤일(尹佚)」 두 편이 수록되어 있다. 이것은 전대의 사일(史佚)의 이름에 의탁했겠지만, 성공 4년에 '사일의 지(志)'라고 인용한 것은 그 책과 관계가 있었을 것이다. 『묵자』에서도 유가와 마찬가지로 『시』와 『서』를 많이 인용한 것도 유가와의 친근성을 보여준 예다. 다른 학파의 문헌에서 『시』와 『서』를 인용한 일은 거의 없다.

묵자의 언행을 묵가의 후학이 정리했다고 추정되는 「경주(耕柱)」・「귀의(貴義)」・「공맹(公孟)」・「노문(魯問)」 등의 여러 편에는 유가와 접촉한 사실을 보여주는 서술이 많다. 「경주」 편에 문답자로 등장하는 무마자(巫馬子)는 공자 문하의 무마기(巫馬期)와 관계가 있어 보인다. 무마기의 나이는 묵자보다 쉰 살이나 연장자이므로 무마자는 그 자손이겠지만, 묵자는 무마자에게 귀신론을 전개하는 등 다른 데서도 여러 건의 문답이 보인다. 또한 이 편에는 자하(子夏) 무리와 나눈 문답, 공자와 섭공의 문답에 대한 비판, 공맹자(公孟子)와 나눈 문답 등이 수록되어 있다. 「공맹」편에도 공맹·정번(程繁)과 묵자의 대론이 실려 있는데, 공맹자는 거기서 "장보관(章甫冠)을 쓰고 홀(笏)을 허리에 꽂고 유복을 입고" 상례나 귀신의 문제에 대해 논한다. 또한 정번은 「삼변(三辯)」편에 따르면 유묵(儒墨)을 겸해 배운 학자인 듯한데, 묵자가 "유가의 도로 천하를 망치기에 족한 정치가 네 가지 있다"며 유자가 천지(天志)·명귀(明鬼)·절장(節葬)·비명(非命)의 이치에 통하지 않았음을 극론하자, 정자(程子)도 "대단합니다! 선생께서 유자를 비난하시는 것이"라며 얼굴빛이 달라질 정도였다. 하지만 묵자는 자신의 논점을 정리해가는 과정에서 때로 공자에 대한 칭찬의 말을 아끼지 않았다. 정자가 "유자를 비난하시면서 어째서 공자를 찬양하십니까?"라고 묻자, 묵자는 "공자가 주장하는 바는 이치에 맞고 바꿀 수가 없기 때문이다"라고 답하면서, 공자가 말하는 선왕의 도는 올바르다고 언급한다. 초기의 묵가에는 유묵의 절충적인 경향이 강했을 것이다.

여러 편에 기록된 묵자의 언행이 어디까지 역사성을 지닌 것인지는 알 길이 없다. 그러나 이것을 기록해 전하는 묵가의 의식 속에는 그들이 공자에 대해 품었던 외경의 염이라고 해야 할 그 어떤 것이 흐르고 있는 듯하다. 묵가는 확실히 유가와 비슷한 지점에서 출발한다. 유묵을 성립시켰던 집단의 원초적인 체험 안에는 분명히 공통된 바가 있었다. 거기에는 양자가 축사(祝史)의 학문을 계승했다는 사실 이상으로 좀 더 본질적인 유사성이 있었다. 유가는 앞서 언급했듯이 무축 계층에서 일어났다. 묵가는 아마도 공장(工匠) 따위의 도례(徒隷) 집단을 모태로 해서 성립된 것으로 추정되는데, 이들은 모두 사회의 하층에 속해 있다가 시대가 격변하는 와중에 사회의 표면에 새로운 세력으로 대두한 것이다. 다만 그 집단의 존재 양상은 기나긴 역사의 전통 속에서 태어난, 이질적 체질을 지니는 것이었다.

유가와 묵가는 사회적 계층으로 서로 비슷한 연대 위에 있으면서도 생활인으로서는 서로 다른 체험을 지녔다. 더군다나 유가는 이미 공자에 의해 교학이 조직되어 새로운 사상적 활동을 개시하고 있었다. 묵가가 유가의 비판자로 등장하는 것은 당연한 일이었다. 아마도 묵가는 유가를 비판하면서 유가와의 대립을 통해 자파의 교설을 정리해갔을 것이다. 유가를 매개로 하여 그 비판 근거를 자신 속에서 명확히 하면서 묵가의 사상이 성립되었다. 그러나 서로 유사한 것일수록 가장 엄격하게 구별되지 않으면 안 된다. 그 때문에 대립점이 극단적으로 강조된 경향이 있다. 묵가의 이른바 10론(十論) ─「겸애(兼愛)」·「비공(非攻)」·「상현(尙賢)」·「절용(節用)」·「절장(節葬)」·「비악(非樂)」·「상동(尙同)」·「천지(天志)」·「비명(非命)」·「명귀(明鬼)」─은 어느 것이나 유가를 대상으로 하며 이들을 대립자로 의식했던 주장으로, 이를 뭉뚱그려 말하면 유가를 부정한다는 뜻의 「비유」 한 편에 귀결된다. 이들 10론은 묵가 사상의 중심 부분을 이루는데, 원래 각각 상·중·하로 모두 합쳐 30편이었으나, 지금은 그 가운데 7편이 없어졌으며, 묵가 사상의 중심 부분을 이루고 있다. 「비유」도 원래 상·하 2편이었으나 지금은 하편만이 온전히 남아 있다.

「비유」편은 유가가 말하는 상제설(喪制說)을 비난하고, "부잣집에 장례식이라도 있을라치면 크게 기뻐하며 말하기를 '이로써 먹거나 입거나 할 수 있게 되었다'고 했다"며 상축(喪祝) 집단이라는 유가의 본질을 공격했다. 또한 공자의 행동에 대해서는 공자가 공회(孔悝)·양화·필힐·백공승의 반란을 도왔다고 공격하는 등, 반사회성을 격렬하게 논한다. 그 문장은 앞에서 일부를 인용한 바 있다 (이 책 173쪽 참조). 또한 곽말약이 그의 『십비판서』에서 유교는 인민 해방 시대의 흐름을 따르는 진보 사상이며, 유가를 반란자라고 공격하는 묵가가 당시의 반동사상이라고 규정했다는 것도 앞서 언급한 바 있다. 그러나 곽말약이 반동사상이라고 보는 묵가 사상이 이를테면 길드 사회주의[1] 사상의 고대적 표현이라는 것에 대해서는 뒤에서 분명히 밝히고자 한다.

유교를 노예해방 운동의 이데올로기적 표현으로 규정한 이상, 이와 전면적으로 대립하면서 통렬한 비판을 가했던 묵자는 반대쪽에 세울 수밖에 없겠지만, 묵자가 말하는 겸애·비공(非攻)은 유가가 말하는 신분제 질서에 대해 오히려 공동체 질서를 주장한 것으로 볼 수 있다. 게다가 그 원형은 묵자 집단의 원질을 이루는 것으로 시나베적인 직능 집단의 전통 속에 있었다. 해방되어야 할 것은 차라리 묵자 집단의 기반 안에 존재하는 예속적 신분과 의식 자체였다. 묵자는 때때로 다른 사람들에게서 천인(賤人)으로 불렸다(「귀인」). 공자 역시 "내가 젊었을 때

1) 20세기 초 영국에서 나타난 사회주의의 한 파로, 각종 직능별로 중세 길드적 자치 관리를 하는 단체를 사회의 기본적 요소로 하고, 그것들의 상호 협력에 의해 생산과 소비를 합리적으로 조정하고 사회 발전을 도모하려고 했다.

미천했다"(「자한」)고 술회했지만, 묵자의 경우에는 성씨도 없는 도례(徒隸) 출신이었다.

유묵은 어느 쪽이나 당시의 하층사회에서 태어난 사상이다. 무축의 무리인 유(儒), 공장(工匠)의 무리인 묵(墨), 이 양자는 각자 기나긴 인고의 세월 끝에 새롭게 사회적으로 발언할 기회를 얻었다. 또한 배후에는 각자의 장구한 전통이 있고, 그러한 전통이 양자의 사상운동의 성격을 규정했다. 종교 의례의 집행을 직업으로 하는 자와 기물 제작을 통해 사회생활에 관여한 자 사이에 서로 다른 체질이 형성되었던 것이다. 다만 출신 관계로 보면 양자는 서로 양립하지 못할 대립자이기보다는 차라리 경쟁자의 입장이다. 말하자면 계통이 다른 노동 단체 같은 것이다. 그런 까닭에 상호 비판이 필요했다. 사회적인 대립자 사이에는 비판을 통해 서로 간에 영향을 주고받는 관계가 존재할 수 없다.

유묵 사상은 겉으로는 강렬해 보이지만 기본적으로는 그렇게 다르지 않다. 묵가가 최대의 강령으로 삼는 겸애·비공에 대해서도 그렇게 말할 수 있다. 겸애란 "사랑에는 차등이 없다"(『맹자』「등문공 상」)는 주장이다. 유가는 친근한 사람부터 애정을 점차로 확대해가야 할 것이라고 주장했지만, 그것은 방법상의 문제에 지나지 않는다고 하겠다. 사랑을 인간관계의 기본에 둔다는 점에서는 마찬가지다. 비공에 대해서는, 유가도 오히려 전쟁에 대해 부정적이었다. 공자는 때로 반란자에게 관심을 두었지만, 그것은 정치 변혁의 수단으로써였다. 만년에 노나라에 돌아와 은거하다가 죽기 2년 전인 애공 14년(기원전 481)에 이웃나라 제나라에서 망명자인 객경(客卿) 진항(陳恒)이 임금 간공(簡公)을 시해했다. 그 소식을 들은 공자는 목욕하여 몸을 깨끗이 하고 애공에게 진항을 토벌할 것을 요청했다. 그러나 이 요구는 애초부터 받아들여지지 않았다. 공자는 물러나와 "내가 대부의 말석에 있었기 때문에 감히 말하지 않을 수 없었다"(「헌문」)고 제자들에게 말했다. 이는 의로운 전쟁(義戰)을 벌이자는 주장이지만, 공자는 자신의 언책(言責)을 완수할 뿐 그 이상의 주장은 하지 않는다. 격렬한 의논을 즐겼던 맹자의 경우에도 "백성이 싸우고자 하지 않으면, 왕은 그 나라를 버리고 떠나라"(「양혜왕 하」)고 등문공에게 가르치고 있다. 그는 수백 명의 기계화부대를 거느리고 제후를 위협했던 묵가 집단보다 훨씬 평화주의자였다.

겸애라는 주장이 공자가 주장하는 인에 대치된다고 본

사고방식 역시 인에 대한 충분한 이해 위에 성립된 것이라고 할 수는 없다. 공자가 말하는 인이란 본디 "사람을 사랑한다"(「안연」)는 일면도 있지만, 공자에게는 "단 하루라도 자기를 이겨 예로 돌아간다면, 온 천하가 인에 따르게 될 것이다"(「안연」)라는 인간 존재의 근거에 관한 절대 자각을 가리키는 말이었다. 『논어』에 인을 규정하는 대목이 달리 하나도 보이지 않는 것은 아마도 그것을 표현해낼 수 있는 적당한 방법이 없었기 때문이라고 생각한다. 사상의 극한점에는 그런 곳이 있다고 할 수 있다. 그 심오한 비밀에 참여하는 것은 이미 비판의 한계를 초월한 것이다.

묵가는 유가의 비판자로 일어났다. 비판은 동일한 차원에서 자기 분열 운동이라고 보아야 할 것이다. 그것은 자타를 구별하면서 동시에 새로운 자아를 형성하는 작용이지만, 과연 인간은 진정으로 자아와 타자를 구별할 수 있을까. 타자와 자아에 대한 완전한 인식이 있을 수 있을까. 각자의 사상의 근원에 있는 궁극의 것을 이해한다는 것은 그것과 동일화된다는 것이 아닌가. 그렇기 때문에 비판은 일반적으로 타자를 매개로 하면서 자신을 드러내는 데서 끝난다. 이것은 역사적 인식을 목적으로 하는 오늘날의 연구자에게도 할 수 있는 말이다.

상동과 겸애의 결사 집단

묵자의 묵(墨)이라는 이름에 대해서 종래 수많은 견해가 제기되어왔다. 묵형(墨刑)을 받은 수형자, 공작할 때 쓰이는 묵승(墨繩) 또는 송나라의 목이씨(目夷氏)의 후예로 묵은 목이(目夷)의 약음(約音)이라는 설 등이 있다. 이 가운데에서 묵형설이 합당하다고 생각한다. 유(儒)가 무축의 옛 이름에서 나온 것처럼, 묵이란 원래 묵형을 받은 도역자(徒役者)를 일컫는 말이었을 것이다. 서주 시대 금문이나 문헌에 백공(百工)의 이름이 보이는데, 이들은 신첩(臣妾) 등과 한 부류로 인식되었던 부자유민들이다. 서주 후기의 금문인 사기궤(師毀𣪘)에 "그대에게 명해 우리 나라를 다스리게 하고, 아울러 서편(西偏)과 동편(東偏)의 복어(僕馭)·백공(百工)·목(牧)·신첩(臣妾)을 관리하게 하노라"는 임명이 기록되어 있는데, 이들 백공·목·신첩은 동서의 양부(部)에 편성되었던 것이다. 또한 이궤(伊𣪘)에는 "왕이 영윤(令尹) 봉(封)을 불러서 이(伊)에 책명(策命)하시다. 아울러 강궁(康宮)의 왕의 신첩·백공을 관리하라고 명하시다"라고 기록했는데, 이들 백공은 강궁이라고 불리는 선왕의 묘에 속하는 도례들이었다. 일본 고대의 시나베에 가까운 경우라고 생각해도 좋다.

노예를 동(童)이라고 했다. 『덴지기(天智紀)』[2] 등에 고대 가요 형태로 보이는 동요(童謠)는 이들의 노동가였다. 동(童)·첩(妾)은 어느 것이나 본래 신(辛)에 속한 글자로 신은 입묵(入墨)에 쓰이는 바늘을 가리키므로, 동·첩이란 묵형을 당한 수형자를 뜻한다. 백공(百工)도 기원적으로 그 같은 수형자 출신이 많으며, 신(神)의 도례가 된 자들이다. 백공이란 기물의 제작자와 생산자를 가리킨다. 그들은 왕궁이나 귀족에게 부곡(部曲)으로서 예속했다. 이미 고대 은·주 시기에 수많은 직능 씨족이 있었고, 그들 가운데 총체적인 예속 관계이면서 부곡화된 경우도 있었다. 어느 경우든 씨족의 형태로 또는 의제적(擬制的) 형태로 집단을 형성했던 이들이다. 고대 관제를 기록한 『주례(周禮)』에 이들 일군의 제작자에 대해서 기록한 「고공기」가 남아 있는데, 야씨(冶氏)·단씨(段氏) 등의 금속 세공 장인을 비롯해 성씨를 그대로 직명으로 삼은 자가 많고, 다른 여

---

2) 대화개신(大化改新)의 중심인물로 유명한 덴지(天智) 천황의 전기다.

러 편에도 고대의 의례에 관계하는 경우에 '씨(氏)'라고 일컫는 예가 많다. 직능제의 잔재로 추정된다.

묵자의 학통이 이 같은 제작자 집단에서 일어났다는 점은 『묵자』71편 가운데 현재 남아 있는 53편의 내용으로 미루어보아도 쉽게 추측할 수 있다. 『묵자』의 기술에는 일반적으로 기계(機械)·병기(兵器)의 제작에 대해 언급한 것이 많고, 특히 「노문(魯問)」이하 「비성문(備城門)」·「비고림(備高臨)」등의 20여 편은 모두 공수(攻守)의 방법에 관련된 병기 문제를 논하고 있다. 이들 여러 편은 묵자 후학의 문헌인 듯한데, 이 경우에 그다지 문제되지 않는다. 유가 문헌의 총집인 『예기』에 상장(喪葬)에 관한 내용이 압도적으로 많은 것처럼, 『묵자』에 이러한 종류의 내용이 많은 것은 묵학(墨學)의 성립 기반이 어떠한 것이었는가를 보여주기에 충분한 것이다.

묵자 자신도 제작에 뛰어난 솜씨가 있었던 사람인 것 같다. 묵자가 3년에 걸쳐 목연(木鳶)을 만들어 날려 보였다는 이야기가 『한비자』「외저설 상」편에 보이고, 『묵자』「노문」편에는 묵자가 공수자(公輸子)와 나눈 대론(對論)에서 "그대가 까치를 만드는 것은 적(翟: 묵자의 이름)이 수레바퀴를 만드는 것에 미치지 못한다"고 말했다. 적

(翟)을 장(匠)자의 오자로 보는 설도 있으나, 아무튼 주체가 누구든 간에 목공의 솜씨가 뛰어남을 논한 것이다.

또한 묵자의 교설 가운데는 집이나 배·수레 또는 직각자인 규구(規矩)나 녹로(轆轤)인 운균(運鈞) 등을 예로 든 경우가 많다.

자묵자(子墨子)가 말했다.

"천하에 일을 하는 이는 일정한 규준이 없으면 안 된다. 규준도 없이 일을 완성할 이는 없다. 백공(百工)의 일에도 모두 규준이 있다. 이들 백공이 방형(方形)을 만들때에는 반드시 곱자를 쓰고, 원형을 만들 때에는 반드시 그림쇠를 사용한다. 직선을 그을 때는 먹줄, 수직을 맞추는 데에는 추, 평면에는 수준기 등을 사용한다. (……) 솜씨가 뛰어난 장인은 규준대로 할 수 있지만, 솜씨가 서투른 장인은 규준대로 할 수가 없다. 그러나 이들 규준에 의지해 일하면 규준을 사용하지 않는 것보다는 역시 나을 것이다."

「법의(法儀)」

자묵자가 말했다. "의논을 하는 경우에는 반드시 판단

력의 규준을 세워야 한다. 규준이 없는 것은 비유하자면
녹로 위에서 아침저녁 태양의 방향을 측정하는 방위목
(方位木)인 조석(朝夕)을 세우는 것과 같은 것이다. 시비와
이해의 구별을 분명히 알 수가 없다."

「비명 상(非命上)」

이 같은 비유는 다른 곳에서도 자주 보인다. 묵자의 학
문은 훗날 별묵(別墨)이라고 불리는 일파에 의해 뛰어난
논리학으로 조직되는데, 그 「경(經)」·「경설(經說)」에 거론
된 명제 가운데는 선과 입체, 빛과 물체 등에 관련된 이
른바 기하학·광학·역학에 관한 내용이 많다. 그것은 원
래 제작자로서 익혔던 지식이 논리학적인 명제 형태로
정리된 것이다. 또한 "명(名)으로 대상을 지시하고, 사(辭)
로 의견을 펴고, 설(說)로 이유를 밝힌다"(「소취〔小取〕」)는,
요컨대 개념으로 사실을 밝히고, 명제로 의미를 명확히
하고, 추론에 따라 이유를 나타낸다는 논리적인 사고법,
나아가 이 학파에서 형식론적 사유 방법도 연결되는 것
이다.

묵자는 현실 세계를 왕공대인(王公大人)과 사군자(士君
子)와 천인(賤人) 등의 삼자로 나눈다(「비악 상〔非樂上〕」). 이

것이 묵자가 지니는 현실상이다. 천인은 또한 '농부와 공장과 상인〔農與工肆之人〕'(「상현 상」)이라 일컬어지는 사람들인데, 묵자는 자신을 천인의 지위에 둔다. 왕공대인이란 말에는 이 집단에 속하는 이들의 신분적인 현실감각이 있다고 생각되지만, 묵자는 언제나 천인의 입장에서 발언한 것이다.

묵자가 초나라를 여행할 적에 혜왕(惠王, 기원전 488~432)은 노령을 이유로 만나기를 사양하고 대신 목하(穆賀)를 사자로 보내 묵자를 만나보게 했다. 목하는 묵자에게 "당신의 의견은 참으로 훌륭하지만, 초나라 임금은 천하의 대왕이시니, 당신과 같은 미천한 사람의 의견은 받아들이시지 않을 것입니다"라고 했다. 자묵자는 "왕께서 병이 났을 때에 약이 풀뿌리라고 해서 쓰시지 않겠습니까. 상제(上帝) 귀신에게 제사 드리는 제물을 농부가 거둔 것이라 해서 쓰시지 않겠습니까. 이윤(伊尹)은 천하의 천인이지만 탕왕(湯王)은 훌륭한 의사, 좋은 약과 같은 인재로 여겨서 곧장 초빙했던 것입니다"(「귀의〔貴義〕」)라고 당당하게 대답한다.

백공(百工)이라 불리는 직능 집단은 모두 강한 단결력

과 엄격한 결사의 성격을 지니고 있었던 듯하다. 『좌전』에는 양공 23년(기원전 550)에 진(陳)나라 경씨(慶氏)의 난 때 공인(工人)들이 경씨를 멸망시켰던 사건을 기록하고 있다. 경씨의 명으로 성벽을 쌓던 공인이 잘못해서 판축(版築)용 널판을 떨어뜨려 사람을 사상케 하여 경씨가 역장(役長) 두 사람을 처형시켰다. 이에 격노한 공인들이 도리어 경씨를 공격해 살해했던 것이다. 그들이 일단 단결하면 진나라에서 쿠데타를 일으킬 정도로 유력한 경씨 같은 웅족(雄族)도 진압할 수가 없어 멸망하고 말았다. 또한 애공 25년(기원전 470)에는 위나라의 불평분자가 삼장(三匠)의 무리를 자기편에 끌어들여 난을 일으켰다. 이때 공장(工匠)들이 날카로운 무기와 도끼를 들고 궁궐을 공격하니, 위후(衛侯)가 국외로 달아나 월(越)나라의 구원을 받게 되는 대사건이 벌어졌다. 이보다 앞서 정나라 상인, 위나라 공인(工人)과 상인이 이미 국정에 영향을 미치는 커다란 세력을 가지고 있었다는 사실, 또한 주나라에서는 왕자 조가 왕실로부터 직록을 잃게 되자 왕실의 보호를 받지 못하는 백공의 무리에 의지해 반란을 일으켰던 일은 앞서 이야기했다(이 책 193쪽 참조). 이때 왕자 조에게 가담한 공인 가운데 장인(牆人)·직인(直人)이라고 불리는 읍이 있었는데, 장(牆: 미장이)·직(直: 식〔埴〕, 토기 제작자)은 직능에 따라 독립된 읍에 살았던 것 같다. 묵자 집단의 원질을 이루는 것은, 이미 춘추 말기의 공인 집단 속에서 찾아낼 수 있다.

일련의 반란을 통해서 알 수 있듯이 이들은 뛰어나게 실천적인 성격을 지니고 있었다. 그들은 무축의 무리가 신무를, 의가(醫家)가 신농(神農)을 조종(祖宗)으로 삼는 것처럼 치수(治水)의 신이라는 우(禹)를 자신들의 신앙 대상으로 삼았다. 우는 금문(金文)의 경우 진(秦)나라의 진공궤(秦公䀇: 진나라 경공〔景公, 기원전 576~537〕 초기의 그릇) 또는 제나라의 숙이종(叔夷鐘: 기원전 581년의 그릇) 등에 이미 그 이름을 보이는데, 아마도 고대부터 공장(工匠) 집단의 수호신으로 받들어졌던 것 같다. 『장자』「천하」편에 보면 "우(禹)는 치수를 위해 천하를 돌아다니느라 정강이 털이 다 닳아 없어졌고, 장맛비에 흠뻑 젖은 채 모진 바람에 머리카락을 휘날리면서 공을 쌓았는데, 후세의 묵가 집단도 남루한 옷을 입고 밤낮 쉴새없이 갖은 고생을 다하였다고 한다"고 되어 있다. 『맹자』「진심 상」편에도 묵자는 "이마를 갈아 발꿈치에 이르더라도 천하에 이로우면 했다"고 기록되어 있는데, 그들의 활동에는 일종의 종교적 정열을 느끼게 하는 바가 있다. 묵가 집단이 지닌 놀랄 만한 행동력은, 강고한 결사의 특성과 신앙 단체에 가까운 그들의 봉사 정신에서 비롯되는 듯하다. 그것은 때로 거의 광(狂)에 가까운 것이었다.

공자가 광간의 무리를 아꼈던 것처럼 묵가도 광(狂)이나 광질(狂疾) 같은 말을 좋아했던 것 같다. 묵가는 그들이 옳다고 여기는 바를 관철하기 위해 "광인(狂人)이라고 불린다 하더라도 어찌 슬퍼하겠는가?"(「경주」)라면서, "주공(周公)과 같은 이도 옛날의 광자였다"(「경주」)고 말한다. 당시에 반체제 입장에 서 있던 양자에게는 변혁자적 정열이라는 점에서도 서로 통하는 바가 있었을 것이다. 이러한 광기(狂氣)는 면면하게 이어져 유협(儒俠)이 되고 묵협(墨俠)이 되었다. 다만 유묵의 차이는 양쪽의 협(俠)에서도 그대로 반영되고 있다.

유가의 협은, 예를 들어 원헌(原憲)처럼 초야로 달아나 체제 밖에서 자신의 주체성을 지키려는 은일자에 가까운 굴절된 모습을 취한다. 그러나 묵가는 묵가의 존재 양상 자체가 본래 협적(俠的)인 성격을 지니고 있었다. 『회남자』「태족훈」 편에 보면 "묵자에게 사역에 종사하는 이가 180인 있었는데, 모두 불속으로 들어가 칼날을 밟으면서도 죽어도 적에게 등을 보이지 않게끔 만들었으니, 이것은 교화를 통해 그렇게 만든 것이다"라고 했다. 말하자면 자로와 같은 협이었다. 상동(尙同)·겸애를 설파하는 이 폐쇄성 강한 집단은 그대로 전투 집단이 될 수도 있는 성격을 지녔다.

묵가는 강고한 결사의 성격을 기반으로 격렬한 실천적 운동을 전개했다. 그리하여 이내 천하의 저명한 학문인 현학(顯學)이 되었다. 묵가 집단은 거자(鉅子)로 불리는 지도자가 통솔했다. 거자는 집단에 대한 절대적인 지도권을 가지고 성인으로 대접받았다. 게다가 이 전제자(專制者)는 엄격한 계율 속에서 살았다. 『여씨춘추』「거사(去私)」편에 거자 복돈(腹䵍)의 이야기가 나온다. 진(秦)나라에서 활동하던 이른바 진묵(秦墨)의 거자였는데, 그 아들이 사람을 죽였다. 진나라 혜왕(惠王)은 묵가 집단 장로의 자식을 차마 죽일 수가 없어 형벌을 면해주려 했다. 그러나 복돈은 "우리 묵가의 법은 '사람을 죽인 자는 죽어야 한다'고 규정하고 있습니다"라며 자신의 아들을 죽였다. "아버지는 자식을 위해 숨기는"(「자로」) 것을 정직하다고 한 공자의 입장과는 근본적으로 다른 것이다.

이 같은 엄격한 자율성은 묵가가 주로 전투 집단으로

활약한 일과 관련이 있다. 묵자도 이같이 아마 전투 집단으로 화한 백공(百工) 무리의 지도자이자 조직자였다고 생각된다. 묵자의 활동으로 잘 알려진 구송(救宋) 설화는 「공수(公輸)」편을 비롯해 『여씨춘추』「애류(愛類)」·『전국책』「송책(宋策)」·『회남자』「수무훈(修務訓)」편 등에도 보이는데, 초기 묵가 활동을 전해주는 것으로 흥미롭다. 설화는 다음과 같은 이야기로 되어 있다.

공수반(公輸般)이 초나라를 위해 운제(雲梯)라는 기계를 만들어 송나라를 치려고 했다. 운제는 성을 공격하는 데 쓰인 긴 사다리다. 묵자는 그때 제나라에 있었는데 그 소식을 듣고 열흘 낮 열흘 밤을 꼬박 걸어서 초나라 도읍인 영(郢)에 도착해, 그 싸움이 아무런 의미도 없는 것임을 논한다. 공수자(公輸子)도 그의 ˙비공설(非攻說)에 승복했으나, 이미 초나라 왕과 약속했으므로 계획을 중지할 수 없다고 거절한다. 그래서 묵자는 직접 초나라 왕을 만나서 송나라를 공격하는 것은 무익한 일이며 대왕의 의(義)만 손상되는 일이라고 논한다. 하지만 결국 왕 앞에서 공수자가 만든 운제의 기술을 시험해보고, 묵자는 그의 공격을 아홉 번이나 막아 보인다. 초나라에서는 이 방해자를 죽이려고 몰래 모의한다. 그 사실을 안 묵자는 "신의 제자 금활리(禽滑釐) 등 300인은 이미 제가 만든 수비 기계를 가지고 송나라 성 위에서 초나라의 공격을 기다리고 있습니다. 그러므로 설령 신을 죽인다 해도 송나라를 지키는 자를 막을 길이 없습니다"라고 한다. 초나라는 마침내 송나라에 대한 공격을 단념한다.

묵자가 이런 정열로 위험을 무릅쓰고 송나라를 위해 구원했던 것은 묵자가 송나라 출신이라는 까닭도 있었을 것이다. 그러나 묵자는 그 후에도 약소국이나 소읍을 위해 비슷한 활동을 계속했는데, 이는 아마도 왕공대인(王公大人)들의 야망을 꺾고 자신의 겸애와 비공설을 실천하려던 것으로 생각된다. 그러나 그의 이상주의는 영토 국가의 확대와 통일을 지향하며 격동하는 시대의 와중에 때때로 고립되었다. 송나라를 구원하는 일에 성공한 묵자는 서둘러 송나라로 갔지만, 성문을 굳게 지키던 병사들은 묵자의 그러한 활동을 알지 못하고 성문을 잠근 채 열어주지 않았다. 묵자는 내리 퍼붓는 빗속에 하염없이 서 있었다고 한다. 그 마지막 부분은 "일을 신비하게 다스리는 자는 보통 사람들이 공적을 알지 못한다"(「공수(公輸)」)라는 격언 투의 말로 마무리했다. 그런데 공자가 망명 도중에 '상갓집 개'라고 불린 것처럼 변혁기 사상가들에게는 그와 같이 고독한 때가 많았던 것이다.

묵자는 또한 제나라가 노나라를 치려는 것을 중지시키려고 했으나 성공하지 못하자, 제자 승작(勝綽)으로 하여금 제나라 장군 항자우(項子牛)에게 보내 벼슬하도록 해서 내부서 견제하려 했지만, 그 계책이 시행되기 어렵다는 것을 알고는 다시 불러들였다(「노문」). 또한 위나라에도 고제인 고석자(高石子)를 파견해서 절용부국(節用富國)의 설로 임금에게 간언하게 했지만, 위나라 임금이 그 계책을 쓰려는 뜻이 없었다. 그러자 고석자는 후한 녹봉을 버리고 광인이라는 소리를 들으면서 떠나가 버렸다(「경주」).

묵자는 이러한 활동을 통해 겸애와 비공의 실천을 끊임없이 추구해갔지만, 시대가 통일을 향해 나아감에 따라 묵가의 후학은 드디어 상동(尙同)과 천지(天志)[3]의 설을 주장하면서 도리어 강대국을 지원하는 대규모 기계화 군단의 양상을 띠게 되었다. 초나라나 진(秦)나라에서 활약한 묵가 가운데는 일정한 성읍의 수비를 청부 맡는 자가 나타났다. 묵가 최후의 거자(鉅子)였던 맹승(孟勝)도 초나라 양성군(陽城君)을 위해 집단을 이끌고 양성 수비를 맡았던 인물이다. 양성군은 뒤에 초나라의 내란에 휩쓸려

---

3) 「상동」과 「천지」는 모두 『묵자』의 편명이다.

영지를 몰수당하고 탈주한다. 『여씨춘추』「상덕(上德)」편
에 따르면 이때 맹승은 양성을 지켜내지 못하고 거기에
대한 책임을 진 채 자살한다. 묵가의 전통이 단절되는 것
을 두려워해서 이를 말리는 부하들에게 맹승은 "묵자의
의(義)를 행하는 일이야말로 업을 잇는 것이다. 거자의
지위는 송나라의 전양자(田襄子)에게 맡기고 싶다"면서 죽
었다. 이때 따라 죽은 제자가 183인이었다. 전양자에게
사자로 갔던 두 사람도 전양자가 만류하는 것을 듣지 않
고 돌아와서는 맹승을 위해 따라 죽었다. 공자 문하의 심
상 3년과는 사뭇 이야기가 다르지만 장렬함을 극했다 할
수 있다. 고대 유묵의 교단에는 역시 공통된 무언가가 있
었던 듯하다.

묵자와 맹자의 시대

묵자는 '묵자의 의(義)'를 위해 헌신한 동시에 '묵자의
의' 때문에 멸망했다. 묵자의 의란 도대체 무엇인가. 무
엇이 그런 헌신을 요구했고, 무엇이 자기 투기적인 멸망
을 초래했을까. 이렇듯 길드 사회주의의 고대적 형태라

고도 생각되는 이 집단이 중국 사상사에 보여준 궤적은 분명히 현대의 우리에게도 깊은 관심을 불러일으키고 있다. 더욱이 이 사상은 현대 중국의 대표적 학자에 의해, 노예해방 운동의 지도 이데올로기였던 유교의 반대자이므로 반동사상이었다고 규정되고 있다. 묵가의 문제에 자못 현대적 과제가 포함된 것처럼 여겨진다.

의(義)는 묵가에게 최고 이념이다. "세상의 모든 것에 의보다 귀한 것이 없다"(「귀의」)는 것이 구호였다. 의란 사람이 사는 길이다. 따라서 본래 한 사람이 있으면 하나의 의가 있고, 열 사람이 있으면 열 가지 의가 있고, 백 사람이 있으면 백 가지 의가 있으므로 거기서 천하가 어지러워졌다(「상동」). 이것을 보편타당한 의로 돌아가게 하는 것이 대의(大義)이며 공의(公義)다. "의는 이(利)다"(「경상〔經上〕」)라고 할 때의 이(利)는 본래 의(宜)를 의미하며 타당성을 뜻한다. 그러나 의로 삼는 바가 열 사람이 있으면 열 가지 의가 있는 이상, 그러한 의를 보편타당케 해주는 절대적인 근거가 없어서는 안 된다. 그것은 천지(天志)에 의해서 정해진다. "하늘은 정의를 바라고, 불의를 미워한다"(「천지 상〔天志上〕」)는 것이 절대 명법(命法)의 근거다. 따라서 "하늘의 뜻에 따르는 것은 정의에 따른 정치를 행하는 것이다. 하늘의 뜻에 반한다는 것은 힘에 의한 정치"(「천지 상」)라는 것이다.

하늘은 뜻을 가진다. 명확하게 영적인 실재다. 우리는 귀신의 실재로 하늘의 뜻이 있다는 것을 확인할 수 있다. "하늘의 귀신이 있고, 산수(山水)의 귀신이 있고, 사람이 죽어서 귀신이 되는 것이 있다"(「명귀 하〔明鬼下〕」). 증거는 보고 들은 범위 안에 얼마든지 있다면서 묵자는 예증을 들고 있다. 주나라 선왕(宣王)에게 살해된 두백(杜伯)의 유령 이야기, 제나라 신사(神社)의 신판(神判) 이야기 등 열국의 『춘추』나 그 밖의 문헌, 나아가서는 『시』·『서』까지 인용한다. 명귀(明鬼)에 의해 하늘의 뜻이 존재함을 실증할 수 있는데, 하늘(天)은 전지전능자다. "하늘이야말로 가장 귀하고, 하늘이야말로 가장 지혜로운 것"(「천지 중〔天志中〕」)이라고 한다. 의는 가장 귀하고 가장 지혜로운 하늘에서 나오기 때문에 절대라고 한다. 후대 별묵(別墨)의 정치한 논리학에 비하면 매우 거칠고 소박한 논증법이지만, 도리어 초기 묵가의 방법을 간직하고 있는 것이리라.

이처럼 완미하기까지 한 신비론은 공장(工匠) 집단으로서 묵가의 체질에 뿌리를 둔 것으로 볼 수 있다. 고대에 직능자는 종종 업조신(業祖神)의 제사를 지냈다. 「경주(耕

柱」편에는 야금(冶金)의 신으로 비렴(蜚廉)을, 도주(陶鑄)의 신으로 곤오(昆吾)를 제사 지낸 것이 기록되어 있으나, 이들 직능자를 포괄할 전체 집단의 더욱 높은 차원에서 통일된 신으로 우(禹)가 신앙 대상이 되었다. 치수의 신으로 광범한 신앙을 얻었던 우는 다양한 신앙을 통일하는 신격으로 선택되었을 것이다.

의(義) 또한 열 사람이 있으면 열 가지 의가 있는 것을 거부하고 통일하지 않으면 안 된다. "천하의 정의를 하나로 통일한다"(「상동」)는 것이 요구된다. 그런데 '오직 천자만이 천하의 정의를 하나로 통일할 수 있'는 것이므로, 또한 그것은 "천하의 백성이 모두 위로 천자에게 동화한다"는 명제로 바뀌게 된다. 이 같은 추론은 아마도 묵가 집단의 거자(鉅子) 체제를 그대로 천하적인 세계관에 이입했던 것으로 보아야 할 것이다.

집단 내부에서는 절대권을 가진 거자 아래 평등 원칙이 관철되었을 것이다. 그것이 씨족적인 질서를 대체한 이 집단의 원리였다. 이른바 겸애와 상동은 공동체의 질서 원리였다. 집단의 지도에는 재능 있는 인물이 뽑혔다. 상현(尙賢)은 이 같은 공동체에서만 가능했다.

하늘은 무차별하며 평등하다. 따라서 인간은 하늘의

뜻에 따라 서로 사랑하고, 서로에게 이롭지 않으면 안 된다. "하늘의 뜻에 따른다는 것은 널리[兼] 서로 사랑하고, 번갈아[交] 서로 이롭게 하는 것이니 이렇게 하면 반드시 하늘의 상을 받을 것이다. (……) 옛날 3대(代)의 성왕인 우(禹)·탕(湯)·문(文)·무(武)는 하늘의 의지에 순종해서 상을 받은 것"(「천지 상」)이라고 한다. 그것은 우왕 이래 성왕의 도였다. 이러한 겸애와 교리(交利)를 실현하기 위해 인간은 쓸모없는 소비를 피해야만 하는 것이다. 예악과 같은 귀족적 사치는 금해야 하며, 상장(喪葬)의 예도 절제하지 않으면 안 된다. 이리하여 계급적 차별이 생기는 것을 적극적으로 억제하지 않으면 안 된다.

모든 것을 지배하는 것은 하늘의 뜻[天志]이다. 그러나 하늘은 인간들의 노력을 통해 하늘의 뜻으로서 의(義)의 실현을 추구한다. 하늘은 인간의 운명을 결정하는 법이 없다. 그것은 의의 실현이라는 하늘의 뜻과 모순된다. "운명(론을 주장하는 것)이란 위로는 하늘에 이롭지 못하고, 가운데로는 귀신에 이롭지 못하고, 아래로는 인간을 이롭게 하지 않는다"(「비명 상」)는 것으로 부정되지 않으면 안 된다.

묵자의 이른바 10론(十論) 사상은 대부분 집단의 전통과 자율의 원리에서 나온다. 고대적 직능 집단이 왕실이나 열국의 제후에 대한 예속적 지위에서 벗어나, 사회집단으로 발전해가는 과정에서 그러한 자율의 원리를 사회적으로 확대해 나아갔다. 이후 열국의 영토 국가적 발전, 나아가 강렬한 천하 통일로의 지향을 헤아리면서 그들 천자에 의한 통일 세계를 구상한다. 천하(天下)·천자(天子)라는 말은 『묵자』나 『맹자』에 이르러서야 빈번히 나타나게 된 것이다.

맹자를 반드시 유가의 정통이라 할 수는 없다. 맹자 스스로 "나는 공자의 직접적인 문도가 되지는 못했다"「이루하」며, 공자에게 사숙하는 자라고 말했다. 그러나 공자 문하의 만년의 고제들이 대부분 벼슬길에 나아가, 체제 속에 매몰되어 있을 때에 그와 같은 시대의 추이를 적확하게 파악하고 왕도(王道) 정치를 주장했던 이가 바로 맹자였다.

맹자는 인의(仁義)로써 왕도를 실현해야 한다고 주장했다. 유가에서는 인의를 함께 일컫는 것이 맹자에서 시작된다. 당시 천하의 저명한 학문은 양묵(楊墨)이었다. "천하의 말이 양주(楊朱)에게 돌아가지 않으면, 묵적(墨翟)에게 돌아간다. 양씨는 자신만을 위하니 이는 임금이 없는 것이요, 묵씨는 모두 똑같이 사랑하니 이는 아버지가 없는 것이다. 아버지가 없고 임금이 없으면 이는 짐승이다. ……능히 양주와 묵적을 막을 것을 말하는 자는 성인의 무리다"(「등문공 하」)라면서, "선생은 변론하기를 좋아한다"는 비난에도 굴하지 않고 이단에 대한 배격을 그치지 않았다. 그러나 맹자가 가장 격렬하게 공격을 가한 묵가의 설은 바로 맹자 자신이 취했던 입장인 천하적 세계관에 가까운 것이었다. 맹자가 인의를 함께 일컫은 것도 묵가의 의(義)의 개념을 받아들인 듯한 흔적이 있다. 고자가 말하는 '인내의외설(仁內義外說)'(「고자 상」) 등이 그 절충설이다.

공자에게 인(仁)과 의(義)는 나란히 서 있는 것이 아니다. 의는 당위로 "의를 보고도 행하지 않음은 용기가 없는"(「위정」) 것이지만, "군자는 의(義)에 밝고 소인은 이(利)에 밝다"(「이인」)고 한 것처럼 행위 기준에 관한 것이다. 그러나 인은 인간 존재 근거에 관한 것이다. 따라서 "사람으로서 불인(不仁)하면"(「팔일」) 예악은 의의를 잃는다. 문화도 가치도 오직 인을 근거로 할 때만 존재한다.

묵가에서 의(義)는 흡사 공자가 말하는 인(仁)에 가까운 것이었다. 그것은 모든 존재와 가치의 근거인데, 하늘의 뜻에 의해 주어진다. 공자가 극기복례(克己復禮)의 실천을 통해 내관(內觀)의 극치에서 찾아내려 한 것을, 묵가는 하늘의 뜻이라고 하여 선험적인 것으로 뒤바꾸어놓았던 것이다. 그러나 의가 행위의 규범이 될 때는 겸애가 교리(交利)인 것처럼 이(利)와 결합되었다. "의(義)는 이(利)다"라는 「묵경 상(墨經上)」의 명제는 공자가 말한 인(仁)과 차원이 다른 것이다.

이같이 인의를 함께 일컫는 것은 각각의 이념적 의미를 모두 상실케 한다. 『맹자』의 권두 첫 장에 위나라 혜왕(惠王)이 맹자를 맞이하면서 "또한 장차 제 나라를 이롭게 함이 있겠습니까?" 하고 물으니, 맹자가 "왕께서는 하필 이(利)를 말씀하십니까? 또한 인과 의가 있을 뿐입니다"라며 공리설(功利說)을 일축한다. 나아가 "아직껏 어질면서 자기 어버이를 버리는 자는 없었으며, 아직까지 의로우면서 자기 임금을 뒤로 하는 자는 없었습니다"라고 인의의 요체를 설명한다. 인의를 부자 군신(父子君臣)의 질서 원리로 보는 이해는 설법의 편의 때문이라고는 하지만, 사상적으로는 커다란 후퇴다. 더욱이 맹자는 공자의 인을 대신할 수 있는 것으로 성(誠)을 생각했던 것 같다.

"성(실함이라는 것)은 하늘의 도(道)요, 성실히 할 것을 생각함은 사람의 도다"(「이루 상」)라는 대목이 그것인데, 이 말은『예기』「중용」편에도 보이며, 자사(子思) 학파가 전개했던 것이다. 성(誠)은 인(仁)의 행위적인 즉자성(卽自性)이 상실되고 사변성이 강화된 것이다. 또한 묵자가 말하는 의로 바꿔놓을 수도 있다. 의가 지닌 실천성과 비교해보면 성은 좀 더 추상적이고 관념적이다.

묵자는 고대 신화에 보이는 우(禹)를 이상으로 삼았다. 3대의 성왕으로 '우·탕·문·무'(「천지 상」)라는 도통(道統)을 세웠다. 맹자는 거기에 다시 요·순을 더해 '요·순·우·탕·문·무·주공(周公)'(「등문공 하」)이라는 도통설(道統說)을 제창한다. 요순은 분명히 맹자에 의해 가상(加上)된 것이지만,『논어』의 전반부인 '상론(上論)'에 속한 「태백」편에도 요·순·우의 덕을 찬양한 네 장의 문장이 있어 어느 것이나 공자의 말로 씌어 있다. 이 편은 공자의 말 이외에도 증자의 말을 다섯 장 포함하고 있어 증자의 후학이 전승한 것으로 추측하지만, 증자 부자는『맹자』가운데서 특별한 지위를 차지한다. 요순의 설은 증자 학파가 제창한 것인지도 모르나, 어쨌든 지금『논어』에는 이 시기 유가 학설이 포함되었다고 보아야 한다.

맹자 학설 가운데 더욱 주목해야 할 것으로, 춘추학의 제창이 있다. 『묵자』「비유」편에는 이미 공자를 반란자에 가담한 반체제자로 보려는 논란이 있었다. 맹자는 공자를 춘추학의 조직자로 보았고 "공자가 『춘추』를 지으니, 나라를 어지럽게 하는 신하와, 부모를 거역하는 자식이 두려워했다"(「등문공 하」)라며, 공자는 대의명분을 바로잡은 사람이라고 주장한다. 아마도 이것은 묵가의 공격에 대한 반론의 의미를 지닌 것이리라.

맹자 학설에는 분명히 묵가에 대한 재비판에서 출발하는 측면이 있다. '양주와 묵적을 막는' 일을 사명으로 삼았던 맹자로서는 당연한 일이었다. 그렇지만 이를테면 춘추학의 주장과 같은 것은 당시에 이미 명분론으로서 현실적인 의의를 지닌 것이 아니었다고 생각된다. 국제정치가로서 장의(張儀)는 "진실로 대장부가 아니겠는가?"(「등문공 하」)라는 당시 사람들의 찬양을 받으면서 연횡책을 주장해 6국(六國)이 진나라와 동맹을 맺게끔 했던 인물이다. 시대는 점점 집단지도체제에 가까운 4군(四君) 시대로 접어들고 있었다. 이제는 더 이상 일국일의(一國一義)나 국내의 명분론 따위가 문제되는 시대가 아니었다. 시대는 통일을 향해 급속히 움직이고 있었다.

공자 시대에는 이민족이 지닌 풍요한 전통이 여전히 살아 있었다. 신의 말을 전하는 성인들의 가르침이 있었고, 그러한 말의 의미를 명확히 하는 일이 공자의 사명이었다. 그래서 공자는 성인의 가르침을 인이라는 형태로 보여주었다. 그것은 마음속에서 깊이 추구되던 로고스의 세계였다.

　그러나 묵자나 맹자 시대는 상황이 일변했다. 전통은 사라지고 기나긴 분열과 항쟁이 모든 것을 황폐화시켰다. 문제를 인간성 내면의 문제로 해결한다는 것은 불가능해졌다. 또한 열국의 역사적인 역할도 이미 끝나려 하고 있었다. 이제야말로 천하를 정치적 대상으로 생각지 않으면 안 되었다. 명확하게 객체화할 수 있는 것 같은 새로운 원리가 요구되었다. 묵자에게 의(義)는 하늘의 뜻으로 무조건 절대화되고 있다. 겸애와 교리(交利)야말로 하늘이 의로써 실현됨을 추구하는 것이다. 맹자에게 하늘의 뜻은 민의를 매개로 해서 표현된다. 거기에 천 사상, 새로운 시대적 의미가 발견된다. 어느 경우나 하늘과 인간의 관계가 주제다. 인간은 누구나 하늘 아래서 평등하지 않으면 안 된다. 그리하여 하늘의 뜻을 대신할 수 있는 이가 천자가 되고 왕이 되어야 한다. 그러한 천하적 세계관의 질서 원리를 묵자는 법(法) 또는 법의(法儀, 「법의」)라 하고, 맹자는 인의(仁義) 또는 왕도 천하(王道天下)라고 일컬었다. 그것은 노모스(nomos)의 세계라고도 할 수 있다.

노모스는 분배(分配)를 어원으로 하는 말이다. 그것은 공공성(公共性)의 원리였다. 구체적으로는 도덕이나 법률이 그것에 해당된다. 묵자가 말하는 법의(法儀)는 거의 그러한 개념에 가깝다. 노모스는 개인에 대해 앞서 존재하는 것이고, 개인을 포괄한 역사적이고 사회적인 일반자다. 그것은 집단 자체가 지닌 권위 위에 성립하는 것이므로 개인적인 계기를 포함하기는 어렵다. 유가가 그 같은 노모스적 체제에 대응하는 충분한 학설을 준비한 것은 순자에 이르러서다. 거기에 맹자의 반(反)시대성이 있다. 또한 묵자는 의의 근거를 하늘의 뜻에서 구하는 신수설(神授說)을 취했는데, 거기에 역사적이고 사회적인 일반자로서의 노모스에 대한 반동이 있었다. 집단의 권위를 대표하는 것은 왕이 아니면 안 된다. 그것은 선왕이 아니라 현재의 왕, 곧 후왕(後王)이 아니면 안 된다. 후왕주의(後王主義)를 설파한 순자, 왕권의 절대성을 주장한 한비자(韓非子)의 법가 사상이 이러한 노모스적 세계의 최후 승자가 되었다. 그리고 묵자는 강고한 폐쇄성으로 말미암아 노모스적 세계에서 살아남지 못하고 멸망하는 것이다. 묵가 최후 집단이었던 진묵(秦墨)은 진(秦)의 통일이 이루어짐과 동시에 멸망했다.

공자야말로 큰 도둑이다

노모스적으로 통일된 세계는 전체와 하나를 대극(對極)에 둔다. 그러한 대극에서 생겨난 것이 양주(楊朱)와 묵가 사상이다. 양주는 "털 하나를 뽑아서 천하를 이롭게 할 수 있더라도 하지 않았다"(『맹자』「진심 상」)고 하듯이 철저한 위아주의자(爲我主義者)였다. 『열자』「양주」편에 따르면, 이 말의 다음에 "천하 전체가 몽땅 자신에게 바쳐진다고 해도 받으려 하지 않았다"면서, 베풀지도 않고 받지도 말 것을 주장했던 인물이다. 노모스적 세계에서 자아는 이와 같은 형태를 주장할 수밖에 없었을 것이다.

공자 시대의 반체제자는 대개 도(盜)라고 불린 정치적 망명자였다(이 책 177쪽 참조) 그러나 이 시기의 반체제자는 주로 반사회적 집단의 지도자들이었다. 오랜 전쟁으로 황폐해진 지역에서 생활 기반을 박탈당한 사람이나 도망자들이 무수히 속출했다. 전쟁 규모는 점차 확대되었고, 그로 인한 희생자의 참혹한 고통은 상상을 초월했다. 『전국책』과 『사기』「진본기」에 따르면 이궐(伊闕) 전투(기원전 293)에서 참수(斬首)가 24만, 화양(華陽) 전투(기원전 273)에서 참수가 15만이었고, 장평(長平) 전투(기원전 260)에서는 포로 40만 명이 생매장되었다고 한다. 숫자에 과장이 있다손 치더라도 참화의 정도를 상상할 수 있다. 더 이상 인간의 자유나 존엄성을 논하는 시대가 아니었다.

이 같은 시대에 많은 유망자(流亡者)를 이끌었던 이들은 당시 유협·묵협으로 불렸던 듯하다. 『여씨춘추』「존사(尊師)」편에서는 각지의 대도(大盜)를 기록하면서, 공자에게 배웠다는 노나라 양보(梁父)의 대도 안탁취(顏涿聚), 자하(子夏)에게 배웠다는 진(晉)나라의 대장(大駔: 거간꾼) 단간목(段干木), 묵자에게 배웠다는 제(齊)나라의 강도 고하(高何)·현자석(縣子石), 금활리(禽滑釐)에게 배웠다는 동방의 거물급 사기꾼(묵가 집단의 퇴물) 색로삼(索盧參) 등의 이름을 든다. 단간목이라면 위문후(魏文侯)의 빈객으로 "궁벽한 뒷골목에 숨어 살았으나 명성은 천리에 퍼졌다"(『사기』「위세가〔魏世家〕」)고 일컬어지던 인물이다. 장주가 우언적 표현

속에 즐겨 도척이라는 인물을 등장시킨 것도 이 같은 대도(大盜)·강도가 당시 반체제자의 모습이었기 때문이다.

도척은 유하혜(柳下惠)의 동생이라고 한다. 유하혜는 노나라의 전금(展禽)이다. 춘추 초기 사람으로, 『맹자』에 "유하혜의 풍도(風度)를 들은 자는 경박한 지아비가 돈후해지고, 비루한 지아비가 너그러워진다. 백세(百世)의 위에서 분발하거든, 백세의 아래서 풍도를 들은 자 가운데 흥기하지 않는 이가 없으니, 성인이 아니고야 이와 같을 수 있겠는가!"(「진심 하」)라고 찬탄해 마지않았던 인물인데, 아우 척(跖)은 세상에 이름난 대도였다. 『장자』「도척」 편에 "도척은 9,000명의 부하를 거느리고 천하를 제 것인 양 우쭐대고 다니면서, 제후의 나라를 황폐하게 만들었다. ……부모 형제도 돌보지 않고 조상 제사도 지내지 않았다. 그의 무리가 성읍을 지나가면 큰 나라에서는 성을 지키고, 작은 나라에서는 성채에서 농성할 정도로 모든 사람이 그 때문에 괴로워했다"고 할 정도로 천하를 횡행했다. 그래서 공자가 유하혜에게 "현자로 일컬어지는 당신의 아우가 저래서는 곤란합니다. 내가 한번 설득해보겠습니다"라고 한다. 유하혜가 머리를 가로저으며 "아닙니다. 도저히 감당할 수 없는 막된놈입니다" 하면서 만류했지만, 공자는 충고를 듣지 않는다. 안회와 자공을 데리고 도척이 있는 태산의 남쪽으로 찾아갔을 때, 도척은 마침 사람 간을 회로 쳐서 식사를 하는 참이었다. 그는 공자가 왔다는 말을 듣자, 눈을 부릅뜨고 전갈을 한 자에게 말한다.

　　이자는 저 노나라의 위선자 공구가 아니냐! 내 말이라하고 가서 전해라. 자네는 제멋대로 궤변이나 이야기를 꾸며내어 문왕(文王)이니 무왕(武王)을 함부로 칭찬하고, 머리에는 나뭇가지처럼 이것저것 요란하게 장식한 관을 쓰고 허리에는 쇠가죽 띠를 두르고 수다스레 거짓투성이의 이야기를 지껄여대며, 농사를 짓지도 못하는 주제에 밥을 먹고, 옷감을 짜지도 못하는 주제에 옷을 입고 있다. 입술을 움직여 세 치 혀를 놀려서는 제멋대로 시비선악을 생각해내고 천하의 군주를 미혹하게 만들었다. 이리하여 천하의 학문하는 이들에게 근본으로 돌아가는 것을 잊지 말라고 하고, 지나치게 어버이에 대한 효니 윗사람에 대한 제(悌)니 하는 따위를 지키게 해서, 잘 되면 제후에 봉해지거나 부귀한 신분이 되어보려는 위험한 투기로 치닫게 만들었던 자가 바로 자네다. 자네의 죄는 대단히 크다. 빨리 달아나거라. 그렇지 않으면 자네의 간을 꺼내어 내 점심 반찬으로 보태리라!

그래도 두려워하지 않고 공자가 두 번 절하며 알현하니, 도척은 두 발을 벌린 채 앉아 칼을 손에 잡고 눈을 부릅뜨고 범 같은 목소리로 공자의 말을 논란하며, 고금의 성왕과 현사(賢士)를 매도한 뒤에 공자에 대해 다음과 같이 말했다.

그런데 지금 너는 문왕과 무왕의 도를 배우고 천하의 언론을 지배하면서 후세 사람들까지 가르치려고 한다. 헐거운 옷에 넉넉한 허리띠를 매고 위엄을 갖추고는, 터무니없는 말이나 위선적인 행동으로 천하의 임금들을 미혹시키고, 자신이 부귀해지려 하고 있다. 그러니 도둑이라면 너보다 더 큰 도둑은 없다. 그런데도 천하 사람들은 어째서 너를 도구(盜丘)라 부르지 않고 도리어 나 같은 사람을 도척이라고 부르는가!(……)

이제 내가 너에게 인정(人情)이라는 것에 대해 말해주겠다. 눈은 아름다운 색을 보려 하고, 귀는 아름다운 소리를 들으려 하며, 입은 맛있는 것을 맛보려 하고, 마음의 욕망은 가득 채워지기를 바라는 것이다. 그런데 사람의 수명이란 기껏 오래 살아야 백 살, 중간 정도로는 여든 살, 가장 못 살면 예순 살이다. 더욱이 그것도 병을 앓거나 부모나 형제의 상을 치르거나 근심거리로 괴로워하는 시간을 제하고 나면 이렇듯 짧은 인생 중에 입을 벌리고 웃으며 즐길 수 있는 때는 한 달 가운데 불과 너댓새에 지나지 않는다. 하늘과 땅은 무궁한 생명을 지녀도 인간은 때가 오면 반드시 죽게 마련이다. 유한한 몸을 무한한 천지 사이에 맡기고 있는 것은, 덧없음이 하루에 천리를 달리는 준마가 문틈 사이로 휙 지나가버리는 것과 다를 바 없다. 그러므로 자기의 욕망을 만족시키지 못 하고 본디 주어진 대로 다 살지 못하는 자를 모두 도에 통한 사람이라고 할 수 없다. 네가 하는 말은 모두 내가 쓸모없어서 내버린 것들이다. 썩 물러나서 돌아가라. 두 번 다시 설교 따위 하지 말아라. 너의 도라는 것은 미친 듯이 허둥지둥하며, 가짜와 거짓투성이다. 그렇게 해서는 인간의 진실을 완성시킬 수 없다. 도무지 이야기할 가치조차 없는 것이다.

장자는 도척이라는 인물을 사랑했다. 도척은 실재했던 인물인 듯한데, 『순자』「불구(不苟)」편에도 그의 명성은 해와 달같이 빛나고 우(禹)·순(舜)의 명성과 함께 전할 만한 사람인데도, 세상의 군자에게서 존중받지 못한 것은 예의 규범의 중도(中道)를 얻지 못했기 때문이라고 한다. 도(盜)에게 예의 규범의 중도를 요구한다는 것은 무리지만, 『장자』「변무(騈拇)」편에 "백이(伯夷)는 명예를 위해 수양산(首陽山) 아래서 죽었고, 도척은 이욕(利慾) 때문에 동릉산(東陵山) 위에서 죽었다"는 것도 본성을 해쳤다는 점에서는 마찬가지다.

　또한 『장자』에는 도척(盜跖)·증(曾)·사(史)를 이어서 부른 경우가 많다. 부자연스럽게 본성을 해치는 것으로 "흉악한 도척과 잔재주가 많은 증·사의 행위가 생겨났다"(「재유」) 또는 "아래로는 걸(桀)왕이나 도척과 같은 악당이 있는가 하면, 위로는 증·사와 같은 사람들이 나타나고, 유가나 묵가 따위도 일제히 일어났다. 이렇게 되니까 사람들은 기쁘거나 노하면서 서로 의심하고, 어리석은 자와 현명한 자로 나뉘어 서로 속이며, 선인이다 악인이다 하면서 서로 비난하고, 거짓이다 진실이다 하면서 서로 헐뜯는 사이에 세상이 쇠망하고 말았다"(「재유」)고 한다.

증은 증삼(曾參), 사는 사추(史鰌)로 모두 효도로 이름난 사람이라고 한다. 「천지」편에 "도척과 증삼·사추는 행위의 가치에 커다란 차이가 있다. 그러나 어느 쪽이나 인간 본성을 잃었다는 점에서는 마찬가지다"라면서, 인간 본성의 자연스러움을 존중하는 점에서 양주와 묵적의 구별이 생긴 것이라고 논한다. 도척은 유묵처럼 극기역행(克己力行)을 주로 하는 경향과는 대치된 입장에서 전성보진(全性保眞)의 실천자가 되어 있다. 아마도 도척으로 하여금 양주의 설을 대표하게끔 하게 만든 것이리라.

묵가의 학문은 장주가 좋아하지 않았던 것 같다. 「천도」편에 "널리 천하 사람들을 사랑해 사심이 없는 것〔兼愛無私〕, 이것이 인의다"라는 주장에 대해, "널리 사람을 사랑한다는 것도 너무나 먼〔迂遠〕 얘기 아닌가? 게다가 사심을 없앤다지만 그것이 바로 사심이다"라고 노담(老聃)으로 하여금 말하게 했다. 「서무귀(徐无鬼)」편에서는 위(魏)나라 무후(武侯)가 "나는 백성을 아끼고자 한다. 정의를 행하고 전쟁을 그만두고자 하는데 어떠한가?"라고 묻자, 서무귀는 "안 됩니다. 백성을 아끼려는 것이 백성을 해치는 시초입니다. 정의를 행하고 전쟁을 그만두려는 것이 도리어 전쟁을 일으키는 근본입니다"라고 논파한다. "널리 천하 사람들을 사랑해 사심이 없는 것〔兼愛無私〕", "정의를 행하고 전쟁을 그만두고자 하는 것〔爲義偃兵〕"은 묵가가 주안점으로 삼는 주장이었는데, 이러한 평화 애호자의 실체가 기계화 군단과 같은 조직을 지닌 전투 집단이었다는 사실은 앞서 말한 대로다.

사심이 없는 무사(無私)가 사심의 시작이고, 전쟁을 그만두는 언병(偃兵)이 전쟁을 일으킨 근본이라는 논리는 "위대한 도가 사라지니 인의(仁義)가 일어났고, 인간의 지혜가 나타나니 커다란 거짓이 시작되었다"는 『노자』(제18장)의 논리와 비슷하다. 인의는 위대한 도가 쇠퇴하는 근본이며, 지혜야말로 진지(眞知)가 사라지기 시작하는 시초다. 그것들은 상대적인 가치에 지나지 않기 때문에 그와 상반되는 것을 낳고 다시금 상반되는 것으로 전화하는 것이다. 상대적인 것은 끊임없는 모순을 낳는다. 거기서 가치가 쉽게 전환된다. 그것은 "천하 사람들이 어째서 너를 도구(盜丘)라 부르지 않고, 도리어 나 같은 사람을 도척이라고 부르는가!"라는 도척의 논리를 낳는 것이다.

장주의 철학은 절대론적 철학이라고 일컬어진다. 절대는 대자(對者)를 거부한다. 그러나 대자의 거부가 단순한 부정에 머무르는 한 그것은 끝없이 대자를 낳을 것이다. 대자의 부정이란 대자를 포용하고 초월하지 않으면 안 된다. 유(有)에 대한 무(無)는, 또한 대립을 뛰어넘는 무무(無無)이며 다시금 그것을 뛰어넘는 무무무(無無無)가 아니면 안 된다. 미(美)에 대해서는 추(醜)가 아니면 안 된다. 그것은 미를 포함하며 더욱이 마침내 추가 아니면 안 된다. 『장자』에 보이는 철인들의 저 추괴(醜怪)라고도 해야 할 모습은 이러한 사상의 표현에는 반드시 필요한 것이었다. 그것은 동양 회화에서 미의 양식의 극한이기도 했다.

참다운 실재란 카오스이며, 실재의 균열을 나타내는 것이며, 혼돈이다. 혼돈에 눈코가 있어서는 안 된다. 북해의 제(帝) 홀(忽)과 남해의 제(帝) 숙(儵)이 중앙의 제 혼돈이 사는 곳에서 대접 받고 신세를 졌다. 감사의 표시로 눈코가 없는 혼돈에게 사람과 같은 눈코를 뚫어주자고 상의하게 되었다. 이레에 걸쳐 7개의 구멍을 다 뚫었을 때 혼돈은 그만 죽고 말았다. 『장자』의 수필(手筆)로 일컬어지는 내편(內篇) 가장 뒤쪽의 「응제왕(應帝王)」편 마지막에 이 문장이 있다. 숙·홀이란 시간적 한정을 말한다. 실재는 시간이나 운동처럼 분할하는 것을 허락하지 않는다. 분할은 죽음을 의미한다. 사람은 왜 존재를 존재로서, 도를 도로서, 있는 그대로 파악하려 하지 않는 것일까. 모순에 가득 찬 이 현실을 어떻게 할 수가 있다는 말인가. 존재하는 것은 단지 자기 자신뿐이 아닌가. 존재와 함께 있는 자기 자신뿐이 아닌가. 거기서 자기 존재 근거로서 장자의 본체론이 태어나고 인식론이 전개된다.

장자 사상이 유가와 관계가 깊다는 것은 장자 후학이 편찬했다고 추정되는 「세검(說劍)」편에 장자가 유복(儒服)을 버리고 검복(劍服)을 입고 조(趙)나라 문왕(文王)을 만났다는 이야기가 실려 있고, 『회남자』 「요략(要略)」편에 장자가 "유자의 업(業)을 배우고, 공자의 술(術)을 받았다"고 된 점을 보아 알 수 있으며, 『장자』에는 공자나 안회가 자주 등장한다. 장자는 특히 안회를 사랑했다. 이 젊은 준재는 자기 스승인 공자와 나눈 대론에서 대체로 언제나 스승의 주장을 논파하고 머리를 숙이게끔 한다. 곽말약은 장자의 학문이 안씨의 유에서 나왔을 것으로 추론하는데, 이것은 분명히 날카로운 지적이다. 안씨의 유는 공자 만년의 사상을 계승했던 것으로 보인다. 그것은 흘러서 초광의 무리가 된다. 공자는 일찍이 망명 중에 초나라에 간

일이 있다. 늙은 몸을 이끌고 남방의 초나라 땅을 방황하며 여전히 지상에서 이상을 꿈꾸고 있던 공자의 집 문 앞을 초광 접여가 노래 부르며 달려서 지나가버린다.

봉황새여! 봉황새여! 어찌 그리도 덕이 쇠했는가. 지난 일이야 고칠 수 없지만, 앞으로 닥쳐올 일은 좇을 수 있으니, 그만둘지어다! 그만둘지어다! 오늘날 정치에 종사하는 이들은 위태로울 따름이다.

지금 세상에서 현실 정치에서 무엇을 기대할 것인가. 정치적 성공은 타락에 지나지 않는다. 봉황새는 언제나 봉황새가 아니면 안 된다. 『논어』「미자」 편에 수록된 이 이야기는 『장자』내편의 「인간세」 편에도 보인다. 「미자」편에는 이런 종류의 설화가 많은데, 아마도 남방 유자의 전승인 듯하다. 공자의 방황은 도척의 그것과 본질에서 다르지 않다. 그것이 장주의 생각이었다.

접여는 「소요유」 편에도 이름이 보이는데, 그의 말은 "크기만 하고 사리에 합당하지 않으며 확대되기만 하고 돌아올 줄 모릅니다. 나는 그 이야기에 놀라 그만 두렵기까지 했는데, 그 말은 하늘의 은하수와 같아서 끝없이 크기만 했습니다"라고 일컬어지는 장자 유파의 사람이다. 초나라 왕이 그가 뛰어나다는 이야기를 듣고 황금 100일 (鎰), 네 마리 말이 끄는 마차 두 대로 휘하에 맞아들이려 했으나 받지 않았다고 한다(『한시외전〔韓詩外傳〕』권2). 장주도 초나라 왕의 정중한 초빙을 헌신짝처럼 내버리고 돌아보지 않았던 사람이다. 장자도 초광의 무리였다.

장자가 살았던 시대는 맹자와 가깝고, 살았던 고장도 맹자가 유력(遊歷)했던 곳과 그다지 멀지 않다. 그러나 『장자』에는 맹자를 언급한 대목이 없고 물론 만난 적도 없는 듯하다. 맹자가 공자를 요·순 이래의 대성인이라 선전하고, 스스로 추종자로 행세하며, 뒤따르는 수레 수십 대와 종자 수백 명(「등문공 하」), 귀족 같은 호기로운 기세로 유세하는 모습이 장자에게는 견디기 어려운 추악한 것으로 보였을 것이다. 또한 수백 사람이 언제라도 목숨을 던지고 수화(水火)로 달려드는 결사(決死)의 사(士)들을 거느린 묵가 거자(鉅子)의 모습도 버려야 할 것으로 보았다. 그러면서도 그들은 인의를 말하고, 전쟁을 그만두고 공격하지 말자는〔偃兵非攻〕 주장을 펴는 것이다. 도척이 아닌데도 "어째서 도리어 나 같은 사람을 도척이라고 부르는가!"라고 부르짖고 싶어졌을 것이다.

유가에 대한 엄격한 비판자로 취급되는 장자는, 정신적 계보로 말하면 오히려 공자 만년 사상의 직계이며 맹자는 정통에서 벗어난 사람이다. 맹자는 스스로 '공자를 사숙하는 자'(「이루 하」)라고 했으나 사숙이란 점에서는 오히려 장주 쪽이 깊었다고 말할 수 있지 않을까.

곽말약은 장주의 사상에 대해 다음과 같이 평가한다. "대체로 개인의 자유를 존중하고 귀신의 권위를 부정하며, 군주가 무위의 정치를 펼 것을 주장하고 성(性)이나 명(命)의 구속에 복종한다. 이들의 기본 사상은 유가에 접근해 있으면서도 유가를 능가하고 있다. 문화의 가치를 멸시해 생활의 질박함을 강조하며, 백성의 지혜를 계발하는 데 반대하고 복고적인 자세를 취한다. 이들의 기본 행동은 묵가도 가까우면서도 묵가도 능가하고 있다"(『십비판서』). 그리고 나서 그 같은 사상은 봉건지주계급의 이데올로기이며, '2,000여 년 이래의 교활주의 철학'(『십비판서』)도 이 유파에서 시작되었다고 주장한다. 사상의 본질적인 의미에서 가장 반체제 입장이라고 생각되는 장자 사상은, 계급 사관으로 보면 세상을 피해 숨어 살면서 거리낌 없이 마구 발언하는, 감당하기 벅찬 봉건 세력의 대표자로 보일 수 있다. 그러나 장주만큼 자유로운 사상가는 일찍이 없었거니와, 그러한 사상이 태어나는 시대도 쉽사리 나타나지 않을지 모른다. 노모스적 세계, 전체와 하나가 매개자 없이 대치하고 게다가 저 정도까지 권력을 무시할 수 있었던 시대란 그렇게 자주 오는 것이 아니었기 때문이다.

공자는 노자에게 예를 물었는가

노담(老聃)은 의문의 인물이며, 『노자』도 의문의 책이다. 『사기』에 전기가 수록되어 있으므로 실재했던 인물인 것 같은데, 사마천 시대에 공자의 후손은 12대, 노자의 후손은 9대라는 세대 수로 보면 공자보다 훨씬 후대 사람이다. 그런데도 공자가 노담에게 예를 물었다는 설화가 있어 『사기』「공자세가」에도 그것이 채택되었고, 유가 문헌인 『예기』「증자문(曾子問)」에도 관련 설화가 네 건이나 보인다. 곽말약은 이러한 공자 문례 설화가 『장자』·『여씨춘추』·『한비자』 등에도 보이므로 노담이라는 인물의 실재는 의문의 여지가 없고, 문례(問禮) 설화도 사실일 것이라고 주장했다. 『논어』에 보이는 초광 접여나 장저·걸닉·하조장인 같은 은자들은 공자 시대에 실제 있었던 인물이며, 이처럼 세상을 피해 살았던 사(士)의 생활 조건으로 보아도 초현실적 본체관과 은일 생활의 이론이 태어날 가능성이 있었다는 것이 그 논거다.

노담은 아마 실제 있었던 인물일 것이다. 장자 후학의 손에서 씌어진「천하」편에는 다음과 같은 말이 전한다.

만물의 근본은 순수한데 만물은 조잡하다. ……조용하고 편안하게 그 근본의 신명(神明)과 일체가 되어 있다. 옛날 도술(道術)에 이러한 가르침이 있었다. 관윤(關尹)과 노담은 이러한 학문의 도를 듣고 기뻐했다. 그들은 언제 어디서나 무(無) 그 자체인 절대 무를 불변의 근거로 삼고, 그로부터 유래하는 만물의 혼돈한 동일성[太一]을 세계의 주재자로 생각했다. 겉으로는 유약하고 겸손한 것을 가장 중요한 것으로 삼았고, 안으로 자신의 마음에서는 진실로 무심하여 모든 사물에 상처를 주지 않도록 노력했다.

노담도 이렇게 말한다. "자신의 남성적인 강건함을 알면서 이것을 억누르고 여성적인 유약함을 지키면 천하

사람들이 모여드는 골짜기가 될 것이다. ……세상 사람들이 모두 앞에 서서 남보다 나아지려 할 때에 자신은 홀로 뒤에 남는다. 그래서 천하의 모든 더러움을 자신이 받아들인다고 한다." ……노담은 심오한 깨달음을 근본으로 하면서, 간단하고 알기 쉬운 것을 자신의 행동원칙으로 삼았다. 그래서 노담은 "너무 단단하면 도리어 부서지고, 너무 날카로우면 도리어 부러진다"고 말했다. 그들은 언제나 마음을 열고 모든 것을 받아들이고, 어떠한 사람에게도 각박하게 대하지 않는다. 최상의 덕〔至極〕이라고 일컬을 만하다. 관윤(關尹)과 노담이야말로 옛날의 광대한 덕을 갖춘 진인(眞人)이라고 할 수 있다.

여기서 요약된 노자의 말은 지금의 『노자』에 보이는 말도 있고, 똑같은 형태로는 보이지 않는 말도 있다. 「천하」편의 작자가 보았던 『노자』는 반드시 지금의 『노자』가 아닐지 모른다. 지금의 『노자』는 『한비자』의 「유로(喩老)」·「해로(解老)」 편에 이르러 볼 수 있는 것으로, 그보다 조금 앞선 시기에 성립된 듯하다. 대체로 진·한 무렵일 것으로 추정된다.

노담은 실재한 인물인 듯한데 그 행적을 거의 알 길이

없다. 『사기』「노장신한(老莊申韓)열전」의 끝 부분에 노래자와 태사담(太史儋)에 관한 내용이 기록되어 있는데, 노담에 대한 이전(異傳)으로 여겨지는 필법이다. 『장자』「외물」편에 공자와 노래자가 회견한 이야기가 나온다. 또한 지금의 『노자』가 본인의 저작이라고 확정하기 어려운 점에서 본다면, 『노자』라는 책으로 그 인물과 시대를 논할 수도 없다.

『순자』「천론(天論)」편에 "신자(愼子)는 소극적 입장만 알고 적극적 방면을 알지 못했으며, 노자는 굴종적 입장만 알고 펴는 방면을 알지 못했고, 묵자는 평등의 입장만 알고 차별의 방면을 알지 못했고, 송자(宋子)는 소욕(少欲)의 입장만 알고 다욕(多欲)의 방면으로는 눈길을 돌리지 않았다"며 네 사람을 평했다. 또한 「해폐(解蔽)」편에 "묵자는 실용주의에 가려서 예의 장식성을 알지 못했고, 송자는 과욕주의에 가려서 욕구하는 것을 획득하는 방법을 알지 못했다. ……혜자는 법률주의에 가려서 현인의 덕치적 효용을 알지 못했다. ……공자는 인(仁)과 지(知)의 덕을 갖추어서 물에 가려지지 않았다"고 하는데 여기서는 노자가 보이지 않는다.

그 아래 문장에서 다시 도를 논해 "욕망에 사로잡히

296

지 않고 미움에 사로잡히지 않으며, 처음이라는 것에 사로잡히지 않고 끝이라는 것에 사로잡히지 않으며, 비근한 것에 사로잡히지 않고 고원한 것에 사로잡히지 않으며, 박심(博深)한 것에 사로잡히지 않고 천협(淺狹)한 것에 사로잡히지 않으며, 옛것에 사로잡히지 않고 지금이라는 것에 사로잡히지 않는다"했다. 그리고 마음에 의해 도(道)를 알 수 있는 까닭은 '마음의 허(虛)와 일(壹)과 정(靜)이라는 상태에 따른 것인데', "이른바 허(虛), 곧 공허(空虛)라는 상태가 있다. 마음은 언제나 잡다한 일로 가득 차 있지만 그래도 이른바 일(壹), 곧 통일이라는 상태가 있다. 마음은 언제나 활동하지만 그래도 이른바 정(靜), 곧 정적(靜寂)이라는 상태가 있다"고 논하며, 이어『도경(道經)』[4]이라는 책을 인용해 말하기를 "'인욕(人欲)의 마음은 유혹에 넘어가기 쉬우므로 주의해서 삼가야 하며, 도의(道義)의 마음은 정묘한 것이다〔人心之危 道心之微〕'라고 했는데, 인욕(人欲)의 마음을 주의해서 삼가야 하는 것과 도의의 마음을 정묘하게 만드는 것의 미묘한 차이점은 명지(明知)를 지닌 군자라야 비로소 알 수 있다"고 했다. 『도

---

4) 서명(書名)인 듯하나 내용을 알 수가 없으며, 도(道)에 관한 논의라는 정도로 이해할 수 있다.

경』의 앞 두 구절은 『서』의 「대우모(大禹謨)」편[5]에 있고, 그 편의 성립도 도(道)와 같은 본체론이 나타난 뒤의 일인 듯하다. 이『순자』의 글에는 유가와 도가가 서로 접근하는 경향이 이미 나타나 있다. 『순자』에는 노자를 언급한 대목이 없으나, 여기서 말하는 허정(虛靜)의 설은『장자』「천하」편의 관윤·노담의 공허의 설과 가깝다. 관윤에게는 황로의 도덕술(道德術)을 말한 「상하(上下)」두 편의 저작이 있었다고 한다.

『여씨춘추』「불이(不二)」편에는 "노담은 부드러움〔柔〕을 귀하게 여기고, 공자는 인(仁)을 귀하게 여기고, 묵적은 검소함을 귀하게 여기고, 관윤은 무욕을 귀하게 여기고, 열자는 공허를 귀하게 여기고, 진병(陳騈)은 평정(平靜)을 귀하게 여기고, 양주는 자기를 귀하게 여긴다"고 하면서 노자를 제자(諸子)의 첫 번째에 둔다. 앞서 '관윤·노담'(『장자』「천하」)의 순서가 바뀌었다는 점이 주목된다.『장자』「달생(達生)」편에 열자와 관윤의 문답이 있고, 『여씨춘추』「심기(審己)」편에도 관윤과 나눈 문답이 실려 있다. 열자는 장자의 선배가 되고, 혜시(惠施)와 함께 『장자』에

---

5) 지금의 『서』「대우모」 편에는 '人心之危 道心之微'라는 구절이 '人心惟危 道心惟微'로 되어 있다. 후대의 주자학(朱子學)에서 대단히 중시하는 구절이나, 「대우모」 편은 후대의 위작이므로 이 구절은 역으로 『순자』에서 채용한 것으로 추정된다.

자주 보이는 인물이다. 「황제(黃帝)」와 「중니(仲尼)」 두 편에서는 열자의 스승을 노상씨(老商氏)라 했다. 노래씨(老萊氏)라든가 노상씨와 같이 이 학파의 사람 중에는 노(老) 자를 붙여 이름을 부르는 사람이 많다. 아마도 내(萊)·상(商)은 지명일 것이다. 노담도 노(老)를 붙여 부른다. 공자가 "몰래 우리 노팽에게 견주어보노라"(「술이」)고 한 노팽도 그런 부류의 인물인지 모른다. 노(老)란 장로의 뜻이나, 원래는 지역 집단 등의 사제자(司祭者)를 일컫는 말이었다고 생각된다.

『장자』「외물」 편에 공자가 노래자와 회견한 이야기가 나온다. 또한 노담에게는 서유(西遊) 설화가 있고, 공자에게도 그가 주나라에 가서 예를 배웠다는 이야기가 있다. 이런 일들이 문례 설화가 생겨난 배경이었겠지만, 문례 설화 그 자체는 본래부터 사상사적인 문제다.

문례 설화는 『장자』에 처음 보이는데, 그 창작자는 장자 일파다. 그러나 「천도」 편에 보이는 문례 설화는 공자로 하여금 묵자류와 같이, "널리 천하 사람들을 사랑해 사심이 없는 것〔兼愛無私〕, 이것이 인의다"라고 주장하게 하는 등 장자 말류가 지어낸 것으로 보인다. 장자가 유학에 조예가 깊었고, 장자 사상이 유가의 비판에서 나온 측면이 있었다. 그러나 장자가 문례 설화를 통해 자신의 학통을 고양시키려 했을 리는 없다. 장자의 유가 비판은 종종 공자와 안회가 문답하는 형식으로 전개된다.

> 안회가 말했다. "저는 더 나아간 것 같습니다."
> 중니(仲尼)가 물었다. "무슨 말이냐?"
> 안회가 말했다. "저는 인의(仁義)를 잊었습니다."
> 중니가 말했다. "좋기는 하지만 아직 멀었다."
> 다른 날 다시 공자를 뵙고 말했다.
> "저는 더 나아간 것 같습니다."
> 중니가 말했다. "무슨 말이냐?"
> 안회가 말했다. "저는 예악을 잊어버렸습니다."
> 중니가 말했다. "좋기는 하지만 아직 멀었다."
>
> 「대종사」

안회는 깊이 생각해서 스스로 깨닫는 사람이다. 자기 스승에게 "인의를 잊어버렸습니다"라고 한다. 그러나 스승은 '좋기는 하다'라고 평하면서도 '아직 멀었다'고 한다. 다른 날 또 이번에는 "예악을 잊어버렸습니다"라고 한다. 인의와 예악은 당시 유가의 근본 주장이다. 그러나 스승은 여전히 '아직 멀었다'고 한다. 공자는 이 준재(俊才)에게 무엇을 기대했던 것일까. 후학에 의해 노모스화한 유가 학설의 초극을 바란 것이 아닐까.

다른 날, 다시 공자를 뵙고 안회가 말했다. "저는 더 나아간 것 같습니다."

중니가 말했다. "무슨 말이냐?"

안회가 말했다. "저는 좌망(坐忘)의 경지에 도달했습니다."

중니가 깜짝 놀라서 안색을 바꾸면서 물었다. "무엇을 좌망이라 하는가?"

안회가 말했다. "사지와 백체(百體)를 다 버리고 이목의 감각 작용을 물리치며, 육체를 떠나 지각 작용을 없애 대통(大通)의 세계와 같아졌을 때, 이것을 좌망이라고 합니다."

중니가 말했다. "대통(大通)의 세계와 같아지면 좋아하고 싫어하는 주관(主觀)이 없어지며, 위대한 도의 변화와 함께하면 고정 상태에 집착하지 않게 되니, 너는 과연 현명하구나. 나는 청컨대 너의 뒤를 따르고자 한다."

「대종사」

좌망이란 지각적인 것, 이성적인 것의 방기(放棄)를 뜻한다. 말하자면 직관이다. 그것은 노모스적 원리인 인의와 예악을 버리는 데서 생겨난다. 공자에서 명확해진 이데아 세계는, 이윽고 유묵 무리에 의해 노모스적 사회의 일반자로 전화되었다. 그것은 집단의 규범성에 모든 사람이 복종하지 않으면 안 되는 세계다. 묵자나 맹자의 학설은 그러한 사상적 표현이었다. 그러나 그와 같은 일반자는 집단의 초월성 때문에 주체적으로 삶의 자유를 숨쉬는 행위를 허락하지 않는다. 생에 대한 충동은 극도로 억압된다. 따라서 노모스적 세계의 부정은 개체의 주체성 회복의 주장이 되고, 좀 더 근원적인 생의 해방의 주장이 된다. 생철학, 실존철학이라 불리는 것이 생겨난 것은 대체로 그러한 사상적 요구 때문이다. 장주의 사상이 종종 생철학, 실존철학으로 취급되는 것도 그런 의미에서다.

『장자』에는 공자와 안회가 대론(對論)하는 형식을 취한 대목이 이 밖에도 여덟 군데 정도나 되니, 장주는 이 두 사람을 토론시키는 것을 좋아했던 것 같다. 공자의 권위를 상징적인 것으로 만들고, 우언의 세계에서 이것을 비판한다는 수사적 편의에서라기보다는, 좀 더 파고들어가 보면 아마도 그러한 형식으로 자기 사상의 초극을 원했던 사람은 실은 공자 자신이 아니었을까 하고 생각한다. 『논어』「공야장」 편에 공자와 자공의 문답 중 한 대목이 보인다. 공자가 자공에게 "너와 회(回) 가운데 누가 나으냐?"고 묻는다. 자공은 물론 안회가 자기보다 낫다고 여겨 물러선다. "제가 어찌 감히 회를 쳐다보겠습니까? 회는 하나를 들으면 열을 알고, 저는 하나를 들으면 둘을 알 뿐입니다"라고 대답한다. 그러자 공자는 "같지 않겠지. 네가 안회와 같지 않음을 인정한다"고 했다. 자공이 아직 공자의 망명 길에 따라다니던 무렵의 일이었을 것이다. 그때 벌써 공자는 이 젊은 준재가 자신을 능가해줄 것을 기대하고 있었다.

이 대화에서 공자가 단지 사람의 재능에 대해서만 논했다고 볼 수는 없다고 생각한다. 공자가 말하는 인(仁)의 심오한 뜻을 이해할 수 있는 이가 설사 안회뿐이었다 하더라도, 안회가 그 당시 공자보다 높은 자각에 도달했을 리는 없다. "비록 좇고자 하나 따라갈 방도가 없구나!"(「자한」) 하는 것이 안자(顏子)의 탄식이었다. 아마도 공자는 일단 형성된 사상이 지니게 마련인 완결성이 그러한 완결성 때문에 스스로 한계를 지니게 된다는 사실을 이미 통찰하고 자각했던 듯하다. 이데아적 완성은 한 번으로 끝나는 게 아니다. 이데아는 영원히 이데아의 실현을 추구해야 하는 것이다. 그러나 이데아의 체인(體認)이 언제나 인격적 주체의 실천에 따른 것인 이상, 그와 같은 새로운 발전은 또 다른 인격의 실천을 기다릴 수밖에 없다. 바로 공자는 그것을 안회에게 기대했던 것이다. 안회를 잃었을 때 "아! 하늘이 나를 망쳤구나!"(「선진」) 하고 장탄식을 했던 것도 이런 의미에서였다. 공자는 이미 새로운 이데아의 주체적 행위자를 찾고 있었던 것이다.

아마도 장주는 그러한 공자의 소망을 꿰뚫어보았다고 생각된다. 그래서 장주는 공자와 안회의 대론(對論)이라는 우언의 형식으로 그것을 실현해 보였던 것이다. 내가 장주를 공자 사상의 정통적인 계승자라 보고, 안씨의 유(儒)에 속한다는 곽말약의 학설에 찬성하는 것도 이런 의미에서다. 장주는 새로운 이데아의 탐구자였다. 그리고 노모스적 세계에 있으면서 이데아를 회복했다. 다만 이 회복은 노모스적 세계의 부정을 통해서 이루어졌다. 따라서 자연히 공자의 이데아와는 달랐다. 공자에게 인은 이데아로 전통의 모든 의미가 체인되는 장이라고 해야 하겠지만, 장자는 그것을 실체화하고 있다. 장자가 말하는 도(道)란 이데아적 실재다. 그러나 그 같은 차이에도 불구하고 이들의 사상에는 명백히 계보적인 관계가 있다고 말할 수 있다. 공자를 이 학파에 초대하지 않으면 안 된다. 그래서 공자 문례의 설화도 장주 후학에 의해 만들어졌던 것이다. 이것이 공자 문례 설화의 사상사적인 의미다. 다만 노자의 사상은 장자보다 뒤늦게 형성되었고, 『노자』라는 책으로 정착된 것은 아마도 더욱 뒤의 일인 듯하다.

  곽말약은 노장사상을 봉건지주계급의 이데올로기이며 2,000년 이래 토호열신(土豪劣紳)[6]의 철학이었다고 주장하는데, 그렇게 보기에는 사상이 지나치게 고상한 것 같다. 선진 시대 문헌 가운데서도 『장자』만큼 사상적으로 뛰어난 문장은 없다. 아울러 그렇게 고답적이고 정치에 무관심한 문장도 없다. 점복에 쓰는 신귀(神龜)로 죽어서 묘당 위에 놓이기보다는, 살아서 꼬리를 진흙 속에 끌고 다니는 것을 이상으로 삼는다(『장자』「추수[秋水]」). 철저하게 반사회적 태도이며 생의 욕구에서 나온 주장이다. 그 같은 독선주의·개인주의가 지배자나 봉건세력의 사

---

6) 토호악패(土豪惡覇)라고도 하는데, 지역에서 포악하고 사납게 위세를 부리는 무뢰배를 뜻한다.

상 또는 노모스적 세계의 이데올로기일 수는 없다. 그것은 탈(脫)노모스의 사상이자 패배자의 사상이며 근본적으로 패배의 철학이다. 그리고 그러한 패배주의는 『노자』에 이르러 극히 뚜렷한 형태를 취하게 된다.

『장자』에는 노자의 말로 인용된 문장이 열몇 군데에 이르고 있다. 그러나 지금의 『노자』에도 보이는 말은 「우언」편에 고대의 격언으로 인용된 "참으로 맑고 깨끗한 것은 언뜻 보면 더럽혀진 것 같고, 진실로 뛰어난 덕은 언뜻 보면 모자란 듯 보이는 것이다"(『노자』 제41장)의 한 조목뿐으로, 달리 비슷한 구절을 두세 군데 더 찾을 수 있을 뿐이다. 오히려 노자의 말이라고 되어 있지 않은 곳에 지금의 『노자』와 같거나 비슷한 구절이 더 많다. 기무라 에이치(木村英一) 박사는 그러한 예를 55개나 지적하고 있다(『노자의 신연구』). 이런 사실은 지금의 『노자』가 『장자』보다 후대에 성립되었던 것임을 시사하므로, 그 책은 노담의 이름을 가탁한 것이다.

『노자』에는 『장자』와 같은 격렬한 주체성의 주장이나 자기 충동으로서의 생명적인 것에 대한 요구가 없다. 주체성을 버리고 생의 욕구를 끊는 것이, 진정으로 주체를 회복하는 것이며 사는 것이라는 철저한 패배의 사상이자 부정의 철학이다. 노모스적 세계에 자신을 매몰하고 죽어야만 살 수 있다는 절망의 사상이다. "성(聖)을 끊고 지식을 버려라"(『노자』 제19장)고 하고, "배우는 것을 버려라, 그러면 근심걱정이 없을 것이다"(『노자』 제20장)라고 한다. 이데아조차 버리지 않으면 안 된다. 그리고 "오욕에 머무를 수 있다면 천하의 골짜기가 된다"(『노자』 제28장)고 한다. 패배의 궁극에 있는 골짜기, 게다가 그것은 천하의 골짜기가 된다. 그 같은 철저한 패배만이 영원한 생의 근원을 지키는 것이다. 장주처럼 같은 노모스를 초극하는 초인의 모습은 없다. 아마도 그것은 노모스적 세계의 밑바닥에 앙금이 가라앉아 있듯이 겨우 남아 있는 고대 씨족사회의 당시 이데올로기인 듯하다.

"향당(鄉黨)에서는 연장자를 공경한다"(『장자』「천도」)고 했다. 오랜 씨족사회에서는 장로가 모든 일의 지도자였다. 제사나 군사의 일도 장로들이 오랜 관례에 따라 시행했다. 그러나 그 같은 기초사회는 오래전의 은·주 혁명 후 점차 파괴되었고, 특히 전국시대의 격렬했던 영토 국가적인 발전과 천하 사상의 노모스적 전개 속에서 거의 사라져버렸다. 고대적 공동체의 원점은 작은 나라와 적은 주민의 '소국과민(小國寡民)'(『노자』 제80장)으로, 사람들은 생을 마칠 때까지 바깥 세계와 서로 왕래하는 일조차 없었다. 그들이 살아남기 위해서는 노모스의 세계 밑바닥에 자기를 매몰시킬 수밖에 없었다. "용감하게 하는 것을 두려워하지 않으면 죽게 되고, 비겁하게 하는 것을 두려워하지 않으면 살게 된다"(『노자』제73장)는 것이다. "구부러지는 것이 온전히 살아남는다"(『노자』제22장)는 것이다. 이것을 사상적으로 표현하면, "되돌아가는 것이 도(道)의 운동 방식이다. 유약(柔弱)한 것이 도의 작용이다. 천하 만물은 유(有)에서 생겨나고, 유(有) 자체는 무(無)에서 나오는"(『노자』제40장) 것이라 할 수 있다. 여기서 무(無)의 철학이 태어난다.

오랜 씨족사회가 비교적 후대까지 남을 수 있었던 지역은 송나라·초나라 지방이다. 노자 사상도 아마 그러한 지역에서 생겨났을 것이다. 오랜 잠언을 숭상하는 고로들이 그러한 사상을 잠언풍의 형식으로 표현해냈다. 사제자이기도 했던 그들은 "골짜기의 신은 결코 죽지 않는다. 그것은 (생명의 근원으로서의) 신비한 암컷〔현빈(玄牝)〕이라고 불린다. 신비한 암컷의 문이 바로 천지 만물의 근원이다"(『노자』제6장)라는 표현처럼 상징적인 수사법을 좋아했다. 『장자』에도 그러한 경향이 보이는데, 다만 장주의 문장은 이른바 변증법에 가까운 변론풍의 경향이 있어서 제사자의 수사처럼 보인다.

전국 말기에 초나라 지역에서 일어난 초사 문학도 오랜 씨족사회를 기반으로 한 고대 무축(巫祝) 집단의 최후를 장식하는 문학이었다. 초사 문학은 초기에는 풍부한 유교적 교의를 보이고 있다. 그것은 무축의 전통이 유가의 기반과 가까웠기 때문이다. 그러나 후기에는 차츰 도가적 색채를 더하면서 전개되어갔다. 그것은 무축 집단의 붕괴 과정 속에서 생겨났기 때문이다. 초사 문학은 고대의 만가(挽歌)였고, 노자 사상이 패배의 사상이었던 것처럼 패배의 문학이었다.

초사 문학은 굴원(屈原)으로 대표된다. 곽말약은 처음에 굴원을 노예해방의 전사라고 하면서, 그의 문학은 노예해방의 문학이었다고 주장한다(「굴원연구」). 뒤에 가서 그 임무를 공자에게 지웠지만, 굴원은 의연히 애국 시인으로서 희극의 주인공이 된다. 그러나 주역으로서 굴원이 수행했던 임무는 초사 양식을 통해서 고대의 만가를 부른 데 있었다. 그것은 멸망의 문학이었다. 노자 사상이 패배의 사상인 것과 마찬가지다.

이렇게 해서 유(儒)와 도(道)는 사상뿐만 아니라, 문학에서도 서로 접근하고 있다. 그리고 양자는 한나라 시대에 들어서서 기묘한 결합을 이루게 된다. 그것은 도가가 말하는 무위(無爲)를 체(體)로 삼고 유가가 말하는 예교를 용(用)으로 쓴다는, 말하자면 제2의 노모스적 세계다. 여전히 선진 제자의 사상이 복잡하게 얽혀 있었지만, 기본적으로는 유(儒)·도(道)의 습합(習合)이었다. 이와 같은 풍조 속에서 태사공 사마천이 『사기』「공자세가」에 공자 문례의 설화를 채용했던 것이다.

직하의 학문

선진 제자의 사상은 직하(稷下) 학단에서 만나 서로 영향을 주고받았다. 특히 도가 사상의 성립에 중요한 역할을 했다.

제나라는 위왕(威王)·선왕(宣王) 2대(기원전 356~301)에 걸쳐 가장 강성했다. 도읍인 임치(臨淄)는 성 둘레가 50리(약 5리, 2킬로미터 정도의 거리)였고 13군데의 성문이 사방으로 통했는데, 서쪽 문을 직문(稷門)이라고 했다. 당시 제나라는 대우를 후하게 하여 천하의 학자들을 맞아들였고, 학당이 있는 직문 부근에 살 집을 주고 대부의 호를 주어 자유롭게 각자의 학설을 강론케 했다. 한때 이 직하에는 각지의 저명한 학자 70여 명이 모여 있었다고 한다. 각 학파 사이에 학술적 교류가 행해졌고, 학도의 수가 수천 명에 이르러 당시 학술의 연총(淵叢)이 되었다(『사기』「전경 중완세가〔田敬仲完世家〕」). 이것을 세상에서는 직하의 학문 이라고 불렀던 것이다.

『사기』「맹순(孟荀)열전」에 전하는 바에 따르면 직하의 학자로 순우곤(淳于髡)·신도(愼到)·환연(環淵)·접자(接子)·전 병(田駢)·추석(騶奭) 등이 있었는데, 모두 책을 지어 치란 (治亂)에 관해 논하고, 당시의 군주에게 나아가 벼슬하기 를 바랐다. 순우곤은 제나라 사람으로 박식하고 기억력 이 뛰어나며 잡학에 탁월했던 것 같다. 신도는 조나라, 접자는 제나라, 환연은 초나라 사람으로 모두 황제와 노 자의 도덕 이론을 논하고 자기 나름의 견해를 서술해 신 도는 12편, 환연은 상하 2편의 책을 저술했다. 맹자도 일 찍이 직하에 온 적이 있고, 후에는 순자도 왔던 적이 있 다. 그 밖에 명가(名家)라 불린 논리학파도 있었지만 유가 와 도가 두 학파가 가장 많았다.

위왕(威王)이 만든 청동기가 지금도 남아 있는데, 자신의 조상을 황제라고 부른다. 종래 요·순 위에 황제를 두는 도통설(道統說)은 이 지역에서 비롯되었던 것이다. 곽말약은 직하의 학문에 대해 다음과 같이 말한다. "제나라는 어째서 도가를 부식(扶植)하지 않으면 안 되었던가. 이것은 아주 명백한데, 사실을 말하자면 고등 문화 정책이었다. ……제나라 위왕이 전씨(田氏)가 남긴 업적을 이어받아 제나라(여씨[呂氏])를 탈취한 뒤로는, 종래의 사(士)를 양성하던 관습으로 인해 새로이 일군의 문화인을 장식품으로 둘 필요가·있었다. 이것도 물론 하나의 동기이지만, 더욱 주요한 이유는 역시 자신의 휘하에 또다시 '나라를 훔치는 자'가 생겨나는 것을 바라지 않았고, 미리 예방하기 위해 백성들에게 그런 생각을 품지 않도록 해야 했다. 이런 목표에서 보자면 양주와 노자 학설이 가장 적합한 무기였다"(『십비판서』). 사상가는 언제나 권력자에 봉사하는 자라는 발상이다.

양주와 묵적은 한때 천하를 양분할 만큼 저명한 현학(顯學)이었는데, 양주(楊朱)는 도가의 계보에 들어가는 인물이었다. 곽말약은 다시 다음과 같이 말한다. "묵가의 보호자는 당시 진(秦)나라였다. 이때 제나라와 진(秦)나라의 두 강대국이 양대 학파를 보호했다. 따라서 양주와 묵적의 세력이 천하를 둘로 나누고, 유가로서는 가장 불운한 시기였다. 맹가(孟軻)나 순황(荀況)은 모두 군식구에 지나지 않았다. 그들은 어째서 투쟁하지 않으면 안 되었던가. 왜 양자와 묵적을 배척하지 않으면 안 되었냐 하면, 그것은 역시 생존경쟁 때문이었다"(『십비판서』). 그러나 묵가는 반드시 진묵(秦墨)에 국한되지 않으며, 묵자도 만년에는 제나라에 갔고, 제자인 고하(高何)·현자석(縣子石)은 제나라의 강도〔폭자(暴者)〕로 일컬어졌던 인물이다(『여씨춘추』「존사」). 승작(勝綽)이란 고제도 제나라에서 벼슬했다(『묵자』「노문」). 남방의 묵자로는 상리자(相里子)·등릉자(鄧陵子) 등 저명한 학자가 많았고, 이들은 『묵경(墨經)』이라 불리는 독자적 논리학을 발전시켰다(『장자』「천하」). 거자(鉅子) 맹승(孟勝)도 초나라에서 죽었다(『여씨춘추』「상덕〔上德〕」). 송나라에는 그의 거자 자리를 계승한 전양자(田襄子)가 있었고, 관동과 북방에도 묵가 집단이 있었다(『여씨춘추』「거유〔去宥〕」).

다만 묵학이 제나라에서 번성하지 못했던 것은, 제나라에서는 중요한 생산이나 제작을 나라가 경영하므로 장인 집단인 묵가가 활약할 여지가 적었기 때문이다. 고대의 제작 기술을 전하는 『주례』「고공기」는 제나라에서 전해졌던 것이며, 관중(管仲)에게 이름을 의탁한 『관자(管子)』에는 생산에 관한 기술 내용이 많다. 본래 묵가는 결사의 성격이 강한 실천 집단이므로, 직하의 학문에 참가하기에 적합하지 않았다. 도가가 유력했던 까닭은 제나라 황조(皇祖)인 황제의 학문이라고 선전하고 다녔기 때문일 것이다.

직하의 학문은 제자(諸子)의 학술 교류에 절호의 기회를 부여했는데, 두세 가지 사실을 성과로 지적할 수가 있다. 우선 그것은 도통설(道統說)의 전개에 영향을 주었다. 유가는 본래 주공을 예악의 창시자로 삼았으나, 그 뒤 묵가가 우(禹)를 표방하기에 이르러서는 맹자가 요·순을 내세워 고대의 성왕으로 삼았다. 그러나 직하의 학문에서는 제나라의 원조(遠祖)라는 황제(黃帝)가 다시 등장해 그러한 가상(加上) 경쟁에 종지부를 찍었다. 당시 유가가 요·순·우·탕·문·무·주공이라는 도통설을 제창했는데, 그를 뒷받침하기 위해서는 그러한 성업(聖業)을 보여주는 문헌이 없어서는 안 되었다. 『서』의 「요전(堯典)」·「고요모(皐陶謨)」·「우공(禹貢)」 등 요·순·우의 이야기가 그렇게 해서 만들어진다. 그것들은 오랜 신화적 전승을 고쳐서 경전화했다. 「요전」에는『산해경』에 보이는 제준(帝俊) 순(舜)의 이야기나 사일신(司日神)인 희화(羲和), 사방의 방신(方神)과 풍신(風神), 강족(羌族)의 악신(岳神)인 백이(伯夷) 이야기, 우의 홍수 설화 등을 자료로 포함하는데, 그 원형이 거의 남아 있지 않을 정도로 변개가 이루어졌다. 그러나 그러한 경전이 위작된 것은 직하의 학문 영향이라고 여겨지며, 그것의 경전화에 성공한 것은 유가였다. 아마도 무사(巫史)의 학문 전통에 의존했을 것이다.『논어』에 인용된『서』에는 그와 같이 성립된 내용도 포함되어 있다.

둘째로는 구주설(九州說)이나 오행설(五行說) 등 자연에 관한 학설에 영향을 주었다. 추연(騶衍)은 유가가 말하는 중국이란 천하의 81분의 1의 세계에 지나지 않고, 구주(九州) 밖에 또 구주가 있으며, 이것을 둘러싼 음양 두 가지 요소의 소장(消長) 변화를 헤아릴 수 없다고 해서, "신비한 물의 변화와 대성인의 끝과 시작에 관한 여러 편 10만여 언의 책"(「맹자순경열전」)을 지었다고 한다.『서』「홍범(洪範)」등에 직하의 학문 영향이 보인다. 그러한 자연관에 사상적 체계를 부여한 사람은 전병(田騈)·신도(愼到)이며, 그들의 스승인 팽몽(彭蒙)이었다.『장자』「천하」편에 다음과 같은 글이 나온다.

공평하게 어느 한쪽으로 치우치지 않고, 평등하게 다
루어 사심을 개입시키는 일이 없고, ……자신을 위해 지
모를 사용하지도 않고, 물에 대해 선택을 가하는 법 없
이, 단지 물의 자연스러움을 좇아간다. 옛날의 도술(道
術)에 이런 가르침이 있었다. 팽몽(彭蒙)·전병(田駢)·신도
(愼到) 등은 학문의 도를 듣고 기뻐했다. 그래서 만물에
대해 공평하고 평등하게 대응하는 것을 근본 입장으로
삼았다.

제물기지설(齊物棄知說)은 이 같은 자연철학에서 출발했
고, 장자에게도 커다란 영향을 주었다.

셋째로는 이 같은 자연과학에서 일종의 논리학이 생겨
났다. 『장자』에서 "혜시는 다방면의 지식을 가지고 있으
니 그의 저서만 해도 다섯 수레에 실을 수 있는 정도"(「천
하」)였다고 일컬어지는데 시간과 공간, 무한과 유한, 지
식론 등을 문제 삼았던 궤변학파였던 것 같다. "지극히
커서 더 이상 외부가 없는 공간, 그것을 최대의 일〔태일(太
一)〕이라 하고, 지극히 작아서 더 이상 안쪽이 없는 점, 그

것을 최소의 일〔소일(小一)〕이라고 한다. 두께가 없는 면이란, 겹쳐 쌓아올릴 수 없는 동시에 넓이가 천리 사방에 미치는 것"이라든가, "화살촉이 붙은 화살이 빨리 날아가는 경우의 한순간 한순간은 나아간다고도 멈춰 있다고도 할 수 없다"(「천하」)고 하는 것은 공간이나 운동 문제를 다룬 것이었다. 공손룡(公孫龍)에게도 "백마는 말이 아니다"라는 주장이 있는데, 이는 개념의 내포와 외연 문제로 공손룡은 그것을 외교적 절충에 사용해서 성공을 거두었다고 일컬어진다.

남방의 묵가 집단에 별묵(別墨)이라 불리는 일파가 있어, 마찬가지로 논리학의 문제를 발전시켰다. 『묵자』의 논술에는 논증의 방법을 쓴 경우가 많은데, 그것은 말하자면 그들이 기술자 집단이었다는 점과 관계가 있다. 유가에서는 그런 종류의 논리학이 생겨나지 않았다. 유가의 실천적 성격이 그러한 것을 필요로 하지 않았을 것이다. 그러나 음양설과 오행설 또는 수리적 사고법이 뒷날역(易)의 원리를 낳고 있다.

노장사상이라고 하지만 『노자』는 『장자』보다도 뒤에 성립되었을 것이다. 장자는 아마도 직하의 학문 성과로 추연(騶衍)의 구주설이나 전병(田駢)의 제물기지설, 양주(楊朱)의 위아전성설(爲我全性說) 등을 흡수했을 것이다. 그러나 장주 자신은 거의 국외로 다니지 않은 듯하다. 장자는 몽(蒙) 땅 사람이라고 하는데 당시 송나라에 속했던 것 같다. 노자도 송나라와 초나라 사이의 사람으로, 일찍이 주나라를 여행한 적이 있다는 서유(西遊) 설화를 제외하면 유력했던 자취가 없다.

아마 그들은 멸망한 은나라의 후예인 송나라 사람이었던 것 같다. 송나라는 시대에 뒤떨어진 나라였다. 오랜 전통을 우직할 정도로 지켜가려고 했던 곳이다. 송나라 사람이라면, 잘린 나무 그루터기에 토끼가 목을 부러뜨려 죽기를 기다리느라 밭갈이를 그만두었다는 '수주대토(守株待兎)' 이야기, 모의 생장을 촉진시키려 하다가 모를 뽑아버리고 마는 '조장(助長)' 이야기와 같이 멍청한 짓만 일삼는 사람들이다. 그것은 송나라의 국왕조차 그러했다. '송양(宋襄)의 인(仁)'이라는 말이 있듯이 양공(襄公)은 인의(仁義)의 군사행동을 행한다며 기습책을 쓰지 않다가 그로 인해 대패하여 가까스로 성취되려던 패업을 망치기도 한다. 또한 송나라에 기근이 들었을 때 임금 경공(景公, ?~기원전 453)은 먼 조상 탕왕(湯王)이 행했던 것처럼 마른 장작 위에 앉아서 자신을 불태워 하늘에 비를 빌려고 했다. 이 이야기는 『장자』 일문(佚文)으로 전해진다. '송양의 인'은 후세에도 웃음거리가 되었으나, 『사기』 「송미자세가(宋微子世家)」의 논찬에는 예의를 지켜 사양하는 행위라 하여 군자의 찬사를 받았다고 적혀 있다. 이 군자란 아마도 송나라의 오랜 씨족이나 향당의 장로들이었을 것이다. 그들은 "나의 마음은 정말로 어리석은 자의 마음이다", "오직 나만이 완고한 시골뜨기와 같다"(『노자』 제20장)면서도, 참다운 삶의 태도로 긍정하고 주장해 마지않았다.

따라서 송나라는 당시의 노모스적 세계에서 뒤처진 특수한 지역이었다. 아마도 오랜 제도나 관습이 그들의 씨족적인 문화 속에 많이 보존되었으리라 생각된다. 은·주 혁명 때 많은 은나라 씨족이 각지로 분산·하사되었는데, 귀족 가운데 유력자들은 성주(成周), 곧 지금의 낙양(洛陽)에 소집되었고 주나라는 앞쪽 면에 왕성(王城)을 쌓아 그들을 감시했다. 서주 시대 금문에는 종종 그들을 사찰했던 일이 기록되어 있다. 서은(庶殷)이라 불리는 은나라 유민의 거주지는 그로부터 실로 1,500년을 경과한 육조(六朝) 북위(北魏) 시대에도 여전히 외부와 왕래를 기피하며 폐쇄적인 생활을 했다고 한다. 양현지(楊衒之)의 『낙양가람기(洛陽伽藍記)』(권5)에 그런 사실이 씌어 있다. 아마도 열국기(列國期)의 송나라 사람도 다른 나라 사람에게 위화감을 주는 사람들로 보였을 것이다. "나라의 오욕을 자기 한 몸에 받는 사람이야말로 사직의 주인이라고 불리는 것이다. 국가의 재난을 자기 한 몸에 받는 사람이야말로 바로 천하의 왕이라고 한다"(『노자』 제78장)라는 패배의 윤리가 거기서부터 생겨난다. 그 같은 사상을 낳게 한 것은 멸망한 은나라의 후예로 오랜 굴욕을 견뎌야 했던 상황과 노모스적 세계에서 삐져나와 있는 이 지역의 특수한 역사 지리적 풍토를 생각하지 않으면 안 될 것이다. 그들은 제물기지설이나 전성설(全性說)을 받아들이기에 가장 알맞은 조건을 지녔던 것이다.

직하의 학문은 여기서도 여풍을 남겼다. 또는 가장 풍요한 열매를 이곳에서 거두었다는 말이 정확할지도 모른다. 양묵으로 나란히 일컬어진 양주의 학문은 직하에서 송견(宋鈃)·윤문자(尹文子) 무리에 의해 전개되었다. 『장자』 「천하」 편에서는 다음과 같이 말한다.

세상의 관습에 번민하지 않고, 외계 사물에 얽매여 자기 방식을 바꾸지 않고, 더욱이 어느 누구에게도 함부로 대하지 않고, 백성을 소중히 여겨 학대하지 않았다. 오직 천하가 평온무사해 백성들의 생명이 길이 유지되어 너나 할 것 없이 의식이 풍족해지기만을 바랄 뿐, 그 이상의 욕심은 없었다. 옛날의 도술에 이런 가르침이 있었다. 송견과 윤문은 그 학문의 도를 듣고 기뻐했다.

송견은 『장자』에 종종 보이는 송영자(宋榮子)다. 송견과 윤문자에 관계되는 문헌은 오래도록 전승이 알려지지 않았는데, 오늘날의 『관자』에 저작이 섞여 있다는 사실이 유절(劉節)의 논문(「고사고존〔古史考存〕」)과 곽말약의 연구(「송견윤문유저고〔宋鈃尹文遺著考〕」)에서 밝혀졌다. 곧 「심술(心術)」·「백심(白心)」·「내업(內業)」 등의 여러 편이 그것이다. 이들 문장은 대개 아름다운 운문으로 기록되어 있고, 내용이나 형식에서도 중농(重農)정책을 논하는 『관자』의 다른 여러 편과는 명백히 다르다. "마음속으로 허정(虛靜)하게 하며 밖으로 경건하게 삼가면, 능히 인간의 본성을 회복하게 되고 본성도 크게 안정될 것이다"(「내업」)라는 정성(定性) 문제를 주로 한 것인데, 「백심」 편에 보이는 다음 문장은『노자』제9장과 거의 같은 문장이다.

　　잡고 이를 가득 채우는 것은 위험한 것이다. 자기 이름
으로 천하를 가득 채우는 것보다는 그만두는 것이 좋다.
이름을 드날렸으면 스스로 물러나는 것이 하늘의 도다.

　　지금의『노자』에는 "잡고 가득 채우는 것보다는 그만
두는 것이 좋다. ……공을 세우면 물러나는 것이 하늘의
도"라고 되어 있다. 송견 등의 학설은 직하의 학문으로
제나라에서 전해졌고 마침내『관자』에 수록되어 일부를
구성했을 것이다. 이제 운자(韻字)를 붙인 예로「내업」의
문장을 인용해둔다.[7]

　　무릇 도는 뿌리도 없고 줄기〔莖〕도 없으며, 잎사귀도
없고 꽃〔榮〕도 없다. 그러나 이 세상 만물이 그에 의거해
생겨나고〔生〕, 그에 의거해서 성장하니〔成〕, 그것을 이름
붙여 도(道)라고 한다. 하늘은 공정함〔正〕을 주로 삼고,
땅은 평평함〔平〕을 주로 삼고, 인간은 고요함〔靜〕을 주로
삼는다. 봄·여름·가을·겨울은 하늘의 때〔時〕이며, 산릉과

---

7) 이 문장에서는 "경(莖)·영(榮)·생(生)·성(成)·정(正)·평(平)·정(靜)·정(定)·명(明)", "시(時)·
지(枝)·모(謀)", "화(化)·이(移)"라는 세 갈래의 운자를 사용하고 있다.

천곡은 땅의 갈래〔枝〕이며, 기뻐하고 화내며 취하고 주는 것은 인간의 술책〔謀〕이다. 그러므로 성인은 시세가 변화하는 것을 도와주면서도 자기 자신은 오히려 변화〔化〕하지 않고, 사물이 변천하도록 내버려두면서도 자신은 도리어 움직이지〔移〕 않는다. 능히 단정하고 안정〔靜〕된 뒤라야 비로소 마음속이 굳건〔定〕해진다. 이렇듯 마음이 굳건해지면 이목이 총명〔明〕해진다.

안정을 바탕으로 해서 변화에 대응해가는 도를 설명한 것이다. 『한비자』「현학」편에 "송영자의 주의는 싸우지 말 것을 주장하고, 적에게 보복하지 말 것을 주장하고, 감옥에 갇혀도 개의치 않고, 다른 사람에게 모욕을 당해도 부끄럽게 여기지 않는 것이다"라는 것은,『노자』에 나오는 "참으로 맑고 깨끗한 것은 언뜻 보면 더럽혀진 것 같다"(제41장), "자신의 남성적 강건함을 알면서 이것을 억누르고 여성적 유약함을 지킨다"(제18장)는 말과 마찬가지 뜻이고, 『장자』「천하」편에 "다른 나라를 침략하지 않고 모든 무기를 폐기해버린다"는 주장은 노자의 "무기는 불길한 도구다"(제31장), "비록 갑옷과 무기가 있어도 그것들을 늘어놓을 기회가 없다"(제80장)는 주장과 비슷하다.

이로 미루어보면 『노자』 사상이 그러한 송견에게서 나왔다는 것이 분명하다. 『장자』 「소요유」 편에서 송영자는 세상의 이해득실에 대해 빙그레 비웃고 있으며, "온 세상이 모두 그를 칭찬하더라도 더 힘내지 아니하며, 온 세상이 모두 그를 비난하더라도 더 기가 꺾이지 아니한다. 그는 자기의 내면과 바깥 외물 구분을 확립하고, 영예나 치욕 따위가 바깥 영역의 일임을 변별했다"라고 평한다. 그것은 노모스의 세계를 초월한 태도다.

송견은 송나라 사람이다. 도연명(陶淵明)이 편찬했다는 『집성현군보록(集聖賢群補錄)』에 따르면, 3묵(三墨)의 하나로 되어 있는데, 그 학설은 묵자에게서 나왔다고 한다. 『맹자』에는 송경(宋牼)이라는 사람으로 등장하고 맹자보다 선배였다. 제자의 학문은 직하에서 일어났지만, 묵자·송견과 노장의 학문은 모두 송나라 땅에서 생겨났다. 멸망한 은나라 후예인 송나라가 제자(諸子)의 발상지가 되었다는 사실이 깊은 흥미를 자아내게 하는데, 공자 역시 죽음에 임해 "나는 은나라 사람이다"(『예기』 「단궁 상」)라며 은례(殷禮)에 의거해서 장사 지내주기를 원했다고 한다. 사상은 본래 패배에서 태어나는 것 같다.

제 5 장

논어에 담긴 뜻

문장의 형식은 내용을 반영한다

"양식이란 반드시 자기 자신을 내걸게 하는 것이다"(『문학론』 제30장)라고 프랑스 철학자 알랭(Alain)[1]은 말한다. 사상 또한 사상 그 자체가 그것의 양식을 결정한다. 다른 양식을 선택하지 못하게 하는 절대 형식을 지니고 있다. 사상은 표현 양식, 즉 문체와 나누려야 나눌 수 없는 관계에 놓여 있다. 따라서 『논어』 문장에는 『논어』의 세계가 있고, 『노자』 문장에는 『노자』의 세계가 있다. 『논어』에는 공자를 둘러싼 수많은 인물의 숨결이 느껴진다. 그러나 『노자』에서는 인간의 모습을 볼 수가 없다. 그 소리는 어둡고 깊은 계곡에서 격렬하고 고독하게 울려퍼져 나온다.

『논어』의 문장은 간결하고 그늘이 깊다. 한순간의 문답에도 그 사람의 모습이 손에 잡힐 듯하다. 「공야장」 편에 공자와 안연·자로의 대화가 실려 있다. 아마도 스승과 제자 간에 편안히 앉아서 인간관계 등과 같은 문제를 이야기하고 있을 때였을 것이다. 공자가 제자들에게 "평소의 포부가 무엇인가?"라고 말을 건넨다. 자로가 먼저 대답

---

1) 현대 프랑스의 저명한 문학자로 대표작으로는 『문학론』, 『예술론』 등이 있다.

했다.

"바라건대 수레와 말, 가벼운 갖옷을 벗들과 함께 쓰다가 해져도 아쉬워하지 않는 것입니다."

짐작건대 자로는 소중히 여기던 수레와 말, 가벼운 갖옷을 친구에게 빌려주고 속을 썩이고 있었을 것이다. 그리고 아쉽지만 어쩔 수가 없었을 것이다. '아쉬워하지 않는 것입니다'라는 것은 아쉽다고 얼굴에 써놓은 것과 다름없다. 이것은 솔직한 자로가 공자 앞에서 매우 조심하면서 한 말일 것이다. 다음에 안연이 대답했다.

"바라건대 선을 자랑하지 않으며, 공로를 강요하려 하지 않으려 합니다."

선을 자랑하지 않으며 필요 이상으로 친절을 강요하지 않겠다는 말이다. 선의를 억지로 강요해서는 안 되는 것이다. 그렇게 되면 그것은 이미 선의가 아니다. 선이란 무엇인가. 그것이 안연이 생각하던 문제였을 것이다. 이 젊은이는 철학적 사색을 즐기고 있었던 것 같다.

공자가 제자들의 말에 고개를 끄덕이고 있자니, 이번에는 자로가 "선생님의 포부는 무엇입니까?" 하고 스승의 답변을 재촉한다. 공자가 조용히 대답했다.

"늙은이를 편하게 해드리고, 벗들을 미덥게 대하고, 젊은이를 사랑으로 품어주고 싶다."

인간관계를 규정하는 데 이 이상이 있을까. 그것은 확신에 가득 찬 인간만이 지닌 부드러움이다. 그런 스승 아래 있는 것, 이런 제자와 함께 있는 것, 이렇듯 부럽기 짝이 없는 사제 간의 정경이 겨우 60자 남짓의 행간에 흘러 넘치는 듯하다.

『논어』 문장은 대화의 집약이며, 제자들은 그러한 대화에서 얻은 집약을 그때그때 곧바로 적어두었던 듯하다. 「위령공」 편에 자장(子張)이 '어디서나 행해지는 도리', 곧 이해되고 실행될 수 있는 도리의 조건에 대해 물었을 때 공자의 대답이 기록되어 있다. 대답은 다음과 같은 것이었다.

공자가 말씀하시기를 "말이 참되고 신용이 있으며, 행동이 진지하고 조심스러우면 비록 미개한 오랑캐의 나라라 하더라도 행해질 것이다. 말이 참되지 않고 신용이 없으며, 행동이 진지하지 않고 조심스럽지 않다면 비록 제 고장에선들 행해지겠느냐. 서 있을 적에도 그것이 눈앞에 있는 듯 삼삼히 있음을 보이고, 수레에 탔을 적에는 그것이 멍에채에 기대어 있는 것처럼 보여야 하나니,

그런 후에야 행해지게 될 것이다"라고 하셨다.

앞의 말은 도를 행하는 태도, 다음 말은 걷고 머물고 앉고 눕는 일상의 한순간에도 그것을 잊지 말라는 가르침이다. 공자의 말은 언제나 운문처럼 아름답다. 장의 끝부분에 "자장이 그 말씀을 띠에다 적었다"고 기록한 것은, 자장이 감동해 서둘러 큰 띠의 늘어진 부분에 그 말을 적어두었다는 것이다.

『논어』에는 어록체풍 문장이 많다. "공자가 말씀하시기를 '자로야, 덕을 제대로 아는 이가 드물구나!'"(「위령공」)와 같이 호소하듯 한 말, "군자는 한 가지 용도로만 쓰이는 그릇이 아니니라"(「위정」)와 같이 격렬한 언사도 있다. 그러나 이러한 어록체 문장에서도 배경을 느낄 수 있다. 무언가의 사실에 입각해서 이야기하고 있는 것이다. 아마도 대화에서 나왔던 말임이 틀림없다. 그런 대화에서 비롯된 공자의 말이 그대로 격언이 되는 것은 어째서인가. 공자의 말에는 이데아가 있다. 전통의 집약화와 내면화가 있다. 그것을 극기복례(克己復禮)라고 일컫듯이, 공자 자신의 엄격한 실천과 사색이 뒷받침되어 있다. 그래서 그러한 이데아는 일상의 문답 사이에서도 아름다운 운율이 되어 흐르는 것으로 보인다.

『맹자』 문장은 잘 알려져 있듯이 (거리낌이나 막힘이 없이 자유로이 표현되고 전달되는) 창달함이 발군이다. 설득 논리도 교묘하거니와 패기가 넘쳐난다. 맹자가 직접 썼다는 문장은 유세가로서 맹자의 담론을 전해준다.

맹자가 제나라 선왕(宣王)을 만났을 때의 일이다. 맹자는 입을 열자마자 곧장 왕에게 질문을 했다.

"임금님, 신하 중에 자기 처자를 벗에게 부탁하고 초나라로 여행하는 이가 있다고 하십시다. 여행에서 돌아와 보니 처자가 얼고 굶주리고 있다면, 임금께서는 어떻게 하시겠습니까?"

"그런 친구와는 절교하지요."

"재판관이 공평하게 재판하지 못한다면 어떻게 하시겠습니까?"

"파면시키지요."

"나라 안이 잘 다스려지지 않는다면 어떻게 하시겠습니까?"

현대의 정치가라면 "가정(假定)의 물음에는 대답할 수 없다"고 했겠지만, 정직한 선왕은 "좌우를 돌아보며 딴소리를 하였다"(「양혜왕 하」). 곧 대답이 궁한 태도를 보였다. "좌우를 돌아보며 딴소리를 하였다"라는 구절은 속담은 될지언정 격언이 되지는 못한다. 맹자의 말에는 격언이 될 수 있는 경우가 적다. 로고스가 이미 상실되어버렸다. 그는 '『시』에 이르기를', '『서』에 이르기를'이라는 방식으로 고전 문구를 인용한다. 뛰어난 철인이 말에 자기 정신의 온 무게를 싣는 시대는 이미 지나가버린 것이다.

　『묵자』는 묵가 문헌을 집성한 것으로 갖가지 문장을 포함하고 있다. 문헌화가 이루어진 시기는 묵자가 죽은 후였을 것이다. 「비유」 편 등도 『맹자』와 성립 시기가 비슷한 것으로 보인다. "공구가 제자들과 한가히 앉아 이야기를 했다. 공구가 말하기를 '순 임금은 아버지 고수(瞽叟)가 자기 신하인 것을 보고는 불안해했다. (아버지를 신하로 삼았던) 이 시기에 (상하 질서가 무너져) 천하는 위태로웠다'고 했다"는 구절이 있다. 아들인 순이 천자가 되어 아버지 고수를 신하로 삼는 것은 윤리와 모순된다는 것이다. 그런데 이 이야기는 『맹자』 「만장 상」 편에 함구몽(咸丘蒙)이라는 이가 "순 임금이 아버지 고수를 보자 얼굴에 불안한 기색이 돌았다. 공자가 '이 시기에 천하는 위태로웠다'고 했다"는데, 그것이 사실인가를 묻자, 맹자는 "그것은 군자의 말이 아니라, 제나라 동쪽 지방의 (사리를 모르는) 시골 사람의 말이다"라고 답했듯이 바로 제나라 동쪽 시골뜨기〔齊東野人〕의 말이다.

『묵자』문장은 대체로 한 편의 주제가 정해진 논문 형식을 취하고 있으며, 서술도 논리적이다. 그 때문에 '그러므로〔是故〕', '그러므로 이르기를〔故曰〕', '그렇다면〔然則〕'과 같은 추론이나 귀납적인 논법이 많다. 그러나 소박하고 어설프다. "(나는) 옛것을 조술할 뿐이지 창작은 하지 않는다〔述而不作〕"(「술이」)는 공자 말을 거론하면서, "옛날 예(羿)는 활을 만들고, 여(仔)는 갑옷을 만들고, 해중(奚仲)은 수레를 만들고, 교수(巧垂)는 배를 만들었다. 그렇다면 옛날 방식대로 물건을 만드는 지금의 온갖 재인바치〔鮑函車匠〕는 모두 군자인가. 그리고 (옛날 새것을 만들어냈던) 예·여·해중·교수와 같은 창작자들은 모두 소인인가. 또한 후세 사람들이 모범으로 삼는 물건은 반드시 고인이 옛날에 새로이 창작해낸 것이다. 그렇다면 후세 사람들이 모범으로 삼는 물건은 모두 소인의 도리인가"(「비유」)라는 식으로 비난을 가하는데, 이러한 주장은 공자의 함축적 언사를 전혀 이해하지 못한 것이라고 할 수밖에 없다.

공자는 자신이 말하는 도가 이데아의 체현일 따름이라는 생각을 나타냈던 것이다. 그 때문에 더 나아가 '옛것을 믿고 좋아한다〔信而好古〕'고 하고, '몰래 우리 노팽에게 견주어본다'며 고대 신무의 이름을 거론한다. 아마도 묵자가 본 공자의 말에는 후반부의 두 구절이 없었을는지도 모른다. 그렇다 하더라도 묵가는 유가에 대해 대체로 반감을 숨기지 않고 노골적으로 공격을 퍼붓고 있다. 만일 공자였다면 "이단을 공격하면 해로울 뿐이다"(「위정」)라고 했을 것이다.

『장자』 문장은 사상의 문장으로는 거의 전무후무한 경우다. 제나라 직하의 여러 학자의 정치한 이론을 구사하고, 분방하면서도 박대(博大)하기 그지없는 수사법을 동원해 초월자의 자유자재한 정신세계를 표현해냈다. 초인은 공자가 죽은 뒤 잃어버렸던 로고스를 소생시켰다. 언어는 스스로 가지고 있는 활력을 회복했다. 그러나 이와 같이 아득한 고대에 현대의 실존주의자까지도 경도할 문체는 도대체 어디서 생겨난 것일까. 만일 이것과 어느 정도 유사한 문체를 찾아본다면 『초사』 「이소」 또는 같은 계열의 사부(辭賦) 문학 이외에는 없다고 판단되는데, 이는 기원적으로 제사자 문학이다.

톰슨(G. D. Thomson)은 고대의 전례문(典禮文) 형식이『신약성경』속에 흔적을 남긴 점에 주목해, 그 예증으로「고린도인들에게 보낸 둘째 편지」제6장의 문장을 인용한다(『최초의 사상가들*The First Philosophers*』). 조금 긴 문장이지만 비교를 위해 인용해본다.

보라, 지금이야말로 은혜받을 만한 때요, 보라, 지금이야말로 구원의 날이로다. 우리의 직책이 훼방받지 않게 하려고, 무엇이든지 누구에게도 거리끼지 않게 하고, 오직 모든 일에 하나님의 일꾼으로 자천해, 많이 견디는 것과 환난과 위기와 곤란과 매 맞음과 갇힘과 요란한 것과 수고로움과 자지 못함과 먹지 못함과 깨끗함과 지식과 관용과 자비함과 성령의 감화와 거짓 없는 사랑과 진리의 말씀과 하나님의 능력 안에 있어 좌우의 의의 병기와 영광과 욕됨으로 말미암으며, 악한 이름과 아름다운 이름으로 말미암으며, 속이는 자 같으나 참되고, 무명한 자 같으나 유명한 자요, 죽는 자 같으나, 보라, 우리가 살고, 징계를 받는 자 같으나 죽음을 당하지 아니하고, 근심하는 자 같으나 항상 기뻐하고, 가난한 자 같으나 많은 사람을 부유하게 하고, 아무것도 없는 자 같으나 모든 것을 가진 자로다.

이 대치법의 문체, 수많은 어절을 겹겹이 되풀이하며 도처에 운을 다는 문체는 오랜 제식의 표현에서 유래한 것이라고 일컬어진다. 일본의 신관이 신 앞에 고하고 기도하는 축사에도 다음과 같은 표현이 있다.

각각 들으시는 바 천손(天孫)님이신 천황을 비롯하여 하늘 아래 동서남북 여러 나라에 죄라는 죄는 없느니라. 시나도(科戶)의 바람이 하늘의 첩첩이 쌓인 구름을 불어 날려버리듯이, 아침저녁의 바람이 불어서 날려버리듯 이, 큰 바닷가에 있는 큰 배를, 뱃머리를 풀어 날려 또 선미(船尾)를 풀어 날려, 크고 넓은 바다에 밀어 날리듯 이, 또한 저 멀리에 있는 무성한 산 밑도 (버려서 날을 세운) 잘 드는 낫을 들고 쫓아버리듯이, 남는 죄는 없으리라 하고 불제(祓除)하셔서 부정(不淨)을 없애주시옵기를.

제자백가의 문장에서는『장자』문장의 그 같은 수사법 이 두드러진다.

도는 (다만 하나의 진실이어야 할 텐데도) 어디에 숨어버리고 진실과 허위의 구별을 낳는가. 언어는 (본래 소박한 것이어야 할 텐데) 어디에 숨어버리고 옳고 그름의 대립이 생겨나는가. 본래 도라는 것이 어디에도 존재하는 것이거니와, 언어란 어떤 경우에도 타당해야 하는 것이다. (그런데 사정이 그렇지 않은 것은 어째서인가? 다른 이유가 아니다.) 도는 작은 성공(을 추구하는 마음)에 얽매이고, 언어는 화려한 수식(을 추구하는 논의)에 가려지고 마는 것이다. 그러한 이유에서 유가와 묵가 사이에 시비의 논의가 생겨난다. 따라서 상대가 그르다고 하는 것을 옳다고 하거나, 상대가 옳다고 하는 바를 그르다고 하는 것이다. 만일 진실로 상대가 그르다고 하는 것을 옳다고 한다거나 상대가 옳다고 하는 바를 그르다고 해(서 논쟁에서 이기)려 한다면, 시비 대립을 넘어선 밝은 지혜로 비추는 것이 제일 좋은 방법이다.

모든 사물은 저것 아닌 것이 없고, 이것 아닌 것이 없다. (그런데도 어째서 멀리 떨어져 있는 것을 저것이라 하고, 가까이 있는 것만 이것이라고 하는가?) 멀리 떨어져 있는 저것의 입장에서는 잘 보이지 않는 것도 자신의 입장에서 반성해보면 잘 이해할 수가 있다. (그러므로 자신에게 가까운 것을 이것이라고 불러서 친밀감을 느끼고, 멀리 있는 것을 저것이라고 불러 차별하는 데 지나지 않을 뿐이다.) 그러므로 저것은 이것에서 나오고, 이것도 저것으로 말미암아 생겨난다. 요컨대 저것과 이것은 (혜시가 주장하듯이) 동시에 생겨나서 서로 의존하는 것이다. 이렇듯 서로 의존하는 것은 (저것과 이것뿐만이 아니니) 태어나는 것이 바로 죽는 것이고, 죽는 것이 그대로 태어나는 것이다. (판단에 대해서도 마찬가지라 할 수 있으니) 옳다는 것은 그대로 옳지 않은 것이며, 옳지 않다는 것은 그대로 옳은 것이다. 선에 몸을 두는 것이 바로 악에 자리를 잡는 것이며, 악에 몸을 두는 것이 그대로 선에 자리 잡는 것이다. (이렇듯 모든 것이 상대적인 대립에 지나지 않고 절대적인 것은 아니다.) 그러므로 성인은 이러한 상대적 차별의 방법에 의존하지 않고 (차별이라는 인위적인 입장을 넘어서서) 자연(天)의 입장에서 사물을 보는 것이다. 이렇듯 성인은 시비 대립을 뛰어넘는 진정한 시(是)에 자리를 잡는 것이다. (성인이 취하는) 그러한 입장에서는 (이것과 저것의 구별이 사라져서) 이것도 저것이고, 저것도 이것이라는 식으로 이것과 저것의 구별이 사라지는 것이다. 설령 시비를 따지는 이가 있더라도 저것은 저것의 입장에서 시비를 따지는 것일 뿐이고, 이것은 이것의 입장에서 시비를 따지는 것이다. 게다가 본래부터 저것과 이것의 절대적인 구별이 과연 존재하는가. 아니면 저것과 이것의 구별은 존재하지 않는 것인가. 이렇듯 저것과 이것이 대립성을 상실하는 절대적 경지를 도추(道樞—도의 지도리—)라고 한다."

「제물론」

언어를 표현 또는 논리로 보아도 좋다. 로고스에 가까운 언어다. 언어와 사물에서 상대 세계는 '명(明)'이라 불리는 이성 또는 '도추(道樞)'라 불리는 존재의 입장에 서지 않는 한, 요컨대 대립자의 차원을 넘어서지 않는 한 순환할 수밖에 없다. 저것과 이것이 동시에 생겨나서 서로 의존하는, 곧 '피시방생(彼是方生)'하는 노모스의 세계다. 상대와 절대라는 것은 현상과 존재의 관계다. 예를 들면 바람은 현상에 지나지 않는 대지의 숨결이다. 그러나 바람은 스스로를 주체라 생각하고, 자신을 존재자라 여긴다. 거기에서부터 인식의 혼란이 생겨나는 것이다.

바람으로 와자지껄해진 산림 속에 100아름이나 되는 큰 나무에 수많은 구멍이 나 있다. 그 구멍의 모양은 코와 같은 것, 입과 같은 것, 귀와 같은 것, 됫박을 닮은 것, 술잔을 닮은 것, 절구와 같은 것, 깊은 웅덩이 같은 것, 얕은 웅덩이 같은 것 등 가지가지다. 또한 이들이 내는 소리도 격류가 소용돌이치는 소리, 화살이 나는 소리, 꾸짖는 소리, 숨을 들이마시는 소리, 고함치는 소리, 울면서 부르짖는 소리, 흐릿해서 분명치 않은 소리, 멀리서 짖는 소리 등 가지각색이다. 앞의 것이 '악' 하고 소리치면 이어 뒤의 것도 '오' 하고 답한다. 미풍이 불면 구멍은 부드럽게 답하고, 강풍이 불면 구멍도 큰 소리로 답한다. 이윽고 세찬 바람이 멈추면 모든 구멍이 잠잠해진다. 보라, (바람이 멈춘 뒤) 나무들은 사락사락 흔들리고, 나무의 우듬지는 너울너울 살랑거린다(후쿠나가 미쓰지〔福永光司〕의 『장자』 번역을 조금 고쳤다).

바람 소리가 보여주는 가지각색의 자태는 온갖 구멍에서 생겨난다. 구멍에서 소리가 생겨나게 하는 것은 이들 현상의 배후에 있는 실재다. "만물이 모두 스스로 소리를 선택하는데, 진정 소리를 내게 하는 것은 도대체 무엇인가?"(「제물론」) 현상의 이면에는 모든 것을 고동(鼓動)시키는 것이 있다. 그러나 어느 누구도 그것을 알아차리지 못한다. "만물에게 제각기 어울리는 기능을 가지게 하는 것은 똑같은 물(物)이 아니다"(「재유」)라는, 그 보통의 물(物)이 아닌 존재가 진정한 실재다.

장자가 어떤 생활인이었는가는 알 길이 없다. 그러나 이런 문장으로 미루어보면 그가 제사자의 계통을 잇는 인물이었음이 틀림없다. 노모스적 세계 속에서 신은 사라져버리고 말았다. 그러나 인간은 신을 내버려도 좋은 것일까. 만물을 만물답게 하는 것, 진재(眞宰)[2]의 존재를 알지 않으면 안 된다. 이데아는 실재한다. 장자는 그것을 입증하기 위해 다채로운 변증법을 전개한다.

장주의 신비주의 사상에 대해서 아마도 송·초나라 지역을 포함해 각지에 남아 있던 오랜 씨족이나 향당의 전통을 중시하는 장로나 제식에 관계하는 이들이 깊은 공감대를 느꼈던 것 같고, 그러한 사상의 선포에 노력하는 이들도 있었던 것 같다. 그들도 당시의 노모스적 사회 속에서 삶의 방식이 문제시되었던 사람들이다. 장로들은 동시에 사제자이기도 했다. 그러한 전통을 어떻게 계속 이어갈 것인가. 거대화하여 점점 더 맹위를 떨쳐가

2) 천지의 주재자 또는 조물주를 뜻한다.

는 노모스적 세계에서 자신들의 생활을 지켜내지 않으면 안 되었다. 지금은 "법이 더욱 엄해지니 도적이 많아진다"(『노자』 제57장)는 시대다. 반면에 옛날은 "문 밖을 나서지 않아도 천하의 모든 것을 안다"(『노자』 제47장)는 무사태평한 시대였다. "내가 아무 일도 하지 않으면 사람들은 저절로 교화되고, 내가 정적을 좋아하면 사람들은 스스로 바르게 되고, 내가 참견하지 않으면 사람들은 저절로 부유해지고, 내가 무욕해지면 사람들은 저절로 통나무처럼 소박해진다"(『노자』 제57장)는 순박한 시대였다. 그러한 순박한 시대로 되돌아가지 않으면 안 되는 것이다. 『장자』「거협」 편에서는 다음과 같이 회상한다.

그 당시에 사람들은 (문자 대신에) 새끼로 묶은 매듭으로 약속했고, 자신들의 음식을 맛있다고 여겼고, 자신들의 의복을 아름답다고 여겼고, 자신들의 소박한 풍속을 즐겼고, 자신들의 변변찮은 주거에 편안히 만족했다. 이웃한 나라끼리 서로 바라다보일 정도로 가깝고, 닭이나 개 짖는 소리가 서로 들릴 정도였지만, 사람들은 늙어 죽을 때까지 서로 왕래하지 않았다.

그 당시는 아직 문자가 없는 시대였다. 약속할 일이 있으면 새끼를 묶어 표시로 삼았다. 그것으로도 약속을 어길 걱정은 없었다. 토속적인 생활이 아무런 의심도 없이 전승되어갔다. 그와 같은 사회에서라야 인간의 진실한 생활이 존재한다. 그러나 사회가 거대해지면서 모든 진실을 빼앗아가 버렸다. 장로들은 예전의 씨족사회와 향당 생활을 노모스적 사회의 정반대편에 있는 이상적인 세계로 여기며, 유토피아로 회상한다. 『장자』에 보이는 이 문장은 지금 전하는 『노자』에도 그대로 실려 있다. 『노자』 제80장에 다음과 같은 문장이 있다.

나라가 작고 주민이 적다. 온갖 도구가 있어도 쓰이지 않게 하고, 사람들에게 생명을 소중히 여기게 하며, 멀리 이사 가는 일이 없게 한다. 비록 배와 수레가 있어도 그것을 탈 일이 없고, 비록 갑옷과 무기가 있어도 늘어놓을 기회가 없다.

이 문장에 이어 앞서 인용한 「거협」 편의 문장이 실려 있는데, 『노자』 문장은 이처럼 『장자』 문장에서 발전해나간 경우가 많다.

『노자』문장에는 "위대한 도가 쇠퇴하자 인의(仁義)의 설이 생겨났고, 인간의 (약은 체하는) 지혜가 나타나자 커다란 거짓이 시작되었다"(제18장)와 같은 역설이 많이 보인다. 지식을 제거하고 인의를 내버리고, 본래의 자연으로 되돌아가지 않으면 안 된다. 인간은 원점으로 복귀하지 않으면 안 된다. 역설은 인간을 원점으로 돌아가게 하는 수사법이다. 그러한 수사법은 『장자』에도 많이 보이는데, 「지북유」 편에는 황제의 오랜 가르침으로 다음과 같은 문장이 실려 있다.

진실로 아는 이는 가벼이 말하지 않고, 이러니저러니 말하는 이는 진실로 알지 못한다. 그러므로 성인은 (말에 의존하지 않고) 자연히 감화시키는 불언(不言)의 가르침을 행한다. 도는 (말이나 행동으로) 불러올 수 있는 것이 아니다. (도가 드러나는) 덕도 의식적으로 행할 수 있는 것이 아니다. (⋯⋯) 그러므로 "진실한 도가 사라지고 나서 덕이 생겨나고, 덕이 사라지고 나서 인(仁)이 생겨나고, 인이 사라지고 나서 의(義)가 생겨나고, 의가 사라지고 나서 예(禮)가 생겨났다. 예라는 것은 도의 거죽을 장식하는 꽃으로, 세상이 어지러워지는 근본 원인이다." 그러므로 "도를 닦는 이는 매일매일 지혜와 작위를 줄여간다. 줄이고 줄여서 무위(無爲)의 경지까지 이르게 된다. (일부러 꾸미는 부자연함이 없는) 무위의 경지에 이르게 되면 모든 일이 자연히 이루어지게 된다." (……) 삶은 죽음의 동반자이며, 죽음은 삶의 시작이다. 삶과 죽음 가운데 어느 쪽이 시작인지는 누구도 알 수 없다.

문장 가운데 인용되는 어구는 지금 전하는 『노자』 제2, 38, 48, 56장 말고 다른 곳에서도 눈에 띈다. '그러므로'로 시작하여 인용된 구절은 당시에 이미 황제의 말로 전해지던 것으로, 그 때문에 황로(黃老)라는 호칭이 생겨났다. 지금의 『노자』는 이런 어구들을 집성해놓은 것이다.

노장과 같은 사상을 형성한 것은 아마도 고대 제사자 집단과 관련이 있던 사람들이었으리라고 생각된다. 그들은 특정한 사회적 신분이나 지역적 집단으로 활동한 것이 아니라 오히려 폐쇄적 사회에 속한 사람들이었다. 그리고 아마도 그들 사회를 여기저기 돌아다니던 제사자 집단이 그러한 가르침을 전하면서 한편으로 전송했으리라고 추정된다. 『노자』 문장이 대부분 운문으로 되어 있다는 사실도 그 때문일 것이다. 그렇듯 순유(巡遊)하는 무축자가 음유시인 같은 역할을 수행했던 것이다. 노장의 무리가 공자나 묵자와 같이 특정한 인격으로 형상화되기 어려웠던 점도 그러한 배경 탓으로 이해해야 할 것이다.

『초사』「구가(九歌)」는 초(楚) 지역의 무축이 불렀던 제사 노래였는데, 그 가운데 사람의 요수(夭壽)를 맡은 신인 대사명(大司命)·소사명(小司命)을 제사 지내는 노래가 있다. 대사명은 천상에 있다가 제사를 지내면 "(신이) 하늘의 문을 넓게 열고, 나는 어지러이 피어오르는 검은 구름을 탄다"고 노래하며 하늘을 빙빙 돌아 하계로 내려온다. "뒤죽박죽 무리지은 구주(九州) 만물의 수명이 길고 짧음은 내 손 안에 달려 있다. 나는 높이 비상해 조용히 하늘을 날며, 시원한 바람을 타고 음양 이기(二氣)를 부리며 움직인다", "때로는 음으로, 때로는 양으로 세상 만상이 변화하는 것이 나 때문이라는 것을 세상 사람들은 모른다."

인간 수명의 길고 짧음을 책임지고 음양을 지배하는 이러한 신에 대한 묘사는 『장자』「소요유」 편에 보이는 '천지의 정도(正道)에 몸을 싣고, 육기(六氣)의 변화를 부리며 무한의 세계에 노니는' 신인(神人)의 모습과 서로 겹친다. 이윽고 하계로 내려온 이 신은 "아아! 생각하면 생각할수록 나를 슬프게 만든다. 이 슬픔을 어찌할 것인가.

모쪼록 지금 이대로 죽지 않기를 바랄 뿐이다"라고 노래 부른다.

인간은 왜 이렇듯 덧없는 삶에 생각이 미치지 않는 것일까. 삶과 죽음이야말로 중대한 일이 아닌가. 그러나 그러한 삶과 죽음의 문제를 다루었던 사상은 노장 이외에는 없다. 노장사상의 출발점은 차라리 거기에 있었다. 그들이 제사자·무축의 집단과 어떤 연관을 맺었으리라는 점이 분명하다.

대사명은 춘추 말기 제나라의 청동기인 원자맹강호(洹子孟姜壺)에 상천자(上天子)·대무사서(大無司誓)·남궁자(南宮子) 신들과 함께 장사를 지낼 때 제사를 모시고 있다. 이로써 제나라에도 그에 대한 신앙이 있었음을 알 수 있다. 대사명은 각 지역의 상축(喪祝)이 모셨던 신이다. 아마도 그 신을 모시는 무축 무리는 각지를 순회하면서, 제식자(祭式者) 사이에서 생겨난 사상을 전파하고 그 문장들을 전송하면서 수사법 형성에 참가했을 것이다. 『노자』와 초사 문학이 문체상으로 접근한다는 사실은 그런 측면에서도 이해할 수 있겠다. 그러나 여하튼 노장과 같은 사상은 노모스적 사회의 표면에 서 있는 것이 아니다. 노장은 성난 파도가 부딪치는 파란의 세계를 '총애와 굴욕이 사람을 놀라게 한다"(『노자』제13장)고 비웃으며, 밑바닥 깊숙한 곳에 흐르고 있던 심연의 사상이었다.

공자 이후 유가의 여덟 유파

유가는 전국시대 후기에 여덟 유파로 나뉘면서 심하게 분열된다. 그것은 지역적 분산이라기보다 『한비자』「현학」편에 '학설의 취사(取捨)가 상반되어 서로 같지 않았다'는 주의·주장의 분열이었다. 여덟 유파란 자장(子張)·자사(子思)·안씨·맹씨(孟氏)·칠조씨(漆雕氏)·중량씨(仲良氏)·손씨(孫氏)·악정씨(樂正氏)를 가리킨다. 『순자』「비십이자(非十二子)」편에서는 자사(子思)와 맹가(孟軻)를 한 계열로 묶어 비난하고, 맹(孟)·순(荀: 손씨〔孫氏〕)을 최대의 대립자로 삼았다. 중량씨는 아마도 중량자(仲梁子, 『예기』「단궁 상」)와 더불어 증자의 제자였던 것 같고, 악정씨는 맹자의 문인 중에도 악정씨라고 불리는 이가 있었다. 안씨와 칠조씨를 제외하고 나머지는 모두 증(曾)·맹(孟) 계통에 속하는데, 순자만이 홀로 독자 유파로서 기치를 세웠다.

「비십이자」편에서는 자사와 맹가를 공격할 뿐만 아니

라 다른 제유(諸儒)에게도 격렬한 비판을 퍼부었다. 맵시 있게 관을 쓰고 의미심장한 말투를 쓰며, 우(禹) 임금처럼 걷고 순(舜) 임금처럼 달리며 (성인의 겉모양만 흉내 내는) 자장 씨(子張氏)의 천한 유자, 의관을 바루고 안색을 엄숙히 하고는 거드름 피우며 종일토록 한마디도 하지 않는 자하 씨(子夏氏)의 천한 유자, 나태해서 (성가신 일을 꺼리고) 염치가 없으며 단지 먹고 마시는 것만 좋아하면서 "군자는 본래 점잔 빼지 않는다"고 말하는 자유씨(子游氏)의 천한 유자, 이들은 모두 『맹자』「공손추」 상편에서 "(자하, 자유, 자장은) 성인의 덕 일부분을 지니고 있다"고 평가받았다. 『순자』에는 누유(陋儒)·산유(散儒)·부유(腐儒)·속유(俗儒) 등 유자를 매도한 말이 많다. 노모스적 사상의 완성자였던 순자 입장에서 보면, 이들은 여전히 고대적 교학을 형식적으로 답습하는 이들에 지나지 않았을 것이다. 성악설의 차원으로 이어지지 않는다면 노모스적 지배는 완성될 수 없었기 때문이다.

그러나 역시 공자는 별격(別格)이다. 순자는 언제나 중니(仲尼)·자궁(子弓)을 나란히 부름으로써 자신의 지표로 삼고 있다. 자궁이란 중궁(仲弓), 곧 염옹(冉雍)을 가리키는 것 같다. 『논어』에 보이는 사과십철(四科十哲)은 "덕행에

뛰어났던 제자는 안연·민자건(閔子騫)·염백우(冉伯牛)·중궁
(仲弓)이고, 언어에 뛰어났던 제자는 재아(宰我)·자공이고,
정사에 뛰어났던 제자는 염유·계로(季路)이고, 문학에 뛰
어났던 제자는 자유·자하였다"(「선진」)고 되어 있는데, 이
중에서 순자는 오직 중궁, 곧 자궁만을 공자와 나란히 부
른다. 또한 여덟 유파 가운데 이름을 남긴 이는 안씨뿐
인데, 안씨를 안회로 보는 견해에는 이설이 있다. 그러나
안자(顏子)의 기풍을 사모하는 이로 장주 같은 인물도 있
고, 『순자』「대략(大略)」편에도 "중니와 안연은 뛰어난 지
혜를 지녔지만 세상에서는 곤궁하게 살았다"는 식으로
공자와 나란히 칭하며, 그의 학문 또한 하나의 유파를 이
루었을 것으로 나온다. 여덟 유파 가운데 안씨와 칠조씨
는 이른바 유협에 가까운 반(反)노모스 유파였다.

『논어』에는 자로·자공·안회·자하·염유·자장·중궁·공서
화(公西華)·재아의 언행이 수록되어 있으나, 제자에 의해
스승의 언행으로 내세운 구절은 하나도 없다. 모두 제삼
자에 의한 기록이라는 형식을 취한다. 『논어』에서 공자
처럼 스승 대접을 받고 있는 인물은 유약(有若)을 유자(有
子, 〔「학이」〕), 증삼(曾參)을 증자(曾子, 〔「학이」·「태백」·「안연」·「자

장」)로 부르는 두 경우뿐이다. 「자장」 편에는 증자 이외에 자공·자하·자유·자장의 말을 수록했는데, 어느 경우에도 다른 편들과 마찬가지로 모두 자(字)로 부른다. 그래서 옛날부터 『논어』는 유자와 증자의 제자들에 의해 편찬되었으리라는 설이 있고, 증자 제자인 단궁(檀弓)은 『예기』「단궁」 상·하 두 편의 편자로, 「단궁」의 문장이 달의(達意)를 위주로 하여 『논어』와 유사하다고 평가받으면서 「논어」 편자의 한 사람으로 추정되기도 한다. 그러나 유자와 증자는 공자 최만년의 제자로 공자와 직접 문답을 하는 경우가 거의 없다. '일관(一貫)된 도'에 대해 증자와 나눈 문답(「이인」) 등도 뒤에서 언급하지만 의문시되는 대목이다. 게다가 증자 제자의 손에 의해 이루어진 것이라면 증자 직계로 추정되는 맹자가 그 문장을 보지 않았을 리 없다.

그 밖의 고제들의 소식은 어떻게 되었을까. 자로는 『논어』의 전편에 걸쳐 거의 40조(條)에 가까운 언행이 수록되어 있다. 그러나 자로의 제자인 듯한 인물은 보이지 않는다. 안회도 마찬가지다. 자공도 공자와 많은 문답을 주고받았던 인물이지만 거의 듣는 입장이며, 자공이 말한 것은 "선생님의 문장을 들을 수는 있었지만, 선생님께서 인간 본성과 자연의 이치에 대해 말씀하시는 것은 들어 볼 수 없었다"(「공야장」)고 탄식하는 한 대목뿐이다. 그러나 자공에게는 제자인 진자금(陳子禽)과 나눈 문답(「학이」·「자장」)이 두 군데 있다. 자하의 말도 「학이」와 「자장」 편에 보이고, 「자장」 편에는 자장·자유의 어록이 있지만, 그 어느 쪽에나 증자의 말이 실려 있다. 증자는 공자와 마흔 여섯 살이나 나이 차가 있고, 공자에게 직접 가르침을 받은 시기도 짧은 편으로 초기 고제들의 사정을 알 리가 없었다. 『논어』에서 도대체 예수에게 사도 요한과 같은 역할을 맡은 인물은 누구였을까. 또한 바울로는 어디에 있는가. 이러한 의문은 지금도 여전히 남아 있지만, 그러한 문제를 생각해보기 전에 잠시 유가의 유파적 구별을 살펴볼 필요가 있다.

『맹자』에는 공자 문하 제자들에 대해 언급한 대목이 여러 군데 보인다. "재아와 자공은 말에 뛰어나고, 염우와 민자건(閔子騫)과 안연은 덕행에 뛰어나며 그것에 대해 잘 말했다"(「공손추 상」)는 것은 두말할 필요도 없이 십철(十哲, 「선진」)에 속하는 인물들인데, 덕행과 관련해 중궁(仲弓)에 대한 언급이 없다. 『순자』에서 중니(仲尼)·자궁(子弓)으로 나란히 불리는 염옹(冉雍)은 『논어』 「옹야」 편에서 "옹(雍)

은 남면(南面)하여 (제후가 되어) 나라를 다스리게 할 만하다"며 공자가 왕후(王侯)의 풍격이 있다고 평가한 인물이지만, 맹자는 일부러 그를 제외시킨다.

또한 맹자는 "자하와 자유와 자장은 모두 성인의 덕 가운데 일부분을 지녔고, 염우와 민자건과 안연은 전체를 갖추었으나 (정도가) 미약했다(「공손추 상」)"고 말했다. 여기서도 중궁은 빠져 있는데, 자하와 자유와 자장은 순자가 「비십이자」 편에서 천유(賤儒), 곧 천한 유자로 통렬하게 비판해 마지않았던 인물들이다. 세 사람의 어록은 증자의 말과 함께『논어』「자장」편에 수록되어 있다. 또한『맹자』에서 인용된 문장의 끝 부분에는 세 고제가 공자를 논평한 말을 실었는데, 재아는 "내가 우리 선생님을 살펴보기로는 요 임금과 순 임금보다도 훨씬 훌륭하시다"라고, 자공은 "세상에 인간이 생겨난 이래로 우리 선생님 같은 인물은 아직 나오지 않았다", 유약은 "세상에 인간이 생겨난 이래 아직껏 공자보다 더한 인물은 나오지 않았다"고 했다. 자공이 공자를 평했던 말은『논어』「자장」편에 세 군데나 나오는데, 맹자는 그 말을 인용하지 않았다. 또한 유약을 십철(十哲)의 한 사람으로 든 것도 이 문장이 처음이다. 유약은『논어』「학이」편에 '유자(有子)가 말하기를' 이라는 말이 세 대목이나 수록되어 있다.

유약은 공자와 닮았다고 한다. 그래서 공자가 죽자, 자하·자장·자유가 공자를 대신하는 스승으로 섬기자고 주장했다. 증자가 홀로 반대해 공자의 (고결한) 덕은 "장강(長江)과 한수(漢水)의 풍부한 물로 씻어내고 가을의 따가운 햇살로 바랜 포목처럼 더 이상 깨끗하게 할 수 없는 것"(「등문공 상」)이라면서 이를 거부했다. 고제 3인이 이 같은 제안을 했을 리도 만무하고, 가장 나이 어린 증자가 세 사람의 의견을 만류했다는 등 이 이야기는 미심쩍은 데가 많다. 『맹자』에는 이렇듯 꾸며낸 이야기가 많아서 안심할 수가 없다. 맹자는 특히 증자를 현창하려는 의도가 있었던 것 같다. "증자와 자사(子思)는 도가 같았다"(「이루 하」)라든가, 증자가 "진(晉)나라와 초(楚)나라의 부유함을 따라갈 수는 없다. 그들은 재부(財富)를 가지고 하지만 나는 인(仁)으로 하고, 그들은 작위를 가지고 하나 나는 의(義)로써 하니 내가 무엇이 유감이겠는가"(「공손추 하」)와 같이 이야기하는데, 그러한 증자의 말은 따지고 보면 "천작(天爵)인 덕이 인작(人爵)인 신분보다 존귀하다"(「고자 상」)는 맹자 자신의 고유한 주장이라고 볼 수 있다.

맹자는 증자를 현창할 뿐만 아니라 증자 부자에 대해

서도 언급한다. 그 아버지 증석(曾晳)에 대해서는 「이루 상」, 「진심 하」에 세 군데, 아들 증서(曾西)에 대해서는 그가 관중(管仲)과 비교되는 것을 달가워하지 않았다는 이야기(「공손추 상」)를 싣고 있다. 맹자는 증석이 옛날의 광자(狂者)였다고 주장한다. 제자인 만장(萬章)이 "공자가 진(陳)나라에 계실 때 어째서 노(魯)나라의 광사(狂士)들을 생각하셨습니까?"라고 묻자, 광자(狂者)란 진취적인 사람이라면서, 그 예로 "금장(琴張)·증석(曾晳)·목피(牧皮)와 같은 이들이 공자께서 말씀하신 이른바 광(狂)이다"라고 세 사람을 거론하고 있다(「진심 하」). 금장(琴張)은 『장자』「대종사(大宗師)」편에 자상호(子桑戶)·맹자반(孟子反)과 친구였고, 세 사람 모두 삶과 죽음을 초월한 인물이었다고 한다. 증석도 그러한 유파에 속한 인물이었다. 증석이 『논어』「선진」편에서는 공문(孔門)에서도 첫째가는 인물로 다루어지는 것은 아무리 보아도 기묘하다.

자로·증석·염유·공서화가 공자를 모시고 앉았다. 공자가 "내가 너희보다 나이가 좀 많으나, 그렇다고 나를 어려워 말아라. 평소에 너희는 자신을 알아주는 사람이 없다고 말하는데, 만일에 너희를 알아준다면 어찌하겠느냐?"고 물으셨다. 자로가 경솔하게 "만일 병거(兵車) 1,000승(乘)의 작은 나라가 큰 나라들의 협박 속에 밖으로는 침략을 당하고 (안으로는) 잇달아 기근까지 겹쳐도, 제가 그런 나라를 다스린다면 3년 안에 백성들을 용맹하게 만들고, 의로운 길로 향하도록 하겠습니다"라고 대답하니, 공자가 빙그레 웃으셨다.

공자가 "구(求)야, 너는 어떠하냐?"라고 물으니, 염유가 "사방 6, 70리 또는 5, 60리 되는 작은 나라를 제가 다스린다면, 3년 안으로 백성들을 풍족하게 할 수는 있겠으나, 예악(禮樂)에 관해서는 (재능이 없으므로) 군자를 기다리겠습니다"라고 대답했다.

공자가 "적(赤)아, 너는 어떠하냐?"라고 묻자, 공서화가 "잘 할 수 있는 것이 없으니 배우고자 할 뿐입니다. 종묘의 제사 또는 제후들이 회합을 할 적에 예복과 예관을 갖추고서 예의를 돕는 하찮은 소상(小相: 사회자)이 되고 싶습니다"라고 대답했다.

공자가 "점(點)아, 너는 어떠하냐?"라고 물으니, 증석이 거문고를 조용히 손가락으로 뜯다가 덜거덕 거문고를 내려놓고서 일어나 "세 사람이 말씀드린 것과는 다릅니다"라고 하였다. 공자가 "무슨 상관이 있느냐? 다만 각기 제 뜻을 말하는 것이다"라고 말씀하셨다. 점이 대답하기를 "늦은 봄, 봄옷이 다 지어지면 어른 5, 6인과 아이들 6, 7인과 더불어 기수(沂水)에서 목욕하고, 무우(舞雩: 기우제를 지내는 제단)에서 바람을 쐬다가 노래하며 돌아오겠습니다"라고 하니, 공자가 크게 탄식하시고 말씀하시기를 "나는 점의 뜻에 찬성하노라"고 하셨다.

점(點)이란 증석(曾晳)의 이름이다. 자로 등 세 사람이 물러간 뒤에도 증점은 홀로 남아 공자에게서 그들에 대한 비평을 듣기도 하는 공자와 가장 친근했던 인물로 묘사된다. 『논어』에서도 가장 길고 유명한 문장 가운데 하나다.

공자의 세 사람에 대한 비평, 곧 자로에 대해서 "유(由)는 천승(千乘)의 나라의 군비(軍費)를 맡아 다스릴 수 있다"고 하고, 염유에 대해서 "구(求)는 천호 정도 고을이나 백승 정도 (경대부의) 영지의 장관(宰) 노릇은 맡길 수 있다"하고, 공서화에 대해서 "적(赤)은 예복을 입고 조정에 서서 외국의 빈객을 접대하는 일은 맡길 수 있다"고 말한 대목은 「공야장」편에 보인다. 이것이 증석을 이들 세 사람의 우위에 두려는 목적 아래 창작해낸 이야기라는 사실은 이미 와쓰지 데쓰로 박사가 그의 저서 『공자』에서 지적했다. 증점이 말하는 무우(舞雩)의 풍영(諷詠)이란 3월 상사(上巳), 곧 삼짇날의 냇가에서 목욕하여 부정을 씻는 목욕재계의 행사로, 고대에는 기우제이기도 했다. 후대에는 운교무(雲翹舞)라는 춤이 왕궁에서 행해졌는데, 춤추는 이가 72명으로 어른 5, 6인과 아이 6, 7인을 각각 곱해 더한 숫자다. 『논어』의 이 이야기는 맹자가 광간한 인물로 증석을 거명한 것처럼 증자 학파를 현창시키려고 후대에 만들어냈을 것이다. 맹자가 그만큼 애를 썼는데도 『순자』「비십이자」 편에는 '자사와 맹자'를 '옛날의 일을 헤아려 자신의 신설(新說)을 내세우는' 이로 자사와 병칭하고, 자사의 스승이 되는 증자에 대해서는 공격을 가하지 않는다. 요컨대 순자는 맹자를 증자 학통에 속하는 인물로 인정하지 않는 것이다.

순자의 입장을 보여주는 또 하나의 예를 들어보자. 『논어』「위령공」 편에 사어(史魚)라는 인물에 대한 공자의 논평이 있다. "공자가 말씀하셨다. '곧구나, 사어여! 나라에 도가 있어도 화살같이 곧았고, 나라에 도가 없어도 화살같이 곧았다'"는 말은 아마도 찬양하는 뜻으로 이야기한 것이다. 그런데 『순자』「불구(不苟)」 편에는 "이름을 훔치

는 것은 재물을 훔치는 것만 못하다고 하는데, 전중(田仲)
과 사추(史鰌: 자가 자어[子魚])는 도둑만도 못하다"라는 식으
로 극론하고 있다. 순자는 아직 『논어』를 보지 않았다고
생각해도 좋다. 그뿐만 아니라 그처럼 곧은 도를 추구하
는 이는 노모스적 질서를 해치는 사람이다. 『한비자』에
서 말하는 여덟 유파 가운데 안씨와 칠조씨도 이른바 유
협에 가까웠다. 칠조씨에 대해서는 앞서 언급했지만 '자
신의 행동이 옳으면 제후에게도 분노를 터뜨린다'(『한비
자』「현학」)는 인물로 사어와 동일한 주의였다. 또한 그 용
기는 『맹자』「공손추 상」편에 나오는 북궁유(北宮黝)에 가
깝다. 그리고 『맹자』에서 안자의 지위는 대단히 높아서
"하우(夏禹)와 후직(后稷)은 태평한 시대에 살면서 자기 일
에 바빠서 세 번이나 자기 문 앞을 지나가면서도 들어가
지 아니했는데, 공자는 이를 칭찬했다. 안자는 혼란한 시
대에 처해 누추한 골목에 살면서, 한 그릇의 밥과 한 표
주박의 물로 생활했으니, 보통 사람들이라면 그러한 고
통을 견디지 못했겠지만, 안자는 그 즐거움을 고치지 아
니하니 공자가 이를 칭찬했다. 맹자가 '하후와 후직과 안
회는 도가 같았다'고 했다"(「이루 하」)면서 우·직과 같은 옛
날 성왕에 견준다. 턱없는 이야기인 듯하지만 안자의 그

러한 즐거움을 언급하는 말은 지금의『논어』「옹야」편에도 보인다.『논어』와의 관련성으로 보자면, 맹자가 가장 지근거리에 위치하고 있다. 순자는『논어』에 보이는 고제 가운데 유독 중궁(仲弓)만을 존숭하고, 여타 인물에 대해서는 대체로 천유(賤儒) 내지 누유(陋儒)로 비난하거나 무시하고 있다. 그러나 그들 고제도『맹자』에서는 여전히 높은 지위가 부여된다. 특히 안회와 증자가 가장 존숭되는데, 이것은 현재의『논어』와 일치하고 있다.

『맹자』에는 공자 말을 10여 군데 인용하는데, 지금의『논어』에는 9군데이고, 그 밖에 몇 군데 비슷한 것이 있다. 물론『논어』라는 이름이 아직 보이지 않고 그 문장도 조금 다른 경우가 많다. 또한『순자』에는 '공자가 말씀하기를', '선생님이 말씀하기를'으로 시작하는 문장이 20여 군데나 있지만, 이 또한『논어』에 보이는 유사한 경우는 하나도 없다.

단지 그러한 사실만으로 지금의『논어』가 맹자 시대에 그의 주변에서 형성되었으리라고 추정하는 것은 너무 성급하다.『논어』에서는『맹자』와 같은 능변가의 습기 같은 것을 볼 수 없다. 오히려 노모스적 사회에 대한 뿌리 깊은 반항이 있다. 『논어』에, 특히 공자 말에 일관되게 흐르는 것은 그 같은 노모스적 사회와 조화될 수 없는 그 무엇이다. 그리고 공자의 고고한 정신은 『논어』의 편찬으로 여전히 살아 있다. 그 때문에 우리는 지금의 『논어』를 통해 공자의 말소리와 얼굴 모습을 상상하며, 정신을 추적해볼 수가 있다. 공자는 『논어』 안에서만 살아 있는 것이다.

유가의 여덟 유파가 서로 교착하고 투쟁하는 와중에 『논어』를 전했던 사람은 누구일까. 그 원자료는 어떻게 형성되었던 것일까. 이제는 그러한 문제로 넘어가지 않으면 안 된다. 그러나 그 전에 『논어』에 등장하는 문인들에 대해 언급해두고자 한다.

다양한 제자들의 모습

사마천이 「공자세가」와 제자들의 「열전」을 지었을 때 자료로 삼았던 것은 『공씨지서(孔氏之書)』이며, 공자의 유택에서 나왔다는 공씨고문(孔氏古文)의 하나인 『제자적(弟子籍)』이며, 『논어제자문(論語弟子問)』이었다. 『공씨지서』는 아마도 「공자세가」의 자료가 되었던 것으로 추정되며, 『제자적』과 『논어제자문』은 「제자열전」의 자료가 되었던 것 같다. 공자의 제자 35인에 대해서는 그 나이와 성명이 서전(書傳)에 있었다고 한다. 「열전」에서는 더하여 42인의 이름을 나열하고 있다. 그리고 이 77인은 공자의 학문을 전수하고 6예에 통한 이로서 모두 특이한 재능을 지닌 인물들이었다고 한다. "마른 포 한 묶음 이상을 사례로 바친 사람에게는 내 일찍이 가르쳐주지 않은 적이 없다"(「술이」)는 공문(孔門) 안에는 달리 이름을 남기지 못한 이들도 있었을 것이다. 오래도록 한곳에 머무르지 못하고 떠도는 생활을 했던 공자로서는 제자 복이 많았던 것이라고도 할 수 있다. 그러나 『논어』에 보이는 것은 그 가운데 대략 20명뿐이다.

공자의 생애는 제자들과의 강한 연대 위에서 이루어졌다. 공자가 아마도 미천한 무축의 신분에서 입신하여 박식한 사유(師儒)로 명성을 얻었을 무렵 그 문하에 (반항적으로) 마음대로 행동하며 무협의 기상을 지닌 한 남자가 입문했다. 공자보다 아홉 살 연하의 자로였다. 자로는 본래 무뢰배였다. 수탉 깃털로 만든 관을 머리에 쓰고 돼지가죽으로 장식한 칼을 차고 공자를 모욕하려 했다는 사실이 『사기』「제자열전」과 『장자』「도척」 편에 보인다. 그러나 공자에게 이내 설복당해 그 문하에 들어가게 된다. 자로가 공자 문하에 가담했다는 사실은 아마도 공문의 교단으로서의 성격과, 나아가서는 공자 전 생애의 운명과 관련된 일이었다. 그는 비할 바 없는 무용과 솔직함, 그리고 성실성을 겸비한 인물이었다. 그가 훗날 계씨(季氏)를 섬기는 가신이 됨으로써 공문도 계씨(季氏)와 밀접한 관계를 맺게 된다. 공자가 비난하고 배격하려 했던 참주와 결합한 것은 공자에게 커다란 모순을 초래하고 생애를 요동치게 한다.

그러나 이 경외할 만한 제자에 대해 『논어』는 충분한 존경심을 보여주지 않는다. 40여 군데에 이르는 자로의 기사는 대부분 그의 용기와 악의 없는 실패담으로 가득 차 있다. 또한 공자에게도 '맨손으로 범을 때려잡으려 하고, 맨발로 배 없이 강을 건너려다가 죽어도 후회하지 않는 자'(「술이」)로 혹독하게 비판당하기도 한다. 그러나 자로도 드문 일이기는 하지만 칭찬받는 일이 있었다. "도가 행해지지 않아 뗏목을 타고 바다로 떠나가게 되면 나를 따라올 사람은 유(由)일 게다"라고 공자가 사람들에게 말한 적이 있다. 이 이야기를 들은 자로는 덮어놓고 기뻐했던 것 같다. 진심으로 떠날 준비까지 할 인물이었다. "유는 용맹을 좋아하는 것이 나보다 낫지만 사리를 분간할 줄 모른다"(「공야장」), '아무짝에도 쓸모없는 인물'이라고 꾸짖으면서도 이 인물에 대한 공자의 깊은 신뢰는 흔들리지 않았다.

실제로 스승을 극진히 생각한다는 점에서 공자 문하 가운데 그를 능가할 사람은 없었다. '(공자를) 죽이더라도 죄 없다'고 할 만큼 위험하기 짝이 없는 망명 중의 편력 생활을 하면서도 언제나 스승 곁에 있으면서 갖가지 무용을 발휘했다. 마치 일본 가마쿠라(鎌倉)시대의 영웅인 미나모토 요시쓰네(源義經)[3]를 섬기던 승려 벤케(弁慶)[4]와 같은 인물이었다. 공자가 병이라도 걸리면 곧바로 액막이 굿이나 기도를 올리고 싶어했던 이도 바로 그였다. 병환으로 누워 있는 스승이 걱정이 되어 자로가 천지신명께 치성을 드리고 싶다고 하자 공자는 나지막이 "(그런 거라면) 내가 기도를 해온 지 오래되었다"면서 허락하지 않았다.

---

3) 일본 헤이안(平安) 시대 말기와 가마쿠라(鎌倉)시대 초기의 무장이다. 겐페(源平) 싸움에서 가마쿠라막부의 창설자인 형 미나모토 요리토모(源賴朝)를 도와 많은 공적을 세웠으나 반란자로 몰려 비극적으로 자살함으로써 훗날 유명한 요시쓰네(義經) 전설의 주인공이 된다.
4) 가마쿠라시대 전기 구마노(熊野) 출신의 승려로 무장 미나모토 요시쓰네(源義經)의 심복이었고, 겐페(源平) 싸움에서 활약했다. 역사적으로 실재한 인물이지만 상세한 것은 알 수 없다.

그래서 몰래 병을 다른 사람에게 옮기는 주술을 행했다가 그 일을 알게 된 공자가 "내 누구를 속일 것인가. 하늘을 속일 것인가"라고 심하게 나무랐다. 그러고 나서 "나는 차라리 너희 제자들 손에 안겨서 죽고 싶은 것이다"라며 속마음을 털어놓고 있다. 이렇듯 어리석은 짓을 저지른 제자에 대한 공자의 애정을 나타낸 말로 볼 수 있을 것이다. 자로에 대한 공자의 신뢰는 거의 절대적이었다.

자로는 정치가로서 공자 문하에서 뛰어난 능력을 지닌 편이었다. '정치의 실무에는 염유와 계로(季路)가 능하다'(「선진」)고 일컬어지는 이 두 사람은 차례대로 계씨의 휘하에서 가신이 되었다. 공자가 망명한 것은 자로가 재직하던 시절이며, 망명 14년째의 공자를 맞이한 것은 염유였다. 자로는 계씨의 가신이 되자 곧바로 삼가의 사읍인 삼도(三都)의 무장해제에 착수했다. 자로는 사읍의 반란으로 애를 태워왔던 삼가의 화근을 도려낼 목적으로 선두에 서서 일을 추진했다. 『좌전』 정공 12년에는 자로가 그 입안자로 되어 있다. 그러나 이 일은 아무래도 공자의 원대한 계책이었던 것으로 여겨진다. 삼가의 사읍을 무력화시키면 가증스러운 귀족정치를 타도할 수 있는 기회를 얻을 수 있으리라는 것이 공자의 속셈이었다. 공자는 그것을 마치 삼가를 위한 정책인 양 자로로 하여금 추진케 했던 것이다. 일은 직전에 실패하고 자로는 책임을 지고 사직하고 말았다. 그러나 공자가 배후에 있었다는 것은 처음부터 숨길 수 없는 사실이었다. 자로는 말하자면 스승을 위해 모든 것을 바쳤던 것이다.

　그로부터 14년에 걸친 망명 동안 자로는 늙은 스승의 곁을 떠나는 법이 없었다. 그리고 온갖 난관을 극복하며 스승을 무사히 노나라로 귀환하게끔 했다. 훗날 위나라 내란 와중에 죽었는데, 싸움에서 죽을 때 관끈을 다시 고쳐 매고는 숨졌다고 한다(『좌전』애공 15년). 유체를 소금에 절였다는 소식을 듣고 공자는 마침 집 안에 있던 소금절이를 내다버렸다(『예기』「단궁 상」)고 전해진다.

　자로와 대조적인 인물은 안회다. 이 젊은 수재는 공자가 "내가 회(回)와 함께 온종일 이야기하여도 거역하는 법이 없어 어리석은 사람 같았다"(「위정」)고 할 정도로 말이 없는 편이었다. 또한 "안회는 마음가짐이 석 달 동안이나 인을 떠나지 않았다"(「옹야」)고 공자에게서 인(仁)으로써 인정받았던 유일한 제자다. 인이라는 말에 대해 '떠나지 않았다(不違)'는 장소와 관련된 표현을 쓴 것이 주목된다.

안회는 외곬수 구도자였던 것 같다. 좁고 지저분한 누항에 살면서 가난하고 고생스러운 가운데에서도 자신의 도를 즐기는 것을 바꾸려 하지 않아, 공자에게서 '훌륭하도다, 안회여!'라는 찬사를 이끌어낸다. 그러한 누항에서의 생활은 아마도 안회의 치열한 반속(反俗) 정신을 나타내는 것으로 보인다. "덕행에는 안연과 민자건(閔子騫)이 뛰어나다"(「선진」)고 일컬어지던 민자건도 계씨에게서 비(費) 땅의 읍재로 초빙을 받았을 때, "나를 위해 잘 거절해주게. 만일 다시 나를 찾는 일이 있다면, 나는 반드시 문수(汶水) 기슭에 도망가 있을 것이네"(「옹야」)라며 제의를 단호하게 거절한다. 공자의 문하는 이렇듯 반속적인 구도자를 덕행의 선비로 보았던 것이리라.

공자에게 안회는 두려워할 만한 후학이었다. "말을 해주면 따분해하지 않는 사람은 안회였다"(「자한」)라고 할 정도였다. 공자의 말을 그는 모두 이해할 수 있었을 것이다. 이렇듯 두려워할 만한 제자가 있었을까. "아깝구나! 나는 그가 앞으로 나아가는 것은 보았으되, 멈추는 것을 보지 못 했다"(「자한」). 한순간도 멈출 줄 모르던 이 젊은 이는 정진을 거듭한 끝에 마침내 공자로 하여금 "후생(後生)이 두려운 것이니, 어찌 그들이 장래에 지금의 우리만 못하다 할 수 있겠는가"(「자한」) 하고 탄성을 자아내게 한다. 또한 「공야장」 편에는 자공에게 "나와 너는 그만 못하다"고까지 말한다. 공자 자신도 한 수 접어둘 정도의 제자였다.

이렇듯 공자까지 두렵게 만들었던 준재(俊才)는 오랜 망명 끝에 공자와 함께 노나라로 돌아와 얼마 지나지 않아 죽었다. "안회는 거의 가깝다"(「선진」)고 도로써 인정했던 이 준재의 죽음을 애도하던 늙은 스승은 자신도 모르게 몸을 떨며 쓰러져 울었다. 육친이 아니면 조상할 때 통곡을 해서는 안 된다는 것이 유가가 정해놓은 예의 규정이었다. 공자의 제자가 "선생님께서 너무 애통해하십니다"라고 일깨워주었다. 늙은 스승이 집단의 규칙인 예를 어기는 행위를 해서는 곤란하다는 것이다. 그러자 공자는 "애통해한 것이 지나쳤느냐?"며 비로소 정신이 들었지만, 그래도 "이 사람을 위해 애통해하지 않고 또 누구를 위해서 애통해하겠느냐?"(「선진」)며 더욱 통곡을 계속했다. 공자는 연소한 제자를 위해 스스로 정해놓은 예를 어기면서도 후회하지 않았다.

사람이 평생에 자신을 두렵게 할 만한 제자를 둘 수 있다면 그것은 더할 나위 없는 행복이다. 공자의 사색은 아마도 이 연소한 제자에 의해 도움을 받은 바가 적지 않았을 것이다. "온종일 이야기하여도 거역하는 법이 없어 어리석은 사람 같았다"는 안회도 "물러간 뒤 사생활을 살펴보면 내가 말한 도리를 충분히 밝혀 실천하고 있다. 회는 어리석은 사람이 아니다"(「위정」)라고 새삼스럽게 경탄케 할 만큼 안회는 끊임없이 문제를 발전시켜나갔다. "나라에 등용되면 나아가 도를 행하고, 버려지면 물러나 은거할 수 있음은 오직 나와 너만이 그렇게 할 수 있다"(「술이」)고 인정할 수밖에 없는 인물이었다.

공자가 정처 없이 떠돌아다니던 중에 광 땅에서 포위당한 일이 있었다. 그때 안회의 모습이 보이지 않았다. 공자는 당황하여 어찌할 바를 몰랐다. 안회는 어찌 되었는가, 죽지는 않았는가. 몹시 초조해하던 차에 안회가 뒤늦게 일행을 좇아왔다. 공자는 비로소 안도했다.

공자가 광 땅에서 포위되어 위험한 적이 있었다. 안연이 뒤처져 왔는데, 공자가 말씀하기를 "나는 네가 죽은 줄 알았다"고 하셨다. 안연이 말하기를 "선생님이 살아 계신데 제가 어찌 감히 죽겠습니까?"라고 하였다.

「선진」

확실히 그대로였다. 안회의 역할은 아직 끝나지 않았다. 안회가 존재하지 않으면 공자의 사색은 중단되어버리고 마는 것이다. "선생님이 살아 계신데 제가 어찌 감히 죽겠습니까?"라던 제자를 이제 잃어버린 것이다. 만일 공자가 '꿈과 그림자' 속에 자신의 표박 생활을 계속했다면, 공자에게 있어 안회는 빛이었는지 모른다. 그런데 지금 그 빛이 꺼져버린 것이다. 공자의 미래가 사라져버린 것이다. 공자의 이데아적 체득을 함께 심화시키며, 새로운 체득자로서 공자가 모든 희망을 걸었던 빛이 눈앞에서 사라져버리고 말았다. 공자가 정신없이 통곡했던 것도 당연한 일이었다. 예의 형식 따위는 처음부터 문제가 안 되었다.

자로와 안회는 공자에게 있어 그 안팎을 지탱하는 기둥이었다. 그래서 두 사람에 관한 설화가 대단히 많은데, 공자의 설화를 집성한 『공자가어』 권5에는 특히 「안회」와 「자로초견(子路初見)」 두 편을 만들어 『논어』 이외의 전승을 모아놓았다. 대체로 전한 말엽 유향(劉向)의 『설원(說苑)』 등의 자료에서 취재한 것으로 진사가(陳士珂)의 『공자가어소증(孔子家語疏證)』에는 그 출전을 일일이 명기하고 있다. 『장자』의 여러 편에 실린 것은 모두 우언 형식을 취했기 때문에 제외되었지만 선진 시대 문헌 중에서 두 사람이 가장 많이 등장하는 것은 역시 『장자』다. 장주는 두 사람이 맡았던 역할에 대해 가장 정확하게 인식했던 사람이다.

공자의 교화 활동과 사색은 "공자가 앉은 자리는 따뜻해질 겨를이 없었다"(반고〔班固〕의 「답빈희〔答賓戲〕」)고 일컬어지듯이 거의 편안히 쉴 틈도 없는 망명 기간에 이루어지고 있다. 그러한 망명 기간 내내 시종 따라다녔던 이가 자로와 안회였다. 아마도 자로는 무용과 정치 수완을 발휘해 공자 일행의 고단한 편력을 이끌어갔던 것이리라. 낯선 이국땅에서 타인에게 응대한 것은 언제나 자로였다. 『장자』에 실린 설화에서도 자로는 늙은 스승을 위해 분주하여 지칠 줄 몰랐다. 공자의 사색 상대는 언제나 안회였다. 그처럼 대단하던 공자가 마침내 "내가 추구하는 도가 틀렸는가. 어째서 내가 이러한 곤경에 빠지고 말았는가!" 하고 한탄했을 때 "용납되지 않고야 비로소 군자임을 알 수 있는 것입니다"(「공자세가」)라고 스승을 타이르듯 위로한 것이 젊은 안회였다. 『장자』에서 즐겨 이들 사제의 남유(南遊) 설화를 수록하고, 두 사람을 서로 맞서 논쟁케 한 것은 장주가 두 사람을 자신의 스승처럼 사랑했다는 것 말고도 아마도 장주가 살던 남쪽 지역에 이들 사제에 관한 전승이 많이 남았기 때문일 것이다.

공자의 생애에서 가장 중요한 시기로 보이는 망명 기간의 기록은 아마도 안회의 손으로 준비된 것이 아닐까 생각된다. 안회가 뛰어난 문장을 구사했다는 사실은「자한」편에 공자를 찬송한 문장으로도 알 수 있지만, 망명 기간의 공자와 그 일행의 언동을 자세히 전할 수 있는 것이 있었다면 시종 행동을 함께했던 안회의 수기 같은 것 이외에는 달리 생각할 수가 없다.『논어』의 거의 전편에 걸쳐 나오는 자로의 언행도 아마도 안회가 수록했을 것이다. 그리고 안회가 돌아오면서 노나라에 가져왔을 것이다.

안회의 행적은『논어』에서 21군데 보인다. 그 가운데 6대목은 안회가 죽었을 때의 일이고, 3대목은 안자를 추억하는 것 같은 공자의 말이다. 그것은 안자의 제자들에 의해 기록되고 전승되었을 것이다. 공자 생존 시에 죽은 고제로는 안회와 자로뿐이었는데 자로가 비명에 죽은 것은 정치적인 사건이므로『좌전』애공 15년 조에도 이야기되어 있다. 그러나 일개 빈사(貧士)의 죽음에 대해 안연처럼 이야기되고 또한 전해진 제자는 없다.

『춘추공양전』은 아마도 맹자가 춘추학을 제창한 뒤 제나라의 유가에 의해 시도된 춘추학으로 판단되는데,『춘추』의 마지막 대목인 애공 14년 조의 "서쪽 지방에서 사냥을 하여 기린(麒麟)을 잡았다"는 이른바 '획린(獲麟)' 기사에 대해, "공자가 말하기를 '누구를 위해서 왔는가. 누구를 위해서 왔는가'라며 소맷자락을 뒤집어 얼굴을 닦으니, 눈물이 옷깃을 적셨다"라고 공자의 한탄하는 모습을 적고 있다. 이어서 "안연이 죽었을 때 공자는 '아아! 하늘이 나를 망쳤구나' 하고, 자로가 죽었을 때 공자는 '아아! 하늘이 나를 저주했다' 하고, 서쪽 지방에서 사냥을 하여 기린을 잡았을 때 공자는 '아아! 나의 도는 마침내 끝장났다'고 했다"는 내용의 전문(傳文)을 덧붙이고 있다. 두 제자의 죽음은 획린의 일과 함께 공자의 평생 사업을 종결짓는 것이었다. 기린이 잡혔다는 사실은 성왕 시대에 대한 희망을 끊어버리고 공자의 꿈을 빼앗는 것이었다. 공자는 행동을 자로에게 맡겼고 도를 안자에게 맡겼던 것이다. 그리고 그것은 장주에게도, 또한 공양학을 창시해낸 이들에게도 잘 이해되었던 사실이다.

공문(孔門)의 사도라는 이름에 걸맞은 이는 두 사람뿐이었다. 사실『논어』는 두 사람이 등장하는 문장과 망명 기간 또는 노나라에 귀은(歸隱)한 뒤의 공자의 말을 직접 기록한 듯한 어록이 중심을 이루고 있고, 아울러 이들과 관련된 대목이 가장 정채를 발하고 있다. 그러한 문장이나 말들은 여타의 것과는 울림 자체가 다른 것 같다. 지금도 구슬과 옥돌이 부딪혀 울리는 소리를 내고 있는 것이다.

맹자가 썼을 법한 공자의 말은 상당히 고쳐져 있고, 순자에 이르러서는 제멋대로 만들어내기까지 했다. 공자의 말로서 이 사도들이 전하는 말 외에는 신뢰할 수 있는 것이 없다. 더욱이 말은 제쳐놓고 정신을 문제로 삼았을 때 장주의 문장이 두 사람의 역할을 가장 잘 이해했다고 할 수 있다. 장주가 이들과 사상적 계보로 연결되는 것이 아닐까 싶을 만큼 정확하다. 장주가 안씨의 유자 계열에 속한다는 주장은 그런 의미에서 긍정되어도 좋다고 생각된다.

두 사도의 죽음을 뒤따르듯 위대한 스승도 세상을 떠났다. 유랑과 망명 생활을 계속했던 이들 사제에 의해 중국의 정신적 전통이 생겨났는데, 그것은 신기할 정도로 나사렛 예수와 사도들의 모습과 닮아 있다. 다만 공자의 경우에는 그 죽음으로 말미암아 진정한 전통이 사라지고 말았다. 공자의 초상에 모인 제자들도 심상 3년을 마친 뒤에 각지로 흩어지고 말았다. 자공만이 여전히 그 무덤 옆에 여막을 짓고 다시 3년을 지냈다고 한다(「공자세가」). 공자는 이미 제자들에 의해 묻혀버리고 말았던 것이다.

　자공은 위나라 사람이므로 공자가 위나라에 망명했을 당시 입문했던 제자로 판단된다. 공자보다 서른한 살 아래이며 안회보다는 한 살 연상이다. "선생님의 문장(에 대한 말씀)은 들을 수가 있었지만, 선생님이 인간의 본성과 하늘의 이치를 말씀하시는 것은 들어볼 수 없었다"(「공야장」)며 공자가 자신에게는 형이상학적 문제에 대해서 이야기해주지 않았다는 것을 한탄하고 있는데, '인간의 본성과 하늘의 이치'에 관한 것은 대체로 안연하고만 논의했을 것이다. 자공은 "사(賜)는 운명을 타고나지 않았으면서도 재산을 잘 늘렸다. 그가 투기하면 자주 적중하였다"(「선진」)고 스승에게서 평가받고 있다. 투기로 재물을 늘리는 데 뛰어났던 이 인물에게 공자가 철학에 관한 설법을 했을 리가 없다. "가난하면서도 아첨하지 않고, 부유하면서도 교만하지 않으면 어떻습니까?"라는 재산가다운 자공의 질문에 "그것도 괜찮으나, 가난하면서도 도를 즐기고 부유하면서도 예를 좋아하는 것만은 못하다"(「학이」)고 답한다. 가난의 즐거움 따위는 재산을 늘리는 데 관심이 많은 이에게 이해될 수 있는 일이 아니다. 공자에게 출사할 것을 권유할 속셈이었는지 "아름다운 옥구슬이 여기 있다면 궤짝 속에 간직해두겠습니까? 좋은 값을 구하여 팔겠습니까?"라고 묻자, 공자는 "팔아야지, 팔아야지! 그러나 나는 좋은 값으로 살 사람을 기다리고 있다"(「자한」)라고 대답했다.

자공과는 위나라에서 한 문답이 많은데, 이것 역시 망명 기간 중의 일일 것이다. 그때 공자는 적지 않게 제자의 신세를 지고 있었던 것 같다. 그러나 그다지 탐탁지 않게 여겼으므로, "너와 안회는 누가 나으냐?"(「공야장」)는 등의 심술궂은 질문을 던지고 있다. 「학이」와 「자장」 편에는 자공의 제자로 추정되는 자금(子禽)과 나눈 문답이 있으며, 제자도 있었던 것 같다. 『한비자』「오두」편과 『월절서(越絶書)』[5] 등에는 자공이 월(越)나라를 유세하면서 유창한 변설로 대활약을 했다는 이야기가 전해진다. "언어에 뛰어났던 제자는 재아(宰我)·자공(子貢)이다"(「선진」)고 일컬어졌으므로 그런 이야기가 있어도 이상할 것이 없다.

---

5) 한(漢)나라의 원강(袁康)이 편찬했다는 역사서로 주 대(周代) 월(越)나라의 흥망을 기록하고 있다. 자공(子貢)의 저작으로 보는 견해도 있다.

『논어』의 전반부 10권, 곧 '상론(上論)'에서 기세가 매우 죽어 있던 자공도, 후반부 10권인 '하론(下論)'에서는 "자공은 공자보다 뛰어나다"(「자장」)는 평판을 듣는 인물이 되어 있고, 그에 관한 이야기도 3대목이나 실려 있다. 그렇지만 이 말에 대해 자공은 "중니는 해와 달과 같아서 넘을 수가 없다", "선생님께 미칠 수 없는 것은 마치 하늘을 사다리로 오를 수 없는 것과 같다"며 겸퇴(謙退)의 뜻을 나타낸다. 『논어』에는 자공에 관한 이야기가 35대목이나 있어 자로 다음으로 많은 편이다. 심상 3년을 치르고 난 뒤에 다시 3년씩이나 여묘살이를 했던 것은 아마도 스승의 기록을 정리하는 일 등을 추진하고 있었기 때문일 것이다. '하론'은 그런 자료를 포함하고 있는 것 같다.

「자장」편 끝 부분에 자공과 관련된 여섯 장 앞부분에 증자(曾子)와 관련된 네 장이 있다. 증자는 삼환씨 가운데 중손자(仲孫子)인 맹경자(孟敬子)의 스승이었던 것 같다. 자공이 공자보다도 낫다는 평가를 제시하는 이는 숙손씨의 숙손무숙(叔孫武叔)이다. 자공은 숙손씨와 친밀한 관계를 맺고 있었던 것 같다. 공자는 만년에 대체로 계손씨의 식객으로 지냈다. 그 뒤로 공자의 문하에서는 삼환가에 각각 출사하는 사람들이 있었다. 그러한 사정도 있고 해서 유파의 마지막 세대에 이르면 점차 분파에 따른 견해차가 생겨나게 된다.

이렇듯 분파에 따른 견해차로 먼저 싸웠던 것은 자하·자유·자장의 문인들이었다. 「자장(子張)」편에 자장에 관해 3대목, 자하에 대해 10대목, 자유에 대해 2대목이 실려 있고, 뒤이어 증자에 대해 4대목, 자공에 대해 6대목이 나온다. 앞의 세 사람은 모두 『순자』「비십이자」편에 천유(賤儒) 내지 누유(陋儒)로 매도당했던 이들이지만 한때는 유가를 대표하는 학파였다.

자하는 위나라 사람이다. 공자보다 마흔네 살 또는 서른네 살 아래였다고 한다. 훗날 위나라 문후(文侯)의 스승이 되었고, 유가의 경학은 거의 자하 학통에서 나왔다고 한다. 아들을 여의고 실명했다는 이야기가 『예기』「단궁상」편에 보인다. 자유(子游)는 오(吳)나라 사람으로 공자보다 마흔다섯 살 아래였다. 노나라에서 벼슬을 해서 무성(武城)의 읍재가 되었는데, 현악기에 맞추어 노래하면서 고장을 다스린 일로 공자에게서 칭찬받은 일이 있다(「양화」). 자장은 진(陳)나라 사람으로 공자보다 마흔여덟 살 아래였다. 봉록(俸祿)에 대해 묻기도 하고(「위정」), 통달

〔達〕하는 것과 명성〔聞〕을 날리는 것에 대해 신경을 쓰는 등(「안연」) 세속적인 인물이었던 것 같다. 세 사람은 모두 공자의 가장 나중 제자들이다.

추로(鄒魯)의 학문은 증자로 대표된다. 증자는 공자보다 마흔여섯 살 아래로 노나라 사람이다. 공자와의 관계는 『논어』에 겨우 2대목이 수록되어 있을 뿐이다. 사람됨은 "삼(參)은 노둔하다"(「선진」)고 일컬어진다. 그런데 다른 대목에서 "삼아! 내 도는 하나로 꿰어져 있느니라"는 공자의 가르침을 그는 다만 '예〔諾〕'라고 답하고 물러났다. 제자가 의미를 묻자 증자는 "선생님의 도는 충서(忠恕)일 뿐이다"(「이인」)라고 설명하고 있다. 10철(十哲) 가운데 한 사람인 자공은 "공자가 말씀하기를 '사(賜)야, 너는 내가 많이 배워서 그것을 다 기억하는 사람이라고 여기느냐?' 고 했다. 자공이 대답하기를 '그렇습니다. 그렇지 않습니까?'라고 했다. 공자가 말씀하기를 '아니다. 나는 한 원리로 모든 것을 꿰뚫었다'고 하셨다"(「위령공」)는 식으로 공자의 설명을 듣고 난 뒤 비로소 일관(一貫)의 도에 대해 이해했다고 한다. "삼은 노둔하다"고 평가받던 증자는 여기서는 자공보다 뛰어난 준재로 묘사되고 있다. 다른 곳에 보이는 13대목은 모두 증자의 제자가 스승으로서 증자의 이야기를 기록한 것으로『논어』의 성립에 증자 학파(曾子學派)가 차지하는 비중이 큼을 보여주고 있다.

「자장」편에 보이는 다섯 고제 사이에 주로 상례에 관해 상호 비판이 행해진 것이『예기』「단궁」편에 실려 있다. 「단궁」편은 문체도『논어』와 가장 가까운 것으로 평가받고 있고, 특히「자장」편과의 관계를 무시하기 어렵다. 또한 유자(有子)와 증자가 서로 우위를 다투는 이야기도 실려 있고,「학이」편에서 공자의 문하 가운데 유자와 증자의 이야기만 수록하고 있는 것과 관련해 주목된다. 지금「단궁 상」편 가운데 한 대목을 들어보면 다음과 같다.

유자가 증자에게 "벼슬을 살다가 실직했을 경우의 마음가짐에 대해 너는 선생님에게서 이야기를 들어본 적이 있는가?" 하고 물었다. 증자가 "들어본 일이 있습니다. 관직을 잃으면 재빨리 가난해지고, 죽으면 재빨리 썩는 것이라고 말씀하셨습니다"라고 대답했다. 유자가 "그것은 군자의 말이라고 할 수 없다"고 했다. 증자가 "저는 그 말을 선생님께 들었습니다"라고 했다. 유자가 다시금 "그 말은 군자의 말로 받아들일 수 없다"고 했다. 증자가 "저는 자유(子游)와 함께 그 말씀을 들었습니다"라고 말했다. 유자가 말하기를 "그랬는가? 그렇다면 선생님은 무언가 까닭이 있어서 그렇게 말씀하셨던 것이다"라고 했다. 증자가 유자의 말을 자유에게 고했다. 자유가 "대단하구나, 유자의 말은 선생님의 말씀을 꼭 빼닮았도다"라고 말했다.

이윽고 자유는 일찍이 공자에게서 들은 이야기가 증자의 주장과 같다는 점과 아울러 유자가 말하듯이 그 말은 송나라의 사마환퇴(司馬桓魋)가 3년이라는 세월을 들여 석관(石棺)을 만들었던 일에 대해서 공자가 비난한 말이라는 사실을 확인해준다. 이러한 논란은 말하자면 대립상태 그대로 종결되고 만다. 「단궁 하」 편에도 증자와 유약(有若)의 의견 대립이 보이는데, 그곳에서는 '유약'이라 부르고 '유자(有子)'라고 부르지는 않는다. 유자와 증자 사이의 대립 양상은 『맹자』「등문공 상」 편에도 자하 등 세 사람이 유약을 공자의 후계로 내세우려다 증자가 이에 반대했다는 이야기로 전승되는 것이다.

『예기』나 『논어』에서 스승의 호칭으로 유자(有子)와 증자(曾子)로 불리는 것은 두 사람에 한정되어 있다. 그리고

『논어』「학이」편에는 두 사람의 이름이 보이는 것이다. 아마도 원자료는 유자와 증자가 대립하는 시대에 만들어졌던 것으로 보인다. 그러나 「단궁」 편에 보이는 의론은 대부분 상례와 그로부터 연역되는 효도에 관한 내용으로 공자가 말하는 이른바 '소인 유(儒)'에 해당하는 것이다. 정치론은 오히려 '아직 공자의 무리가 되지 못한' 맹자에 의해 전개된다. 맹자는 제나라의 직하에도 유학했는데,『논어』의 「계씨」나 「요왈」 편에 제학(齊學)으로 보아야 할 내용이 많이 실려 있다. 그러나 '하론'에서 가장 주의를 끄는 것은 역시 「미자」 편이다.『논어』가운데 가장 이질적인 이 편에 도리어 공자 만년의 권회(卷懷) 사상이 여운을 남기고 있는 것처럼 느껴진다. 그렇지만 전승자는 추로의 진신(搢紳), 곧 유학자들이 아니라 초광(楚狂)에 가까운 남쪽 지방의 유자들이었다. 남쪽 지방에는 '주공과 중니의 도를 기뻐하여 북쪽 지방 중국에서 배우고 난' 뒤에 신농파(神農派)로 전향한 '진량(陳良)의 제자인 진상(陳相)과 그의 동생 신(辛)'(『맹자』「등문공 상」)과 같은 일파도 있고, 또한 안씨 계통을 잇는 듯한 장주 일파도 있다.『논어』에 「미자」 편을 포함시킨 일은 다른 어느 편보다도 의의가 크다고 해야 할 것이다. 그것이 노모스화한 유가의 자기비판으로 수용된 것이었다고 생각되기 때문이다.

　공자가 죽은 뒤 유가는 각각 분파적 견해를 고집하며 분열했다. 우 임금처럼 걷고 순 임금처럼 달리며, 집 안 팎을 깨끗이 청소하고 웃어른의 부름이나 물음에 똑똑히 대답하는 쇄소응대(灑掃應對)의 예절만 번거롭게 문제 삼는 자장씨(子張氏)의 천한 유자, 종일토록 한마디도 하지 않고 사려 깊게 행동하려는 자하씨(子夏氏), 염치가 없으며 게으름뱅이인 자유씨(子游氏) 등 이른바 견유파(犬儒派)가 횡행한다. 도는 이미 사라져버렸고, 도를 추구할 기반도 없어져버렸다. 전통은 파괴되고, 거대화한 사회는 외적 규제의 압력에 의해 인간을 포함한 모든 것을 하나의 물질적 힘으로 변화시키고 있었다. 노모스의 사회다. 『논어』는 그러한 노모스적 시대 속에서 형성되어간다. 사도 시대의 전승은 그러한 시대의 파벌적 이해에 의해 왜곡되어간다. 구슬과 옥돌이 부딪혀 울리는 듯한 스승의 말도 잡음에 뒤섞여버릴 것 같았다. 그러한 노모스적인 것을 밑바닥부터 뚫고 나가지 않으면 안 된다. 아마도 「미자」 편을 덧붙인 것은 초광 일파였을 것이다. 그리고 그렇게 함으로써 『논어』는 허물어져 폐허가 될 운명을 간신히 벗어날 수 있었다. 공자의 정신은 오히려 장주 일파에 의해 재확인되었다고 나는 생각한다. 그것은 유가의 정통임을 자임하는『순자』가 공자를 얼마나 냉담하게 다루고 있는가 하는 점과 비교해보면 알 수 있을 것이다. 유교의 노모스화는 맹자에 의해 촉진되고 순자에 의해 완성되었다. 그것은 더 이상 유가가 아니다. 적어도 공자의 정신을 전하는 것은 아니라고 생각한다. 유교의 정신은 공자의 죽음으로 이미 종말을 고하고 있다. 그리고 안회의 죽음으로 그 후계마저 단절되고 말았다. 이데아는 전해질 수 있는 것이 아니다. 뒤에 남은 제자들은 노모스화해가는 사회 속에서 덧없이 부침했던 것에 지나지 않는다.『논어』는 그러한 유가의 모습까지도 포함하여 기록하고 있다. 또한 그 때문에 우리는 공자의 위대함을 그 속에서 이끌어낼 수 있는 것이다.

『논어』는 어떻게 만들어졌나

　『논어』는 성경과 마찬가지로 엄밀한 원전 비판이 필요한 책이다. 그러나 본문 비판적 연구는 선학들의 수많은 뛰어난 연구에도 불구하고 아직 충분한 성과를 보여주지 못하고 있다. 그것은 그러한 연구에서 아직도 신뢰할 만한 방법론이 확립되어 있지 않기 때문이라고도 할 수 있다. 비판인 이상 방법론이 없어서는 안 될 것이다. 그러나 나는 여기서 그 문제를 논하려는 것은 아니다. 그러한 논의를 위해서는 별도로 방대한 저작이 필요하기 때문이다. 그래서 이제부터는 지극히 원칙적인 사항에 대해 원자료의 문제를 생각해보고자 한다.

　『논어』의 가장 중요한 부분은 공자의 언행에 관한 것이다. 공자 교단이 정치적 활동을 시작하고 난 뒤에 양호와의 대립 때문에 제나라로 달아난 이후 14년에 걸친 망명 생활의 시기 및 노나라로 귀국하고 난 이후의 언행이다. 그러나 공자 사상이 편력 기간의 곤란한 시련을 통해 형성되었다는 사실에 비추어보면, 망명 기간의 언행이 중심적인 의미를 지닌다고 하겠다. 이 시기에 공자를 따랐던 고제는 자로·안회·자공·염유 등이다. 그들 가운데 자공과 염유는 도중에 일행에서 이탈하고 있다. 필록(筆錄)하는 이가 누구든 간에 이와 관련된 기록을 제1자료로 삼아야 할 것이다.

공자 사후에 무덤을 지켰던 사람은 자공이었다. 6년에 걸친 복상 기간에 얼마간의 기록을 정리하려는 시도를 했으리라 추정된다. 『논어』에는 자공과 관련하여 30여 대목이 넘는 기사가 있다는 점이 주목되는데, 훗날 일파를 이루었을 것으로 보이는 이 학파 입장까지도 포함한 내용이 있을 것이다. 이것을 제2자료로 한다.

공자가 죽은 뒤에 자유·자하·자장의 세 유파가 각각 이견을 내세워 다투었다는 사실은 『맹자』 『순자』 및 『예기』 「단궁」 편 등의 자료에서 추정해볼 수 있다. 그리고 세 사람은 『논어』 속에 모두 어록을 남기고 있다. 세 유파의 싸움은 순자 시대까지 계속된다. 따라서 그 자료는 학파적 대립 속에서 시대가 내려가는 것까지 포함하는 자료라고 하지 않을 수 없다. 이것을 제3자료라고 하자.

『논어』나 『예기』 가운데 스승의 호칭인 '자(子)'로 불리는 이는 유자(有子)와 증자(曾子)뿐이며, 대립은 맹자 시대까지 이어지고 있다. 그리고 결국은 증자 학파가 유가의 정통 지위를 차지하는데, 거기에는 맹자 학파(孟子學派)의 참가라는 사정이 고려되어야만 할 것이다. 『논어』의 성립에 중요한 비중을 차지한다고 여겨지는 증자 학파의 자료를 제4자료로 해도 좋을 것이다.

「향당」 편은 특정한 목적 아래 처음부터 독립된 한 편으로 편찬되었던 것 같다. 공자의 일상생활을 의규(儀規)로 규범화하려는 이 문헌은 의례적인 기술이 많은 『예기』「곡례(曲禮)」와 「단궁」의 시기와 비슷한 때의 자료일 것이다. 이것을 제5자료로 한다.

「계씨」 편은 기술 형식도 다르며, 명백히 직하의 학문을 거친 제학(齊學)으로 판단된다. 제나라 유가의 손으로 이루어진 것으로 보인다. 그 밖에 「제어(齊語)」를 포함한 여러 장이 다른 편에서 산견된다. 그것들을 포함해서 제6자료라 해도 좋을 것이다. 이 밖에도 고대의 제왕이나 일민(逸民)을 주제로 한 기사가 있다. 요·순·우 등의 고대 성왕의 설화는 도통설(道統說) 다음으로 『서』의 의고적(擬古的) 부분이 형성되었을 무렵의 기사이며, 맹자 이후의 것으로 보인다. 또한 「미자」 편에 보이는 일민적(逸民的) 설화는 아마도 남쪽 지방의 유자가 덧붙인 것으로 장주 학파와의 관계를 시사하는 바가 있다. 이것을 제7, 8자료라고 하자. 이상과 같은 자료군을 반드시 시기적으로 차례

지을 수는 없지만 각각의 자료적 특질은 지니고 있다. 유가 사상의 추이와 관련되는 바가 있는 것이다. 구체적으로 두세 가지 예를 들어 생각해보자.

공자가 위나라에 망명해 있던 시기인 기원전 493년에 영공이 죽고 나서 후계 문제가 일어났다. 태자는 이보다 앞서 영공의 부인 남자(南子)와 사이가 틀어져 국외로 달아나버리고, 국내에는 태자의 아들인 출공 첩(出公輒)이 있어 영공이 손자인 첩(輒)을 후사로 임명했다. 그러나 태자를 국내로 다시 불러들이려는 움직임이 일어나고, 진(晉)나라가 이를 지원하고 나섰다. 문제의 양호가 태자를 모시고 몰래 위나라로 돌아왔기 때문에 공자는 또 남쪽 지방으로 달아났다. 아마도 영공이 죽고 나서 얼마 지나지 않은 때였을 것이다. 공자 문하에서도 공자가 첩을 지지하는지 여부가 문제시되었다. 당시 일로 「술이」 편에 다음과 같은 기사가 실려 있다.

염유가 말하기를 "선생님께서 위나라 임금을 위해 일하실까?"라고 하자, 자공이 말하기를 "좋아, 내가 장차 여쭈어보지"라고 했다. 들어가서 묻기를 "백이(伯夷)와 숙제(叔齊)는 어떤 사람입니까?"라 하니, 공자가 말씀하기를 "예전의 현인들이시다"라고 했다. 묻기를 "원망하였습니까?"라고 하자, 말씀하기를 "인을 구하여 인을 얻었으니, 또 무엇을 원망하였겠느냐?"라고 하셨다. 자공이 나와서 말하기를 "선생님께서 위나라 임금을 위해 일하지 않으실 것이다"라고 하였다.

후계 문제에 백이·숙제를 들고 나오는 것은 백이·숙제 설화가 본래 서로 나라를 양보하여 임금의 지위를 마다한 사람들의 이야기였기 때문이다. 백이·숙제가 추구한 도부터 보자면 당시의 위나라 임금인 출공 첩은 임금 자리를 아버지인 태자에게 양보해야 하며, 임금 자리를 고수하는 것은 인에 반한다는 것이다.

이 이야기에는 어딘가 꾸민 듯한 데가 있다. 백이·숙제의 입장에 놓인 것은 차라리 망명 중인 태자다. 그렇다면 양호가 태자를 옹위하고 위나라에 잠입했을 때에 공자는 어째서 매우 다급히 위나라를 탈출했던 것일까? 위나라에 기식하고 있던 공자가 진(晉)나라의 무력을 배경으로 한 왕위 회복, 곧 복벽을 노리는 태자의 입장을 변호할 리가 없다. 『곡량전』이나 『공양전』 애공 2, 3년 조에는 출공(出公)의 즉위는 영공(靈公)의 유지였다며, 어느 경우가 옳은가를 명백히 밝히고 있다.

백이·숙제의 기사는 또한 「공야장」편에도 보이고 있다. 그것은 다음과 같은 이야기다.

공자가 말씀하기를 "백이와 숙제는 지난날의 남의 잘못을 마음에 두지 않았으므로 원망이 적었다"고 하셨다.

아마도 앞서 위나라 임금과 관련된 문제는 다른 제자에 의해 필록되었던 것으로 보인다. 출공 첩이 즉위해 있는 단계에서는 태자가 백이·숙제의 입장이다. 따라서 '원망'은 태자의 입장이다. 공자와 제자들 사이의 문답에서는 그러한 '원망'이 문제이지, '인'이 문제였던 것은 아니다. '인을 구하여 인을 얻었다'는 말은 이 경우에 의미가 없다.

이 두 대목은 「공야장」편에서는 공자가 진(陳)나라에 있으면서 '돌아가야겠다! 돌아가야겠다!'고 탄식을 발했던 문장에 뒤이어 수록되어 있고, 전후로 연관성이 있다. 자공의 말은 공자가 제나라와 노나라에 있을 적에 한 말들 사이에 고립된 상태로 삽입되어 있다. 두 문장을 비교해보면 「공야장」편의 이야기가 아마도 당시의 직접적인 기록 그대로이며, 「술이」편의 자공의 말은 후학의 윤색을 거쳐 이루어진 것으로 보인다.

백이·숙제에 관해서는 또한 「계씨」편에 "제나라 경공은 말 4,000필을 가진 부자였으나, 죽었을 때 백성들이 그의 덕을 칭송하지 않았고, 백이와 숙제는 수양산(首陽山) 아래서 굶어 죽었는데도 백성들이 지금에 이르기까지 그들을 칭송하고 있다"는 한 대목이 있다. 「계씨」편은 공자의 말을 모두 '공자가 말씀하기를(孔子曰)'이라는 식으로 적고 있으며, 독자적 형식으로 정리된 편이라 하겠다. 삼계(三戒)·삼외(三畏)·구사(九思)와 같이 낱낱의 수효로 제시하는 표현이 많고, 직하의 학문을 거친 뒤에 제나라 지역에서 정리된 자료로 보인다.

백이의 경우를 일민으로 현창했던 것은 『맹자』「공손추 상」에서였다. 그리고 이를 '인(仁)'이라고 일컬었던 것도 맹자다. "성인은 백대의 스승이다"라면서 백이와 유하혜(柳下惠)의 이름을 들고(「진심 하」), 백이가 주나라의 태공(太公)에게 귀의했던 것을 "어진 사람으로써 자기가 돌아갈 곳으로 생각했다"(「진심 상」) 하고, "백이는 성인 가운데 청렴한 사람이고", "공자는 성인 가운데 때를 안 사람이다"(「만장 하」)고 하면서 공자와 비견하고 있다. 공자는 쉽사리 인(仁)이나 성(聖)으로써 남을 인정하지 않았던 사람이다. 백이·숙제의 전설이 당시 어떤 형태로 전승되고 있었던가는 분명치 않지만, "인을 구하여 인을 얻었다"는 말이 공자의 말인지는 의심스럽다. 본래 백이는 강성(姜姓)의 시조가 되는 신으로 태악(太嶽)의 신이었다(저자의 『중국의 신화』제4장 참조). 『서』「여형(呂刑)」편에 백이는 제(帝)의 명령에 따라 오형(五刑)을 제정한 사람으로 기록되어 있다. 설령 나라를 양보하는 것과 같은 이야기가 당시 열국에서 어떤 형태로든 전해지고 있었다 하더라도 백이를 고대 성인으로 공자와 대비하는 것은 맹자 이후의 일이다.

　이러한 과정을 통해 백이·숙제에 관한 공자의 말은 「공야장」편에 기록되어 있는 것이 원형이며, 「술이」편의 기사는 훗날 윤색된 것임을 알 수 있다. 그리고 염유와 자공을 등장시킨 「술이」편의 기사가 자공의 후학들이 기록한 것이라면, 「공야장」편의 문장은 안자 등이 수기해두었던 것이 아닌가 하는 추측을 낳게 한다. 그러한 말로는 가령 위나라의 세자 문제에 대해 언급한 것으로 함축미가 있는 말투다. 정치적 연관성을 지니는 의견은 아마도 주의를 기울여 기록되었을 것이다. 곧 「공야장」 편의 문장은 제1자료, 「술이」 편의 문장은 제2자료이다. 그것은 두 문장의 비교와 분석을 통해 분명해진다. 더욱이 제2자료는 맹자 이후로 시기가 내려올 수 있다.

『논어』는 문장마다 이런 식의 검토를 행하면서 원자료의 성질을 구별하지 않으면 안 되지만, 별도의 기회로 미룰 수밖에 없다. 증석(曾晳)의 '귀영장(歸詠章)'(「선진」)이 '상론'의 「공야장」 편 두 장을 바탕으로 증자의 후학이 위작한 것이라는 사실은 이미 언급했다(이 책 356쪽 참조). 학파 간의 싸움으로 인해 개작과 개변은 그 밖에도 상당히 이루어졌을 것으로 보인다. 『논어』는 아무래도 안심하고 읽을 수 있는 책은 아니다. 또한 명백히 사실관계가 일치하지 않는 경우도 있으며. 그러한 파탄을 찾아내기란 비교적 쉽다.

노나라의 삼가 가운데 맹희자(孟僖子)·맹의자(孟懿子)의 집안은 일찍부터 공자에게 호의적이었던 것 같고, 그러한 관계가 『논어』에도 나타난다. 맹의자(孟懿子)의 아들인 맹무백(孟武伯)이 효에 대해서 물었다. 공자는 질문에 대해 "부모는 오직 자식이 병날까 근심하느니라"고 대답했다. 맹의자가 공자에게 효에 대해서 물었던 것이 그 앞 대목에 실려 있는데, 공자는 "어기지 않는 것이지요"(「위정」)라고 답한다. 맹의자의 아버지인 맹희자가 자신의 두 아들을 공자에게 보내어 공부하도록 했다는 이야기가 『좌전』 소공 7년 조에 보인다. 그때 공자의 나이는 아직 열여덟 살이었다. 맹의자에게 효에 대해 일러준 말을 맹의자가 아직 살아 있을 당시의 일로 보면 공자 서른다섯 살 이전의 일이었다. 맹희자·맹의자와의 사이에 있었던 이야기는 연령상으로 살펴보면 성립하기 어려운 것으로, 아마도 맹무백의 이야기에서 점차 만들어졌을 것이다.

맹무백은 또한 자로와 염구와 공서화 등 세 사람의 제자에 대해 공자에게 그 재능을 묻고 있다. 그리고 공자는 자로에 대해서는 천승의 나라에서 군비를 맡아 다스릴 만하고, 염구에 대해서는 천호 정도 고을의 읍장 노릇을 할 만하고, 공서화에 대해서는 예복에 띠를 두르고 조정에 설 만한 인물이라고 답한다(「공야장」). 공서화는 공자보다 마흔두 살이나 아래이므로, 공자가 망명하기 이전이라면 자화(子華)는 아직 열서너 살의 소년이고, 만일 귀국한 뒤라면 염구는 이미 계씨의 가신이 되어 있던 인물이다. 그런 인물에 대해 맹무백이 질문을 했을 리가 만무하다. 더욱이 이 장은 앞의 '귀영장'에도 그대로 쓰인다.

맹무백의 아들인 맹경자(孟敬子)는 증자를 사사했던 인물이다. 증자의 병문안을 갔을 때 증자는 "새가 장차 죽으려고 할 때는 울음소리가 슬프고, 사람이 죽을 때는 말이 선한 것이다"라며 도에서 중시해야 할 세 가지 일을 가르치고 있는데(「태백」), 이는 『맹자』나 『예기』「단궁」에 보이는 증자의 말과 함께 뛰어난 교언(巧言)이다. 맹무백 등과의 문답은 증자 학파가 지어낸 것으로 생각해도 좋다. 「태백」 편에는 증자의 말이 5군데고, 나머지는 모두 공자의 말을 수록하고 있다. 망명 기간의 언행으로 보이는 것은 포함되어 있지 않고, 제4자료에 속하는 것으로 보아도 좋은 것들이다.

삼가 가운데 집정으로서 위세를 떨쳤던 것은 계씨인데, 계강자(季康子)도 자로·자공·염구의 정치 능력에 대해 "정치에 종사케 할 만합니까?" 하고 공자에게 질문한 대목(「옹야」)이 있다. 자로는 정공 18년(기원전 498)에 계씨의 가신이 되었으므로(『좌전』 정공 12), 문답은 그보다 이전이 아니면 안 되는데, 자로와 다른 두 사람은 연령상으로 20년 이상 차이가 나는 것이다. 더욱이 서른 살이나 차이가 나는 손위의 연배에 대해 "정치에 종사케 할 만합니까?" 하고 질문하는 것도 의심스럽다. 염구는 훗날 계씨의 읍재가 된 인물로 망명 기간의 일행에서 이탈하여 노나라로 되돌아왔다.

세 제자에 대해서 맹무백과 계강자와의 사이에서 공자가 주고받은 각각의 문답은 아마도 무언가의 이전(異傳)이나 작위일 가능성이 있다. 그와 관련된 인물들의 입장이나 연령으로 미루어보아 어느 것도 성립되기 어려운 이야기로 보인다. 맹무백이 질문했던 자로·염구·공서화 세 사람(「공야장」)은 「선진」 편의 '귀영장'에도 보이는데, 증자의 아버지인 증점(曾點)의 들러리 역할을 하고 있다. 요컨대 「공야장」 편의 이야기도 증자 학파의 것이며, 「선진」 편의 해당 장도 증자 학파가 만들어낸 것이다. 그러한 이야기는 증자 학파 안에서 더욱 발전하여 다음의 새로운 설화가 만들어지는 것이다. 숙손씨가 자공에 대해 "공자보다 뛰어나다"(「자장」)고 말하듯이, 삼가와의 관계에서 각 학파 사이에 경쟁과 대립이 일어나고 점차 분파적인 견해를 취하게 되었는데, 그 결과가 『논어』 가운데 이러한 형태로 나타나는 것이다. 제3자료를 주된 것으로 하는 「자장」 편은 더욱이 자공과 증자와 관련된 기사가 덧붙여져서 복잡한 편성을 이루고 있다.

『논어』의 원전 비판은 어려운 일이다. 『논어』는 쉽게 강의할 수 있는 성질의 책이 아니다. 격언집을 다루듯이 해석하고 설명하면 몰라도 고전으로서 『논어』를 읽는다는 일의 어려움은 이상에서 말한 두세 가지 예로써도 충분히 추측할 수 있을 것이다.

『논어』가 언제부터 공자 또는 공문의 언행집으로 정리·편찬되었는지는 정확하게 알 길이 없다. 『순자』「비십이자」편에 천한 유자로 매도당한 삼자(三子)의 유파와 그들을 능가하려는 증자 학파 등에 의해 온갖 작위가 더해지면서 상당히 오랜 기간에 걸쳐 유동적 형태로 존재했다고 보아야 한다. 그러나 맹자 무렵에는 어느 정도 모양이 갖추어졌으리라고 판단된다.

『맹자』「이루 상」편에 "염구는 계씨(季氏)의 가신이 되었는데 계씨의 악행을 바로잡지 못하고, 도리어 세금으로 거두는 곡식을 그전보다 배로 했다. 공자는 '염구는 우리 무리가 아니다. 제자들아, 북을 쳐서 그의 죄를 성토해도 좋다'고 하셨다"는 대목이 있다. 『논어』「선진」편에 "계씨가 주공보다 부유한데도 염구가 그를 위해 많은 세금을 거둬 부를 더해주었다. 공자가 말씀하기를 '우리 무리가

아니니, 제자들아! 북을 쳐서 그의 죄를 성토해도 좋다'
고 하셨다"는 대목과 거의 유사하다. 공자가 노나라로 돌
아오고 난 뒤의 말이므로 증자도 문하의 말석에 앉아 공
자의 말을 들었을 것이다.

또한 「진심 하」 편에 "만장(萬章)이 '공자가 진(陳)나라에
계실 때 '어찌 돌아가지 않으리? 내 고향 젊은이들은 뜻
은 원대하고 일에는 서툴지만 진취적이어서 본래의 마
음을 잊지 않고 있다'고 하셨는데, '공자는 진나라에서 어
째서 노나라의 광사(狂士)들을 생각하셨습니까?'라고 물
었다. 맹자는 공자가 말씀하기를 '중도(中道)의 인물을 얻
어 가르칠 수 없다면, 반드시 광자(狂者)나 견자(獧者)를 선
택하겠다. 광자는 진취적이고, 견자는 하지 않는 바가 있
다'고 말씀하셨다. 공자가 어찌 중도의 인물을 얻기를 바
라지 아니하셨겠는가. 반드시 이들을 얻을 수 없었기 때
문에 그 다음가는 사람들을 생각하셨던 것이다'라고 대
답했다"고 되어 있다. 그 문장은『논어』의 다음과 같은 문
장들을 합쳐서 만들어낸 것인데 문장에는 약간의 차이가
있다.

공자가 진나라에 계실 때 말씀하기를 "돌아가야겠다!

돌아가야겠다! 내 고향 젊은이들은 뜻은 원대하나 일에는 서툴고, 문장을 이루었으되 마름질할 줄 모르는구나!"라고 하셨다.

「공야장」

공자가 말씀하기를 "중도를 행하는 사람을 얻어 함께할 수 없다면, 반드시 광자나 견자(狷者)와 함께하리라! 과격한 광자는 진취적이고, 고집 센 견자는 하지 않는 바가 있느니라"라고 하셨다."

「자로」

어느 것이나 망명 중의 말로 보이며, 앞서의 세 유파나 증자 학파에게서 얻은 지식으로 보인다. '어찌 돌아가지 않으리'의 문장 등 「만장」편에서 인용하는 대목은 문기(文氣)가 훨씬 떨어지는 편이다. 진나라에 공자를 수행했던 이는 자로와 안회이므로 지금의 『논어』는 그 원자료를 전해주는 것이리라. 『맹자』에 인용되는 공자의 말 가운데 『논어』에 보이는 것은 10여 군데인데, 완성된 책으로서 『논어』를 인용한 문장은 보이지 않는다.

『순자』에는 '공자가 말씀하기를'으로 시작하는 문장이

30여 군데 가까이 있지만 지금의 『논어』에 보이는 것은 거의 없다. 그러나 『순자』가 자신의 말로 기술하고 있는 것, 예를 들면 "아는 것은 안다고 하고 모르는 것은 모른다고 솔직히 말하고, 안으로는 스스로 자신의 마음을 속이는 일이 없고, 밖으로는 그것으로 다른 사람을 속이는 일이 없다"(「유효〔儒效〕」)라든가, "그러므로 군자는 아는 것을 안다고 하고, 모르는 것을 모른다고 하니 언어에 관한 요도(要道)다"(「자도〔子道〕」)는 『논어』의 "유(由)야, 너에게 안다는 것을 가르쳐주랴. 아는 것을 안다 하고 모르는 것을 모른다 하는 것, 이것이 아는 것이다"(「위정」)와 같은 말이다. 또한 "날씨가 추워지지 않으면 소나무와 잣나무를 알 수가 없고 어려운 일을 겪지 않으면 군자를 알 길이 없다"(「대략〔大略〕」)는 말은 "날씨가 추워진 뒤에야 소나무와 잣나무가 늦게 시듦을 알 수 있다"(「자한」)와 비슷한 말이다. "군자는 살 곳으로 반드시 환경이 좋은 곳을 선택한다"(「권학〔勸學〕」)는 말은 "사는 고장은 인후(仁厚)한 곳이 좋다"(「이인」), "옛날의 배우는 사람은 자신(의 도덕 향상)을 위해 하였다"(「권학」)는 「헌문」 편에 보이는데, 대체로 문장에 이동(異同)이 있는 경우가 많다. 당시까지는 『논어』가 아직 현행본의 형태로 정착되지 않았던 것으로 보인다. 다만 자료군의 형태로 일부에 통행되고 있었음이 틀림없다.

공자가 망명 기간에 남유(南遊)하여 초나라의 섭공 자고(葉公子高)와 회견하고 아버지를 고발한 직궁(直躬)이라는 인물에 대해 논의했던 이야기가 『논어』「자로」편에 보인다. 이 이야기는 『한비자』「오두」편, 『여씨춘추』「당염」편에도 나오는데, 어느 경우나 『논어』에 의거한 듯한 형적이 없다. 공자의 전기나 언행 같은 부류가 당시 세상에 다소간 통행되었던 듯하나, 지금의 『논어』의 원자료는 여전히 추로의 유사(儒士), 이른바 진신(搢紳)의 무리들 사이에서 전승되면서 변개를 거듭했던 것 같다. 그래서 순자 등도 이미 공자가 한 말인지 모르고 『논어』의 말을 일반적인 격언인 양 썼던 것 같다.

『논어』라는 명칭은 『예기』「방기(坊記)」편에 처음 나타난다. 「방기」는 『자사자(子思子)』 23편 가운데 한 편으로 되어 있는데, 『주역』 따위도 인용되어 있는 것으로 보아 진한(秦漢)시대 이후의 문헌으로 보인다. 또한 『예기』「증자문(曾子問)」편은 증자와 공자 사이의 문답 형식을 취하는데, 이 두 편에 모두 "하늘에는 두 개의 태양이 없고,

땅에는 두 임금이 없다"는 문장이 있어 양자의 관계와 성립 시기를 알 수 있게 한다. 그것은 말할 것도 없이 진·한의 천하 통일을 시사하는 구절이다. 또한 「증자문」 편에는 공자가 노담에게 예를 물었다는 문례 설화가 네 군데나 보이는데, 유가 문헌 중에 처음으로 공자 문례 설화를 수록한 것이다.

『논어』는 이에 앞서 「미자」 편과 같이 초광 무리에 의한 비판까지 받아들였고, 노나라 유가에 의해서 일단 '노론(魯論)'으로 불리는 정본(定本)이 생겨나게 되었다. 이윽고 제나라 지역에서 통용되었던 '제론(齊論)', 열국의 고문(古文)의 자체로 쓰인 '고론(古論)'으로 불리는 텍스트가 만들어졌다. 다소간의 이동은 있으나 한(漢) 대의 교서가(校書家)가 교정을 시도할 무렵에는 상호 간의 관계가 이본으로 여겨질 정도로 '노론'을 중심으로 한 교정이 이루어졌다. 지금 우리가 읽고 있는 『논어』는 바로 교정본 '노론'이다.

『논어』 20편 가운데 「학이」 제1편부터 「향당」 제10편까지의 이른바 '상론' 10편과 「선진」 제11편 이하의 '하론' 10편은 자료군이 서로 다르거나 정리되지 않은 곳도 있다. 예를 들면 「학이」 제1편의 "듣기 좋게 꾸미는 말과 보기 좋게 꾸미는 낯빛에는 인덕(仁德)이 드물다"는 「양화」 제17편에, 「태백」 제8편의 "그 지위에 있지 아니하면 그 정사를 꾀하지 않느니라"는 「헌문」 제14편에 거듭 나오고, 「이인」 제4편의 "옛적에 말을 함부로 하지 않았던 것은 몸소 실천하지 못함을 부끄럽게 여겼기 때문이었다"는 「헌문」 제14편의 "군자는 자기가 말한 것이 실행하는 것보다 지나치는 것을 부끄러워한다"는 말의 이전(異傳)일 것이다. 이와 유사한 말이 『예기』의 「잡기(雜記)」나 「표기(表記)」편 등에도 실려 있다.

이전으로 볼 수 있는 말로, 「학이」 제1편 첫머리에 "사람들이 알아주지 않더라도 노여움을 품지 않으면 또한 군자가 아니겠느냐?"는 말은 같은 편의 "남이 자기를 알아주지 않음을 근심하지 말라", 「이인」 제4편의 "자기를 알아주지 않음을 근심하지 말라"는 말과 유사하고, 「헌문」 제14편의 "남이 나를 알아주지 않음을 걱정하지 말라", 「위령공」 제15편의 "남이 자기를 알아주지 않음을 근심하지 않는다" 등의 유사한 글귀가 많다. 공자가 여러 번 거듭해서 이야기했다고 할 수도 있겠지만 단순한 어록의 경우는 역시 중복이라고 해야 할 것이다. 그러한 의미에서 각 편의 구성이 문제가 되는데, 그 문제에 대한

검토는 이미 기무라 에이치(木村英一) 박사의 정밀한 연구
인 『공자와 논어』가 있다.

『논어』의 문장은 간결하고 아름답다. 특히 공자가 스
스로 이야기하는 말은 그 사람됨을 생각나게 한다. 공자
가 남유(南遊)하여 초나라에 갔을 때 섭공이 자로에게 공
자의 사람됨에 대해 물었다. 자로는 뭐라 말할 수 없어서
대답을 하지 못했는데, 그 말을 들은 공자는 다음과 같이
자신에 대해 이야기한다.

 너는 어째서 "그 사람됨이 학문을 좋아해서 발분(發憤)
 하면 밥을 먹는 것도 잊고, 이치를 깨달으면 즐거워서
 모든 근심을 잊고 늙어가는 것도 알지 못한다"고 말하지
 않았느냐?

「술이」

이 같은 말은 대체로 안회 등이 필록해두었던 것이 아
닐까 생각된다. 오랜 망명 뒤에 여전히 방랑을 계속하면
서도 이러한 말을 할 수 있는 공자를 나는 역시 위대한
인물이라고 생각한다.

장문인 경우는 많지 않지만 그 가운데 잘 정돈된 문장도 있다.

　부(富)와 귀(貴)는 사람마다 바라는 것이나 정당한 방법으로 얻은 것이 아니면 누리지 않으며, 빈(貧)과 천(賤)은 사람마다 싫어하는 것이나 정당한 방법으로 얻은 것이 아닐지라도 벗어나지 않는 것이다. 군자가 인(仁)에서 떠나면 어찌 군자란 이름을 이루겠는가. 군자는 밥 먹는 동안에도 인을 떠나서는 안 된다. 급박한 때에도 반드시 인에 의거해야 하고, 넘어지고 자빠지는 (비상한) 순간에도 반드시 인에 의거해야 하는 것이다.

「이인」

　인(仁)은 순수한 의미 세계다. 그것은 이데아다. 그 때문에 잠시도 떠날 수가 없다. 이데아와 함께 있을 때 부귀빈천을 문제 삼아서는 안 된다. 공자는 아마도 그러한 의미를 지칠 줄 모르고 설파했던 것이리라. 그것을 이처럼 정리한 것은 공자 자신이었을까, 아니면 공자의 강석(講席)에 참여했던 고제 중의 한 사람이었을까. 그것은 알 길이 없다. 그 문장은 잘 다듬어져 있고, 운까지 밟고 있다. 욕(欲)·득(得)·악(惡)·득(得)과 처(處)·거(去)와 명(名)·인(仁) 자가 운자(韻字)이며, 시처럼 읊을 수도 있게 되어 있다. 이렇듯 압운, 곧 운을 단 문장이 물 흐르듯이 이야기되었다고는 생각할 수 없다. 누군가가 그 문장을 정리했을 것이다. 만일 누군가가 그랬다면 역시 안회 등이 아닐까 생각된다. 「자한」 편에 보이는 안회의 공자 찬양의 말(이 책 226쪽 참조)과 그 대치법적 문사에 있어서 매우 유사하다는 것이다. 「이인」 편은 자유(子游)와 증자에 관련된 한 대목씩을 제외하면 나머지가 모두 공자의 말이며, 아마도 비교적 오랜 제1자료군을 포함하는 것이라고 생각된다.

더욱 장문의 경우로 「선진」 편의 증점(曾點)의 '귀영장'(이 책 354쪽 참조)이 있는데, 증자 학파 내에서 작위된 것으로 공문에서 전승된 자료는 아니다. 그러한 의미에서 「미자」 편에 은일자(隱逸者)가 등장하는 문장도 공문의 자료는 아니다. 그러나 그것은 『논어』의 성립에 빠뜨릴 수 없는 부분이며, 종소리가 울려퍼지고 나서 경쇠의 옥 소리로 끝맺는다는 의미를 지니는 부분이라고 생각한다. 거기에는 장주 학파와의 접촉이 보이는 듯하다.

"봉황새여! 봉황새여! 어찌 그리도 덕이 쇠했는가?"라

고 노래하면서 공자의 문 앞을 지나갔다는 초나라 미치
광이 접여(이 책 290쪽 참조)에 관한 기사는『장자』내편의
「소요유」, 「인간세」, 「응제왕」 등에 보이는데, 이 편들은
본래 장주 학파의 중심적 자료다. 장저(長沮)·걸닉(桀溺)이
나 지팡이에 대삼태기를 맨 하조장인의 이야기도 그러한
종류에 속하는데, 어느 것이나 장자풍의 설화에 가까운
것이다. 두 문장에는 공자의 사랑스러운 사도인 자로가
등장한다. 하조장인 쪽의 이야기를 들어보기로 한다.

　공자를 따라가다가 뒤처졌는데 지팡이에 대삼태기를
맨 한 늙은이를 만났다. 자로가 묻기를 "노인께서는 우
리 선생님을 보셨습니까?" 노인이 대답하기를 "사지를
꼼짝하지 않고, 오곡도 분별하지 못하면서 누구를 스승
이라고 하오?" 하고는 지팡이를 꽂아놓고 김을 맸다. 자
로가 손을 모아 잡고 공손히 서 있으니, 노인은 자로를
이끌어 묵어가게 하였다. 닭을 잡고 기장밥을 지어 먹이
고, 두 아들까지 인사를 시켰다. 이튿날 자로가 떠나와
서 공자께 고하니, 공자께서 말씀하기를 "은자로다" 하
시고, 자로로 하여금 다시 되돌아가 만나게 했다. 도착
해보니 그는 떠나가고 없었다. 자로가 말하기를 "벼슬

하지 않는 것은 의(義)를 버리는 것이다. 장유의 예절도 폐할 수 없거늘 군신의 의를 어찌 폐하겠는가. 제 한 몸을 깨끗이 하려다가 큰 인륜을 어지럽히는 일이로다. 군자가 벼슬하는 것은 의를 행하는 것이다. 지금 세상에 도가 실현되지 않는 것은 이미 알고 있다!"고 했다.

「미자」

"지금 세상에 도가 실현되지 않는 것은 이미 알고 있다!"라는 말은 공자의 말로 어울린다. 앞 대목의 장저·걸닉이 등장하는 문장의 구성으로 미루어보아도 '자로가 말하기를'의 다음에 오는 부분은 공자의 말로 보지 않으면 의미가 통하지 않는다. 주자(朱子)가 보았다는 복주본(福州本)에는 "자로가 되돌아오자 공자께서 말씀하기를〔子路反. 子曰〕"[6]로 되어 있다는 것이다. 이 장인(丈人)은 자로와 그 스승인 공자를 비판했지만, 자로를 집에 묵게 하여 대접하고 두 아들을 소개하는 등의 인정미를 보인다. 남방의 유자로 신농(神農)의 학설을 배웠다는 진량(陳良)의 무리 등의 모습이 여기에 각인된 듯하다.

---

6) 주자(朱子)의 『논어집주(論語集註)』에는 "복주(福州)에 국초(國初) 때 사본(寫本)이 있는데, '로(路)' 아래에 '반자(反子)'라는 두 글자가 있다. 자로가 돌아오자 공자께서 말씀하신 것이라고 하지만 어느 쪽이 옳고 그른지 알 수가 없다"고 되어 있다.

이 장인과 유사한 이야기가 또한 『장자』에도 수록되어 있다. 「열어구(列禦寇)」편에 노나라에서 득도한 이로 전해지는 안합(顏闔), 또한 「양왕」편에는 원헌(原憲)의 이야기가 실려 있다. 노나라 임금이 안합이 득도한 사람이라는 소문을 듣고 사자에게 예물을 들려서 찾아가게 했다. 안합은 좁고 더러운 누항에 살면서 거친 막베옷을 걸쳐 입고 소를 기르고 있었는데, "우리 집에 온 것은 사자가 잘못 들은 것일 수도 있다. 다시 한 번 확인해보고 오는 것이 좋을 것이다"라고 했다. 사자는 급히 되돌아와서 사람을 잘못 찾은 게 아니라는 것을 확인하고 다시 찾아갔는데, 안합은 이미 사라져버리고 난 뒤로 행방을 알 수 없었다고 한다. 이른바 안씨의 유자는 이러한 무리로 초광과 같은 생활을 하고 있었을 것이다.

원헌의 이야기는 이러하다. 원헌이 은자와 같이 살고 있는데 자공이 살진 말을 타고 수레를 아름답게 장식하고 찾아와서는 원헌의 빈궁한 삶을 위로했다. 원헌은 빈궁이란 정신의 문제라면서, "인의를 겉으로 내세우면서 비뚤어지게 행동하고, 거마를 아름답게 장식하거나 하는 일을 나는 도저히 할 수 없다"고 말해, 자공을 부끄럽게 만들었다는 이야기를 수록하고 있다. 이른바 우언이지만, 우언이라는 것은 의외로 사물의 진상을 전해주는 것일지도 모른다.

초광은 유교의 비판자는 아니다. 오히려 유(儒)의 일파라고 해도 좋을 만한 측면을 지녔다. '숨어 살고 말을 함부로 하면서〔隱居放言〕'도 꺼려하는 바가 없었던 그들은 노장의 무리와도 이어지는 데가 있었다. 초광 일파에 대한 정통파의 태도는 "나는 이들과 달라서 가(可)한 것도 불가한 것도 없다"(「미자」)는 공자의 말로 나타나고 있다. 그러나 "가(可)한 것도 불가(不可)한 것도 없다"는 것은 차라리 도가류(道家流)의 입장이다. 『논어』는 이와 같은 유가의 사상적 편력 위에 성립하는 것이다. 공자상이나 제자들의 군상도 모두 그러한 무대 위에서 만들어져 갔다.

『논어』의 최종 편집자가 누구였는가는 알 길이 없다. 그러나 「미자」라는 한 편을 덧붙임으로써 『논어』는 노모스로부터 탈출을 의도하는 새로운 정신으로의 가능성을 약속했다. 공자가 죽은 뒤 유가는 파벌 대립을 안은 채 노모스적 세계로 몰락해갔지만, 그러한 인위적 균질의 세계에 가장 과감하게 저항을 시도했던 이들이 장주 일파다. 그리하여 아마도 안합(顔闔) 등으로 대표되는 반(反)

노모스적 유가 계통과 관계를 맺게 되었을 것이다. 초광 무리의 문장이 노모스적으로 부패한 천유(賤儒)들에 의해 일그러지려 하는 원시(原始) 유가의 정신, 곧 공자와 사도 들이 내건 정신을 겨우 계승하고 있다. '이것을 경쇠의 옥 소리로 끝맺는 것'이라고 하겠다. 그 후에 자장(子張) 등 세 유파를 비롯한 천유들의 어록인「자장」제19편, 의 고적(擬古的)인『서』의 단편과 자장이 오미(五美)·사악(四惡) 을 설파한 '제론(齊論)'인 듯한「요왈」제20편이 있다. 도통 설로 이 한 권의 결말을 삼으려고 했던 것 같다. 그리고 최후의 한 장에 다음과 같은 공자의 말을 들고 있다.

    공자가 말씀하기를 "천명을 알지 못하면 군자가 될 수 없고, 예를 알지 못하면 설 수 없고, 말을 알지 못하면 사람을 알 수가 없다"고 하셨다.

이 형식은『논어』첫머리의 한 장과 동일하다.『논어』의 편집자는 이로써 책의 구성을 수미상응케 했던 것이다.

『논어』의 '상론'은「향당」편으로 끝난다.「향당」편은 공자의 언동을 모두 규범화하려는 의도가 있다. '하론'은 아마도「미자」편에서 끝났어야 했다고 나는 생각한다.

적어도 「미자」 편을 편집한 사람들은 노모스적으로 규범화된 그와 같은 세계에서 탈출을 의도하고 있었을 것이다. 그곳에 공자 정신의 올바른 계승이 있었다고 여겨진다.

위대하구나! 공자는

공자는 위대한 인격이었다. 그러한 위대함이 어디서 생겨났으며 어떤 의미에서 위대한 것인가를 묻는 일이 나의 과제였다.

위대한 인격이 생겨나는 조건은 여러 가지가 있을 것이다. 네 성인으로 일컬어지는 인물들의 경우를 아울러 생각해보면, 우선 그 시대가 결정적 조건이 되는 것 같다. 대체로 고전 시대의 어느 시기와 연관된다. 민족 전통의 의미가 되물어지고 그것이 이데아로서 특정한 인격에서 주체적으로 체득될 때 위대한 인격이 태어난다고 할 수 있다. 그리고 그 이데아를 영원한 것으로 만들기 위해 때로 죽음까지 요구되는 경우조차 있다.

공자의 경우 어째서 죽음이 필요하지 않았을까? 소크

라테스가 신탁으로 받았던 '지(知)란 무엇인가' 하는 물음은 어느 누구도 대답할 수 없는 것이었다. 그 물음에 대답한다는 것은 묻는다는 행위의 의미를 상실케 하기 때문이다. 그것은 아마도 소크라테스 시대가 이미 노모스적 시기에 들어가 있었기 때문이라고 나는 생각한다. 노모스적 사회 안에서 이데아는 더 이상 역사적 현실 속에서 체득할 수 있는 대상이 아니었다. 차라리 노모스에 따르는 것, 노모스가 명령하는 바에 따라 죽음으로써 이데아의 존재를 증명해 보일 수밖에 없었을 것이다. 거기에 소크라테스의 죽음이 의미가 있다고 생각한다.

그러나 공자 시대는 중국 문화의 전통이 아직 깊숙이 숨 쉬고 있는 때였다. 공자는 그것을 상징적으로 주공의 모습을 통해 꿈에서 볼 수 있었다. 공자는 '자기를 이겨 예로 돌아가는'(「안연」) 것, 곧 주관을 버리고 전통의 의미 속으로 들어감으로써, 이데아가 그 체인을 통해 실현되는 장소로서의 인(仁)을 발견했다. 그것은 "단 하루라도 자기를 이겨 예로 돌아간다면 온 천하가 인을 따르게 될 것이다"(「안연」)라고 하듯이 온갖 존재, 곧 모든 의미의 근거에 관한 것이었다. 더욱이 그것은 구함으로써 얻어지는 것이었다. "내가 인(仁)을 행하려고 하면 인은 (거기에)

이르는 것이다"(「술이」)라고도 이야기되고 있다.

그렇지만 공자에게 인은 구체적 형상으로 실현되지는 않았다. 현실적으로 공자는 언제나 패배자였다. 그러나 현실에서 패배자가 됨으로써 공자는 이데아에 접근할 수 있었던 것이 아닐까 생각한다. 사회적 성공은 일반적으로 가능성을 한정하고 때로는 거부하는 것이다. 사상이 본래 패배자의 것이라는 말은 그러한 의미에서다.

공자는 노모스화하려는 사회 속에서 인(仁)을 설파했다. 그러나 이미 이데아의 복음이 받아들여지는 시대가 아니었다. "(세상에) 받아들여지지 않고야 비로소 군자임을 알 수 있는 것이다"(「공자세가」)고 안회가 말한 그대로다. 공자는 노모스의 밖에 서려 했다. 노모스는 아직 권회자의 존재를 허용치 않을 정도로 폭력적인 것이 아니었다. 강렬한 주체적 인격이라면 아직은 주어진 조건을 전환할 수도 있었다. 가령 동방의 아홉 오랑캐가 산다는 구이에 산다고 해도 "군자가 사는 곳에 무슨 누추함이 있겠는가"(「자한」)라고 말할 수 있었다. 그래서 공자는 권회의 인간이 되었다.

그러한 이데아의 장으로서 인을 이해할 수 있었던 것은 아마도 안회뿐이었을 것이다. 공자는 안회에게 희망을 걸었지만 안회는 먼저 죽어버리고 만다. 남은 제자들은 대체로 벼슬길에 나아가 급속히 형성·강화되어갔던 노모스적 사회 속에 파묻히고 만다. 그리고 이제는 돌아가신 스승의 언행록을 전승하고, 또는 스승의 일상을 규범화하여 거기에서 스승의 정신을 구하려고 했다. 가장 어리석은 기록이 '상론'의 결말을 장식하는 「향당」 편이다.

「향당」 편에는 공자의 일상생활에 관한 상세한 기록이 있다. "공자는 마을에서는 신실한 모습을 하여 말을 잘 못하는 것 같았다. 조정에서는 명백하게 말씀하시되 다만 삼가서 하셨다." 내 취향을 말하자면 정치의 장에서 웅변조가 되는 인간을 그다지 좋아하지 않는다. "조정에서 하대부(下大夫)와 더불어 말씀하실 때는 기탄없이 하시고, 상대부(上大夫)와 더불어 말씀하실 때는 온화하게 하셨다." 이것도 좋아하지 않는다. 「향당」 편에는 대체로 이와 같은 내용이 17문장 나열되어 있다. 더욱이 그 관찰은 더욱더 미세한 곳까지 파고든다. "반드시 잠옷을 입었는데 길이는 키의 한 배 반이었다", "고기는 반듯하게 자른 것이 아니면 먹지 않으시고, 양념이 적당치 않으면 먹지 않으셨다", "사온 술이나 사온 포는 먹지 않으셨다", "식사 중에는 이야기하지 않으시고, 주무실 때에도 말하지 않으셨다." 이 밖에도 "자리가 올바르지 않으면 앉지 않으셨다", "수레 안에서는 뒤를 둘러보지 않았고, 말을 빨리 하지 않으시며, 여기저기 손가락질을 하지도 않으셨다", "성찬을 대접 받으시면 반드시 얼굴빛을 고쳐 일어나셨다" 등등으로 기록되어 있고, "빠른 천둥이나 사나운 바람에도 반드시 얼굴빛을 고치셨다"고 한다. 한밤중에도 일어나 의관을 정제하고 정좌한다는 것이다. 이것은 노모스 시대에 나타난 공자의 이상적 모습이었다. 보통의 부인은 이런 생활을 견뎌낼 수 없었을 것이다.

공자 집안에는 삼세출처(三世出妻)의 전설이 있다. 공자도, 아들 이(鯉)도, 손자인 자사도 모두 아내를 내쫓았던 듯한 사실이 『예기』「단궁」 등의 기술을 통해 알려져 있는데, 그것은 소크라테스의 처를 유례없는 악처로 만든 것과 마찬가지로 위인을 비범하게 만들기 위한 전설에 지나지 않는 것으로 판단된다. 공자는 제자들에게 『시』의 강의도 행하고 있다. "배꽃이 나부껴 펄럭이네. 어찌 그대를 생각하지 않으랴만 집이 너무 멀구려"―배꽃 꽃잎이 등을 돌리듯 바깥으로 드리워져 있다. 사랑스러운 그대이건만, 집이 멀군요―라는 내용의 시다. 공자는 이 시구를 소리 높여 읊은 다음 "이는 생각지 않은 것이지 참으로 생각했다면 어찌 먼 것이 문제가 되겠는가?"(「자한」)라고 가르쳤다. 분명히 연애시에 대한 올바른 이해를 보여준다. 당시 여성의 지위가 낮았다 해도 공자는 연애 감정에 대해서는 올바른 이해를 지닌 사람이었다.

사람들은 한 사람의 위대한 인물을 만들기 위해 때때로 많은 희생을 아끼지 않는다. 그러나 인간을 위대하게 만들려는 노력이 얼마나 우스꽝스럽기조차 한가를 이 「향당」 편은 여실히 보여주고 있다. 공자는 일반적으로 그와 같은 허상으로 파악되고 있었던 것 같다.

공자는 만년에 권회의 인간이었다. 그리하여 권회자인 공자에게 접근하려 했던 것이 「미자」 편의 전승자들이었다. 그들은 아마도 남방의 유자들로 장주 학파와도 교섭을 가졌던 듯하다. 그들은 정치를 완전히 부정한다. 노모스적 사회를 부정하는 것이다. 그러한 입장에서 공자의 정치적 방황을 비판하지만 그것은 공자의 삶의 방식을 부정한다기보다, 오히려 방황의 끝에 권회자가 되었던 공자에 대한 공감을 동반한 것이었다. 그 때문에『논어』의 한 편으로 수록되었다.

그러나 공자의 그러한 정치적 방황은 공자의 정신을

수립하기 위해서는 절대적으로 필요했다. 처음부터 권회자인 인간은 있을 수 없기 때문이다. 극한 상황 속에서 쌓여가는 내면적 갈등을 통해 인간은 성장한다. 또한 위대해지기도 한다. 처음부터 체관자는 이른바 견유파(犬儒派)에 지나지 않는다. 공문 말년의 고제들이 공자의 높은 정신에 쉽게 접근할 수 없었던 것은 망명에 따르는 표박의 괴로움을 알지 못하고, 애초부터 순조롭게 벼슬길에 나아가 사회적으로도 존경받는 지위에 있었기 때문일 것이다. 높은 교양을 지닌 그들은 노모스적 사회의 지도자가 되었다. 노모스적 사회에 있는 한 고제들은 천유가 되고, 견유파가 되지 않을 수 없었다. 그러한 시기의 대표자가 맹자이고 증자 학파였다.

『장자』에는 종종 '증사〔曾史〕'라는 이름이 보인다. 증자와 사추가 당시의 유가를 대표하고 있었다. "인(仁)을 마구 해치는 자는 인간이 타고난 본성을 뽑아내고 자연스러운 덕성을 잡아떼어서 세속적 명성을 얻으려고 한다"(「변무」)는 이들로 평가되는 이 일파는 때로는 '도척·증(曾)·사(史)의 행위'(「재유」)로 여겨졌고, "한편으로는 (악인의 대표로) 하나라의 걸왕과 도척이 있고, 다른 한편으로는 (현인의 대표로) 증삼과 사추가 있다"고도 일컬어지며, "도척과 증삼과 사추는 행위의 도의성에 커다란 차이가 있다. 그러나 어느 쪽이나 인간의 본성을 잃어버리고 있다는 점은 같다"(「천지」)고도 일컬어진다. 그것이 장주 시대 유가의 모습이었다. 그리하여 본성으로 되돌아갈 것을 주장한 이가 장주다. 아마도 유가 가운데서도 안합(顔闔)과 같이 체제로 변해버린 거대 사회에 반항하는 이도 있었을 것이다. 「미자」 편은 그러한 일부 유가의 존재 양상을 보여주는 것으로 생각되지만, 노모스화하기 이전의 사회로 복귀한다는 의미에서 공자 정신을 잇는 그 무엇을 지니는 것이었다.

그러나 시대는 이윽고 진·한의 통일을 맞이한다. 진(秦)나라의 천하 통일을 도왔던 것은 법가 사상이었지만, 그러한 법이란 단지 왕권에 봉사하는 법술적(法術的)인 것에 지나지 않았다. 거기에는 세계관이 없었다. 법가가 통치술에서 노자사상을 수용했던 것은 『한비자』에 「해로(解老)」·「유로(喩老)」 등의 편이 있는 사실에서도 알 수가 있다. 한 대 초기 황로 사상의 유행은 말하자면 법가 사상의 영향이었다고도 말할 수 있다.

진 대(秦代)의 사상적 백과사전인 『여씨춘추』와 마찬가지인 한 대(漢代)의 『회남자』에서 유교는 반드시 사상계의 정통이 아니었고, 공자 역시 체제 사회의 지도자로 인정받고 있지 않았다. 유교의 권위가 비로소 확립되었던 것은 전한 시대 무제 때에 오경박사를 두고 유교를 국교로 삼음으로써 결정되었다. 아울러 공자가 사상계의 권위가 되었던 것은 사마천이 공자를 제후의 반열로 취급해 그의 전기를 『사기』「세가」에 편입했던 것에서 비롯되었다. 사마천의 아버지 사마담(司馬談)은 본래 황로학을 좋아했고 아들인 사마천 역시 영향을 받았을 것으로 보이므로, 공자가 「세가」 안에 들어간 것은 반드시 사마천의 본의가 아니었을지도 모른다. 그러나 유교가 국교가 된 이상 공자에게도 그에 걸맞은 권위가 부여되도록 요청되었을 것이다. 이미 가의(賈誼)나 동중서(董仲舒) 같은 이들이 국가의 지배 이데올로기로 유교가 얼마나 제격인가를 강력히 주장하고 있었다.

사실 유가만큼 국가 체제, 또는 정치 지배에 적합한 사상 체계를 지닌 경우도 없을 것이다. 유가가 경전인 『시』·『서』를 교과목으로 삼는 한편, 국가나 정치에 관한 학문으로서 고전적 근거를 독점했던 것이 그러한 사실을 결정적인 것으로 만들었다. 『시』·『서』·『역』·『예』·『춘추』

로 불리는 오경(五經)의 성립 과정에 공자는 실제로 거의 관여하지 않았다. 『시』와 『서』의 일부분은 공자 당시에 이미 존재했지만 그것은 사관과 악사(樂師)가 전승한 것이었다. 『춘추』는 노나라 공식 기록이었으며, 『예』와 『악』은 공자 시대 이후의 산물이다. 그러나 한 대 초기 이들 서적이 유가의 경전이 되면서 선왕의 예악과 성인의 도를 전하는 유일한 고전이 되었다. 그리고 공자에게는 이들 경서의 편집자 또는 작자의 지위가 부여되었다. 공자의 권위는 그가 지닌 인격의 위대함 때문이 아니라, 경서의 제정자로서 이들 경서의 권위에 의해 뒷받침되었다. 경서는 말할 필요도 없이 이 나라 독서인의 교양서이며 관료의 필독서였고, 관료제 전체를 지탱하는 지주였다.

유교가 이 나라의 봉건제와 관료제 또는 그것들을 포함한 정체성과 어떤 관련을 지니는가 하는 문제에 대해서는 예를 들면 베버(Max Weber)의 『유교와 도교 *Konfuzianismus und Taoimus*』와 같은 책을 참고하는 것이 좋은데, 기마타 도쿠오(木全德雄) 교수의 뛰어난 번역본을 보는 것도 좋다. 이렇듯 유교가 지니는 반동성이 때로 공자 사상 그 자체에 뿌리를 둔 것으로 보려는 견해도 존재하지만, 공자 사상은 결코 노모스적 것이 아니다. 공자가 추구했던 이데아 세계는 노모스적 사회와는 전혀 맞지 않으며, 공자의 고귀하고도 격렬한 인간 정신의 탐구는 끊임없이 반노모스적인 것이었다.

노모스적 사회로 오늘날과 같이 거대화하고 물량화된 사회는 일찍이 없었다. 그리고 오늘날처럼 노모스가 사회적 초월자로서 가공할 지배력과 파괴력을 보여주는 시대도 없었다. 수천 만 또는 수억 명에 달하는 민중이 단지 하나의 규범에 복종하고 있다. 사람들은 완전히 노모스의 지배 아래 놓여 있다. 더욱이 노모스는 보다 더 자신을 거대화하기 위해 거대도시와 거대 국가를 만들고 있다. 사람들은 거대도시가 문화의 파멸로 이어지는 것을 두려워하면서도, 거대 국가가 인간 삶의 방식에 어떻게 관여하는가에 대해서는 물으려고 하지 않는다. "선생께서 구이의 땅에 살려고 하셨다"(「자한」)고 하듯이 공자가 탈출을 꿈꾸었던 권외의 세계는 점차 사라져가고 있다. 그러한 상황은 공간적 세계뿐만이 아니라 정신세계에서 한층 더 심각하다고 하겠다.

나는 올해 설날 이른 아침, 몇몇 친구와 함께 타이베이의 공자묘 앞에 서 있었다. "도가 행해지지 않으면 뗏목을 타고서 바다로 나아가련다"(「공야장」)는 말처럼 대륙에서 바다를 건너와 지금 이곳에 있는 공자상을 바라보면서 나는 공자와 현대 사이에 있는, 어쩌면 오히려 나와의 사이에 존재하는 연대감에 대해서 생각해보았다. "위대하구나! 공자는. 널리 배우고도 어느 한 가지로 이름을 이룬 바가 없구나"(「자한」)라고 일컬어지는 공자. 그가 위대한 이유를 나는 요 몇 년간 계속 생각해왔기 때문이다. 참배객은 소수였는데 어느 노부인이 무언가 빌 일이 있었는지 경건하게 기도를 드리고 있었다. 청룡 장식을 두른 전열의 기둥 옆에서 평상복 차림의 사내아이 둘이 다리를 뻗고서 무심히 놀고 있었다. 공자는 다시 부름을 받고 자기 고향으로 되돌아갈 수 있을까. 나는 지금도 여전히 모진 운명 속에 살고 있는 이 철인의 간소한 사당 앞을 한동안 생각에 잠겨 거닐면서 떠날 수가 없었다.

지은이 후기

- 깜깜한 바다 위를 홀로 떠다니듯이

이 책을 쓰고 나서 이미 20년 가까이 된다. 참으로 꿈과 같이 빠른 세월이다. 그리고 나도 여든 고개를 하나 넘으려 하고 있다. 그러나 이 책을 집필하던 전후의 일은 약간은 선명하게 여전히 나의 기억 속에 있다.

내가 『논어』를 강의 때문이 아니라 나 자신을 위해서 읽었던 것은 패전 후의 일이었다. 패전하고 난 뒤 풀 길 없는 허탈감을 맛보았던 사람은 이해가 되리라고 생각한다. 나의 책상머리에는 어느덧 『논어』와 『성경』이 놓여 있었다. 달리 사상으로서 요구하거나 종교 신자가 되고 싶었던 것은 아니다. 깜깜한 바다 위를 홀로 떠다니듯이, 무언가를 붙잡고 싶은 충동이 있었다. 게다가 어떤 각도로부터도 접근할 수 있는 것이 좋았다. 그래서 순서도 없이 구경하듯이 읽었다. 그리고 읽는 동안에 이 두 책이 패배자를 위한 사상이며 문장이라고 생각하게 되었다. 책을 읽고 있노라면 저절로 깊은 관상(觀想)의 세계로 이끌려가는 듯한 느낌이 들었다. 이윽고 허탈의 시기가 지나가고, 질서도 점차 회복되어 대학의 기관지도 계간 정도로는 나올 수 있게 되었다.

1948년 나는 「복사(卜辭)의 본질」 「훈고(訓詁)에서의 사유 형식에 관하여」 「은(殷) 사회」 등을 발표하고 연구 생활의 리듬을 회복하려 했다. 그로부터 스물 몇 해 동안 나는 오직 이들 문장이 지향하는 방향으로 나아갔다. 1955년 『갑골금문학논총(甲骨金文學論叢)』 10집, 1960년 『시경연구통론편』 등 3책, 1963년 이현사(二玄社)에서 나온 『서적명품총간(書跡名品叢刊)』에 『갑골문집(甲骨文集)』·『금문집(金文集)』 5책을 썼다. 그리고 1962년에 『금문통석』, 1969년에 『설문신의(說文新義)』의 간행을 시작했다. 초고는 그때까지 어느 정도 준비해놓았지만 『금문통석』은 A판 80쪽, 『설문신의』는 A판 200쪽씩, 두 책 모두 계간으로 간행하려는 계획이었다. 그런데 간행 도중에 돌풍처럼 학원 분쟁의 바람이 불어왔다.

1968년 세밑 무렵, 내가 재직하던 대학에서 양 파벌의 학생들 사이에 학교기관지 쟁탈을 둘러싼 투쟁이 있었고, 전후 두 차례에 걸쳐 약 90명의 부상자가 생겼다. 그 일을 신호로 하듯이 분쟁의 불길이 타올랐다.

분쟁은 몇 달 안에 일단락되었지만 교육 현장에서 생긴 균열은 쉽사리 메울 수 있는 것이 아니었다. 특히 일당 지배 체제가 가져다준 황폐함은 어떻게 할 도리가 없을 것 같았다. 나는 그때 패전 후에 읽었던『논어』의 여러 장을 다시 생각해냈다. 그리고 저 결정적인 패배의 한가운데에서 속을 준 제자들을 데리고 노쇠한 몸을 이끌고 십수 년이나 표박의 여행을 계속했던 공자의 일을 생각해보려고 마음먹었다. 1971년 가을, 때마침『역사와 인물』지가 창간된 직후의 일로 우선 처음 몇 회 연재분의 원고를 넘기고, 그다음 여름에 전부 다 써서 1972년 11월에 간행했다.『금문통석』과『설문신의』를 계간으로 계속 발행하면서 해야 했기 때문에 상당한 부담이 되었지만 대체로 예정대로 진행되었다. 이 책에 썼던 것과 같은 공자상(孔子像)은 이미 상당히 오래전부터, 패전 후 나의 생각 속에 점차로 형성되었던 것이다.

　문제는 외부에도 있었다. 중국에서 벌어지는 이상한 사태도 내게는 마음에 걸렸다. 1965년 11월 요문원(姚文元)의 ‘해서파관(海瑞罷官)’ 비판으로 촉발된 문화대혁명은 이윽고 수십 만의 홍위병을 첨병으로 하는 대규모의 사구(四舊) ― 사상·문화·풍속·습관 ― 추방 운동으로 발전해, 그들은 붉은색 커버의 『모주석어록(毛主席語錄)』을 높이 쳐들고서 사방 변방의 두메 마을에서까지 거리낌 없이 날뛰었다. 또한 모든 출판물은 권두에 특대 활자로 『모주석어록』의 한 구절을 게재했다. 잡지에는 연구도 작품도 자취를 감추고 오직 구호만이 범람했다. 그러나 이 끔찍한 소동 속에서 도대체 무슨 일이 일어나고 있는가를 외부에서는 알 길이 없었다. 수많은 서적이 불태워졌고, 곽말약 원장이 그 탁월한 고대 연구 전체를 휴지 조각처럼 내버리는 자아비판을 행했다는 보도가 우리의 불안을 점점 가중시켰다. 무언가 있다. 무언가 이상한 일이 있음에 틀림이 없다. 그것은 노모스적인 거대한 힘으로 옳고 그름의 구별도 없이 모든 것을 다 태워버릴 정도의 불길과 같았다. 그리고 그동안 모택동 주석의 맹우로 공식적으로는 후계자로 지명되었던 임표(任彪)가 모택동의 암살에 실패·실각하고서 북방으로 망명하는 도중 비행기 추락사를 했다. 내부에서 벌어졌던 권력투쟁은 아마도 노선 차이였던 것 같다. 문혁파(文革派)와 실권파(實權派) 사이의 다툼이 쉽게 풀기 어려운 상태인 듯했다. 안팎 모두 노모스적 환영이 세상을 뒤덮고 있었다.

짐작건대 공자도 이런 시대를 살았을 것이다. 철인 공

자는 어떻게 자기 시대를 살았을까. 공자는 시대의 힘과 어떻게 싸웠던 것일까. 그리고 현실에서 패배했으면서 어떻게 인류의 영원한 스승이 될 수 있었던 것일까. 나는 그와 같은 공자를 쓰고 싶었다. 사회와 사상과 그의 삶의 방식과 자취를 구체적으로 포착해보고 싶었다. 다만 나는 연구자이므로 그것이 그대로 하나의 정신사이자 사상사이기를 의도했다. 그 때문에 공자 주변의 사정과 사상의 계보에 대해서도 주의를 게을리하지 않고자 했다.

『공자전』을 간행한 다음 해에 문화대혁명은 최종 단계에 접어들었다. 임표와 구(舊)사상을 연결 지으며, "비림(批林)·비공(批孔)"을 부르짖은 강청(江靑) 일파의 운동이 일어나, 공자는 공구(孔丘)로 존칭 없이 이름만으로 불리며 노예제도의 옹호자로 비판받았다. 공자는 일찍이 곽말약에 의해 노예해방의 기수 역할을 부여받았는데 말이다. 공자는 지금 세상에서도 격렬한 부침의 운명에 시달려야 했다.

1976년 4월 천안문(天安門)사건으로 촉발된 민중의 격렬한 분노에 부딪혀 강청 등이 실각함으로써 공포의 시대는 끝난다. 비명에 사라져간 수많은 학자와 문인은 소생할 길이 없었지만, 공자는 재평가를 받고 명예를 회복했다. 1978년에 접어들고 나서 다시 공자를 재평가하는 논문이 각종 잡지에 게재되었고, 1981년 6월의 중앙위원회에서 문화대혁명의 오류가 정식 승인된 후 10년간에 걸친 광란극은 막을 내린다. 그것은 문화대혁명이 아니라 권력투쟁의 과정으로 대규모의 분서갱유(焚書坑儒)가 행해졌던 것에 지나지 않는다. 그러나 문화대혁명이 끝난 지 채 10년이 되지 않아 또다시 천안문 사건이 일어났다. 1989년 6월 4일 미명에 탱크까지 동원한 무력 진압에 의해 학생과 시민 수백 명이 사망했다.

나는 그해 여름, 다음 해로 여든 살을 맞는 자신을 스스로 기념하는 의미도 겸해 『문자유심(文字遊心)』이라는 책 한 권을 엮고자 해서, 그 책 속에 넣을 「광자론(狂字論)」이라는 한 편의 문장을 썼다. 150매 정도 되는 글로, 중국 광(狂)의 정신사를 전체적으로 한 번 죽 훑어보고자 했다. 공자는 광자(狂者)를 가장 사랑했던 사람이다. '광자는 진취적인' 사람이며 '곧은' 사람이다. 사악한 대상과 투쟁하기 위해서는 어떤 종류의 이상함을 필요로 하므로 광기야말로 변혁의 원동력일 수 있다. 그리고 그것은 정신사적으로도 분명히 실증할 수 있다. 중국에서는 그 정신사적 출발점에 공자의 모습이 있다. 그런 사실은 『공자전』에서도 얼마간은 언급해두었지만, 『공자전』에서 언급할 수 없었던 정신사적 전개를 다루어보고자 했다. 온갖 분야에서 노모스적인 것에 대항할 수 있는 것은 이 '광'(狂)밖에 없으리라는 생각이 들었다.

1990년은 역사적으로 대단히 기념해야 할 해가 아닌가 하는 생각이 든다. 역사상 일찍이 본 일이 없던 거대한 노모스적 세계가 장벽이 무너지듯 요란한 소리를 내며 붕괴한다는, 믿기 어려운 역사의 현실을 우리는 분명히 이 두 눈으로 보았다. 나에게는 어렴풋하기는 하지만 1919년 시베리아 출병 당시의 기억이 있다. 위문편지를 받은 병사에게서 바이칼 호수의 사진 따위를 받아보거나 했기 때문이다. 그러나 그 뒤 그 땅은 거대한 노모스적 세계가 되었고, 인간들에게 끝없는 두려움을 안겨주었다. 스탈린이 2,100만 명을 내부 숙청했다는 소문은 반드시 허풍만은 아닐 것이라는 생각이 든다.

지금 그 세계가 붕괴하고 있다. '프라하의 봄' 이래로 20년 이상이나 연기만을 피우며 잘 타지 않던 것이 지금 한순간에 불길이 일며 타오르는 것이리라. 거대한 하나의 환영이 역사에서 사라지려 하고 있다.

『공자전』과 그 연장선상에서 시도한 「광자론」, 광(狂)의 정신사가 나의 의식의 밑바닥에서 차지하고 있는 위치는 이상과 같은 것이다. 이것은 나 자신이 이야기해야 할 내용이 아닐는지도 모른다. 문제의식은 사람마다 각각 다르고 각자의 이해 방식이 있을 것이다. 다만 "천권의 책을 읽은 차가운 인생(讀書千卷冷生涯)"(규아당〔逵雅堂〕선생의 시)이라고 일컬어지는 연구자 생활 속에도 밖으로 드러나지 않은 생각이 있다. 학술적 문제를 논하고 있을 때에도 그 의식의 밑바닥에 연결되는 무언가의 현실이 존재한다. 그와 같은 현실이 없고는 좀처럼 연구에 정열을 바칠 수가 없다.

공자가 살던 시대와 지금 시대를 비교해서 생각해보면 인간은 과연 어느 정도나 진보했다고 할 수 있을까. 분명히 나쁜 지혜는 진보하고, 살육과 파괴는 교묘하고도 대규모가 되었다. 그러나 로고스의 세계는 사라져가기만 할 뿐이지 않은가. 『공자전』은 그러한 현대의 불안을 내 나름의 방식으로 써보려고 했던 것이지만, 원래부터 그것은 아마도 나의 의식 속에서 하나의 희망에 지나지 않았을는지도 모른다.

시라카와 시즈카

옮긴이 후기

- 인간 세상을 향한 이상과 광기(狂氣)

> 인간은 본질적으로 광기에 빠져 있다.
> 따라서 미치지 않았다는 것은 아마도 미쳤다는 것의
> 또 다른 형태일 것이다.
> ―파스칼

일찍이 아편전쟁으로 말미암은 중화 제국의 몰락 이래 다시금 G2의 일원으로 '대국 굴기'하고 있는 중국의 부상에 대해 새삼 유교의 부흥 내지 현대적 유교의 가능성을 모색하는 논의가 요사이 이곳저곳에서 이루어지고 있다. 최근 논어에 대한 문헌학적 연구로 가장 획기적이라 할 『논어변(論語辨)The Original Analects』에서 미국학자 브루스 브룩스(Bruce Brooks)가 "중국인의 삶에 공자만큼 거대한 영향을 끼친 인물은 없다. 그의 주장은 중국의 윤리 및 사회체제의 뿌리로 이천 년 이상 지속되었고, 그의 유산은 중국의 일체의 사물과 불가분의 관계에 놓여 있다"

고 단언하는 데에서 보듯이 중국 역사와 사회에 대한 문명적 논의는 필연적으로 공자와 유교에 대한 논의와 평가를 수반하게 마련이었다.

그런 맥락에서 보면 근현대사에 있어 공자와 논어, 그리고 유교에 대한 평가는 중국의 역사적 쇠퇴 내지 몰락과 비례하여 대체로 비판 내지 부정의 방향으로 향하고 있었다 해도 과언이 아니다. 19세기 중엽의 태평천국운동은 기독교적 평등관에 입각해 유교 윤리를 부정하는 단초를 만들었고, 유교적 문화와 전통에 대한 이러한 부정적 경향이 하나의 정점에 달했던 것이 다름 아닌 20세기 초반 5·4운동 시기에 일어난 신문화운동과 문학혁명이었다. 그리고 그러한 부정과 비판은 이윽고 중화인민공화국 수립 이래 벌어진 문화대혁명의 혼란 속에서 중국 곳곳의 공자묘가 파괴되고 비림비공(批林批孔) 운동이 발동되는 등의 단계를 거치면서 마침내 공자와 유교를 철저한 공격 내지 파괴의 대상으로 삼기까지에 이르렀다.

그러나 공자 및 유교에 대한 그와 같은 부정적 내지 공격적 평가의 흐름은 1978년 이래의 개혁개방을 통해 중국 경제가 발전하고 국제적 지위가 부상함에 따라 커다란 전환기를 맞게 된다. 곧 경제적 발전의 원동력과 사회 통합의 유효한 이념으로서 공자와 유교 사상이 재평가되면서, 심지어 시장 사회주의 체제라는 전대미문의 역사적 실험을 거치고 있는 현재 그리고 미래의 중국을 지탱해줄 새로운 이념으로까지 제창·옹호되고 있는, 과거와는 정반대 상황이 벌어지고 있다. 이러한 흐름은 2002년 11월 공산당전국대표회의에서 당시 주석이었던 장쩌민이 공자와 유교 사상을 바탕으로 한 중화 민족의 위대한 부흥을 주창한 이래 후진타오와 시진핑 체제를 거치며 강화되면서 더욱 공고한 흐름이 되어가고 있다는 느낌이다. 이렇듯 역사의 격랑 속에서 문학혁명과 문화대혁명이라는 굴곡과 부침을 겪으면서도 다시금 르네상스기를 맞고 있는 이즈음의 유교의 활황의 모습에 일찍이 자신을 '사문(斯文)', 곧 문명과 문화의 수호자로 당당하게 자임하였던 공자의 모습이 새삼 오버랩되는 것은 단지 나만의 상상에 그치는 것은 아니라 하겠다.

이상에서 보듯 공자와 유교 사상이 탄생한 후 2,500여 년이 지난 지금도 중국을 비롯한 동아시아에서 여전히 현실을 움직이는 현재적 사상으로 살아 작용한다는 것은 그 자체로 하나의 경이로움이라고 하겠다. 그러나 아직도 공자라면 충군애국을 강조하는 케케묵은 봉건사상의 창시자 정도의 이미지를 떠올리는 이들에게는 조금 엉뚱한 비유일지는 모르지만, 서양 문명에 미친 소크라테스와 예수의 영향과 역할을 아울러 지닌 이가 다름 아닌 동아시아의 공자라고 한다면 너무 지나친 비약일까? 그러나 이것은 오늘날의 서양을 비롯한 세계의 학자들이 대부분 인정하고 있는 당연한 상식이다.

그런데 흥미롭게도 공자를 비롯해 인류 문명의 초석을 놓고 이후의 향방을 결정했던 이들 성인은 여러 공통점을 가지고 있다. 우선 이들은 대단히 뛰어난 학식의 소유자였는데도 그 자신의 저술은 하나도 남기지 않았다. 따라서 성인의 인물 됨됨이나 삶의 실상, 그리고 사상의 실체를 파악하기 위해서는 후대에 이들의 찬미자 또는 비판자들이 쓴 기록이나 문헌에 의존할 수밖에 없다. 아울러 이들은 독특하면서도 카리스마적이며, 복합적인 성격을 지녔다는 공통점을 보인다. 그 결과 이들은 인류의 역사가 전개되는 동안 각각의 문명 안에서 언제나 존경과 증오, 찬양과 비방의 표적으로 존재하면서 끊임없는 논쟁의 대상이 되어왔다.

동아시아 문명 속에서 공자가 차지했던 자리와 그에 대한 역사적 평가 역시 우리가 보통 예상하는 것보다 훨씬 다양하고 복잡하다. 논쟁의 다양성과 복잡성은 무엇보다도 우선 공자의 출생과 관련한 사실을 놓고 벌어진다. 예수가 가난한 목수의 아들이고, 무함마드가 고아 출신이었던 것처럼, 공자의 삶 역시 출생부터 남달랐다. 시라카와 시즈카의 책이 우리에게 흥미를 끄는 커다란 이유 가운데 하나는 그것이 이런 쟁점들과 관련하여 기존의 것과는 전혀 다른 공자상을 제시한다는 데 있다. 요컨대 공자의 출생에 대해서도 그가 무녀에게서 태어난 사생아였다는 다소 파격적 주장을 함으로써 논쟁에 새로운 불씨를 지폈다.

　물론 저자의 이러한 주장은 전후 문맥을 생략한 채 도발적으로 이를 인용하는 일부 논자들로 인해 타당성에 대한 논란이 끊임없이 이어져왔다. 그러나 이 책을 처음부터 꼼꼼하게 읽어보는 독자라면 누구나 눈치 채듯이, 갑골문·금문 이래의 한자를 비롯한 고대 중국 사회와 민속 전반에 걸친 방대한 지식과 역사·문학·사상을 종횡무진 넘나드는 저자의 치밀한 논증을 보면 그러한 파격성은 일면적 모습에 지나지 않음을 이내 알 수 있다. 요컨대 공자가 무녀의 사생아라는 저자의 주장은 다음에서 보듯이 공자가 집대성하여 체계화시킨 유가 사상이 기원적으로는 샤먼(shaman), 곧 무축(巫祝) 집단과 밀접한 관련이 있었다는 일관된 입장의 상징적 표현으로 보아야 한다.

유(儒)는 아마도 본래 기우에 희생되던 무축을 일컫는 말이었다고 생각된다. 그 말이 나중에는 일반화되어 무축 가운데 특정한 이들을 유라고 불렀을 것이다. 그것은 원래 무축 가운데에서도 하층에 속하는 무리였을 것이다. 그들은 아마도 유가가 성립되기 이전부터 유라고 불렸고, 유가가 성립되고 나서도 여전히 유라고 불렸을 것이다. (……) 그러나 유는 이런 계층의 사람들을 저변으로 해서 성립했던 것이다. 유의 기원은 멀리 분무(焚巫)가 행해지던 고대까지 거슬러올라가는 것이리라.

유(儒)에 대한 이러한 정의에서도 분명히 알 수 있듯이 저자는 유의 원류에 나타나는 샤먼의 모습에서 공자 사상의 본모습을 찾아내려는 것이다. 그러한 저자의 시도가 하나의 충격으로 다가오는 것은 우리 자신이 조선 시대의 주자학적 해석을 거친 이른바 윤리적 공자상, 다시 말해 도학적(道學的) 공자상에 너무도 익숙하기 때문일 것이다. 요컨대 주자학의 세례를 거친, 인(仁)을 중심으로 한 윤리도덕의 화신으로서의 공자는, 저자가 보여주고자 하는 고대 무축 집단의 흐름을 잇는 신괴(神怪)한 공자상과는 도무지 어울리지 않기 때문이다. 그러나 우리에게 들씌워진 사상사적 주박(呪縛)을 벗겨내고 역사적으로 분명히 존재했을 공자 사상의 원질에 대해 다시 생각해볼 기회를 준다는 점에서, 저자의 문제 제기는 타당성 여부를 떠나서 높이 평가받아야 마땅하다.

아울러 저자가 '공자전'이라고 이름 붙인 이 책은 실상 공자라는 인물만 다루는 것은 아니다. 책의 목차만 보아도 알 수 있듯이 이 책은 공자를 중심으로 해서 중국 고대 문화의 전통이 어떻게 형성되었고, 그러한 전통의 형성이 전국시대 말기까지 어떻게 이어졌는가를 입체적으로 보여주려는 데에 가장 큰 역점을 둔다. 그러한 저자 자신의 입론을, 독특한 자신만의 문학적 문체로 박진감 있게 그려냈다는 데에 무엇보다도 이 책의 뛰어난 미덕이 있다.

한편으로 공자 사상의 원질을 고대의 샤먼 집단에서

찾아보려는 시도에 뒤이어, 이른바 광(狂)의 정신사 속에서 공자 사상의 의미를 재음미해보려는 저자의 시도는, 이 책이 지니는 그러한 문학적 특성이 가장 잘 드러나는 대목이다. 저자가 이 책의 후기에서 분명히 언급했듯이 공자는 누구보다도 광자(狂者)를 가장 사랑했던 인물이다. 아니, 다음의 인용을 보면 중국사에서 광(狂)의 의미에 대해 처음으로 진지하게 언급한 이는 다름 아닌 공자였다.

중도(中道)를 행하는 사람을 얻어 함께할 수 없다면, 반드시 광자(狂者)나 견자(狷者)와 함께하리라! 과격한 광자는 진취적이고, 고집 센 견자는 하지 않는 바가 있느니라.

「자로」

돌아가야겠다! 돌아가야겠다! 내 고향 젊은이들은 뜻은 원대하나(狂) 일에는 서툴고(簡), 문장은 이루었으되 마름질할 줄 모르는구나!

「공야장」

『논어』같은 고전의 언어가 그러하듯이 공자가 가장 빈번히 언급하지만, 그 뜻을 쉽게 짐작할 수 없는 인(仁)과 마찬가지로 광(狂)의 의미도 좀처럼 손쉬운 접근을 허용치 않는다는 데에 웅숭깊은 맛이 있다. 광을 중심으로 한 공자 사유에 대한 저자 나름의 독특한 해석은 이 책을 끝까지 읽어보면 알겠지만, 그것은 우리가 흔히 쓰는 것처럼 단순히 미친 상태를 가리키는 말이 아니다. 저자의 주장을 요약하자면, 공자가 말하는 광기(狂氣)란 더 이상 정상적 상태를 유지할 수 없기 때문에 생겨나는 일종의 비정상적 상태로, 으레 자기 파괴의 형태를 띠고 나타나는 정신 상태를 가리키는 말이다. 따라서 그러한 광기를 지니는 광자(狂者)는 마치 생태계의 매미나 뱀이 낡은 허물을 벗고 새 생명을 얻는 것처럼 자신을 압박하며 질식시키는 현실 체제, 곧 노모스(nomos)를 부정하거나 개혁하는 방향으로 자연스레 나아갈 수밖에 없다는 것이다. 그러나 기존 체제를 변혁하는 일은 좀처럼 이루어지지 않기에 곧잘 실패하게 마련이고, 그렇게 되면 남아 있는 선택지는 자기 파괴 내지 자기 변혁밖에 없는데, 그러한 자기 변혁의 방법이 다름 아닌 광(狂)의 형태로 나타난다는 것이다.

그러나 품은 뜻은 원대하나(狂) 좀처럼 실행이 뒤따르지 않는(簡), 그래서 결국 광자로서의 길을 갈 수밖에 없었던 이는 정작 공자 자신이었다는 데에서 그 삶의 아이러니와 역사적 의미가 비롯된다고 저자는 주장한다. 흔히 공자와는 대척적 입장에 서 있었다고 평가하는 양호라는 인물을 공자와 마찬가지로 체제 변혁을 시도한 개혁가로 보려는 저자의 입장도 그 두 사람이 모두 일종의 광자였다는 점에서 대체로 수긍이 간다. 이후 사상사적으로 보면 공자와 그의 제자들이 가령 "광인이라고 불린다 하더라도 어찌 슬퍼하겠는가?"라고 읊조리면서 주공(周公) 역시 고대의 광인이라고 주장했던 묵가 집단과 표면적으로는 대립했지만 그들 모두가 사회의 변혁을 꿈꾸는 '체제 밖의 인간' 내지 '불평분자의 무리', 곧 광자로서의 동질성 — 유협(儒俠)과 묵협(墨俠)이 그것이다 — 을 지니게 되는 것은 사태의 당연한 귀결이다.

따라서 저자가 구상하는 이러한 정신사적 구도, 곧 '광(狂)의 정신사'에는 『논어』에서 대서특필되는 초광 접여의 무리, 흔히 합리적 이성으로 일컬어지는 기성의 가치 체계를 부정의 방법으로 전복하고자 했던 노자·장자의 사상, 그리고 그러한 사상의 문학적 형상화라 할 초사(楚辭)

계통의 문학이 사실은 모두 광(狂)의 정신사 계보에 속하는 동일한 사상의 다양한 변주 형태임을 어렵지 않게 이해할 수 있다. 이런 맥락에서 보면 인류 역사에 이름을 남긴 성인은 모두 광인(狂人)이었다고 주장하는 명 말의 사상가 이지(李贄)의 유명한 광사론(狂肆論)이나 장자의 사상을 공자 사상을 계승한 한 유파로 보아야 한다는 현대 곽말약의 혁신적 주장 역시 일정 정도 타당성을 지니는 것으로 이해할 수 있다. 아울러 이러한 광(狂)의 정신사라는 사상사적 이해의 틀은 단순히 중국뿐만이 아니라 한국과 일본을 포함한 동아시아 문명 전체에서 지식인의 삶의 궤적을 이해하는 하나의 유용하고 의미 있는 개념으로 원용할 수 있다는 점에서 향후 이에 대한 본격적인 논의의 전개가 기대된다고 하겠다.

1972년 11월에 출간된 이 책의 후기에서 저자는 이 책을 쓰게 된 계기가 1960년대 말 중국에서는 문화대혁명이 진행되고, 일본 사회는 격렬한 학원 분쟁의 와중에 놓여 있던 천하 대란의 시기에 새삼 공자의 사상과 행적에 공감하는 바가 있어서였다고 한다. 그런 저자의 공자에 대한 몰아적인 공감의 질량에는 감히 미치지 못하지만,

옮긴이 역시 이 책을 처음 읽었던 때가 1980년대 초 우리 사회가 정치·사회적 격랑 속에서 한껏 요동치던 시절로 매우 공감하는 바가 있었다. 하여 언젠가 이 책을 우리 독서계에 소개해보겠다는 생각을 내내 마음의 짐으로 가지고 있었다. 이후 오랫동안 대학에서 『논어』 원문 강독 수업을 하면서 학생들에게 공자와 그의 사상에 대해 읽힐 만한 적당한 입문서가 없다는 까닭도 있고 하여 이 책의 번역을 본격적으로 진행하게 되었다.

그러나 일찍이 번역 초고가 완성되었음에도 천생의 게으름 탓으로 이를 정리·출판하는 작업은 지지부진하였다. 특히 저자가 인용하는 수많은 원문을 일일이 해당 원전을 찾아 확인하고 이를 우리말로 감칠맛 나게 번역해보겠다는 생각은 애초부터 깜냥 밖의 일이었다. 그 결과 예상보다 많은 시간을 들이고야 말았다. 어쨌든 이제 시라카와 시즈카의 이 책을 우리말로 번역 출간함으로써 십수 년 동안 마음속을 짓눌러온 묵은 빚 하나를 갚은 셈이 되었다. 이 책이 중국을 비롯한 동아시아 문명에서 공자와 그 사상의 운명과 궤적을 이해하는 데 얼마간의 도움이 되었으면 하는 것이 나의 바람이다.

이 책은 1972년 일본에서 출간된 이래 옮긴이가 확인한 바로는 독서 시장에서 여러 차례 개판하여 수십 쇄를 찍을 정도로 확고한 스테디셀러로 자리 잡았다. 한편으로 중국어 번역본은 2종류가 나왔는데, 2013년에 처음 타이완에서 출간되었다(白川靜 著·韓文譯『孔子傳』, 聯經出版, 2013년). 뒤이어 대륙 중국에서도 2014년에 다른 역자에 의한 번역본이 출간되고 있다(白川靜 著·吳守鋼譯『孔子傳』, 北京人民出版社, 2014년). 한국어 번역본은 일찍이 1977년에 지인사(知人社)라는 곳에서 김하중(金河中)의 번역으로 나온 적이 있었다. 이어서 옮긴이에 의한 번역본이 2004년에 출간되었다가 절판되고, 2016년에 새로운 개정판이 나왔다가, 이번에 다시금 출판사를 옮겨 새 단장을 하고서 독서 시장에 등장하게 되었다. 이번 개정판이 부디 독서계에 길이 환영을 받으며 꾸준한 스테디셀러로 독자들에게 읽혔으면 하는 바람 간절하다 하겠다.

아울러 이 책의 출간과 관련해 한 가지 더 욕심을 낸다면 시라카와 시즈카의 고대 중국 연구에 일찍이 깊은 영향을 받고서 늦깎이 작가로 데뷔했던, 현대 일본을 대표하는 역사소설가 미야기타니 마사미쓰(宮城谷昌光)가 또한 늘그막의 나이에 이를테면『공자전』의 문학 버전으로 완성한『공구(孔丘)』라는 작품을『소설 공자전』과 같은 형태로 우리 독서계에 소개할 수 있는 기회가 언젠가 주어졌으면 하는 바람이다.

마지막으로 오랫동안 사장되어 있던 이 책이 다시금 세상에 나오게끔 많은 애를 써주시고, 작금의 어려운 출판 환경에도 책의 출간을 기꺼이 승낙해 주신 AK 커뮤니케이션즈 이동섭 대표와 좋은 책을 만들기 위해 무진 애를 써주신 편집부에게도 이 자리를 빌려 깊은 감사의 뜻을 전하고자 한다.

장원철

AK 인문 시리즈

공자전

초판 1쇄 인쇄 2025년 3월 10일
초판 1쇄 발행 2025년 3월 15일

저자 : 시라카와 시즈카
번역 : 장원철

펴낸이 : 이동섭
편집 : 이민규
책임 편집 : 유연식
디자인 : 조세연
표지 디자인 : 공중정원
기획·편집 : 송정환, 박소진
영업·마케팅 : 조정훈, 김려홍
e-BOOK : 홍인표, 최정수, 김은혜, 정희철, 김유빈
라이츠 : 서찬웅, 서유림
관리 : 이윤미

㈜에이케이커뮤니케이션즈
등록 1996년 7월 9일(제302-1996-00026호)
주소 : 08513 서울특별시 금천구 디지털로 178, B동 1805호
TEL : 02-702-7963~5 FAX : 0303-3440-2024
http://www.amusementkorea.co.kr

ISBN 979-11-274-8695-2 04150
ISBN 979-11-7024-600-8 04080 (세트)

*잘못된 책은 구입한 곳에서 무료로 바꿔드립니다.